古代歷史文化研究輯刊

十　編

王　明　蓀　主編

第23冊

清末東北新政研究

郭　艷　波　著

國家圖書館出版品預行編目資料

清末東北新政研究／郭艷波 著 — 初版 — 新北市：花木蘭文
化出版社，2013〔民102〕

目 4+214 面；19×26 公分

（古代歷史文化研究輯刊 十編；第 23 冊）

ISBN：978-986-322-351-1（精裝）

1. 清末新政

618   102014423

ISBN-978-986-322-351-1

9 789863 223511

古代歷史文化研究輯刊

十 編　第二三冊　　　　　　　　　ISBN：978-986-322-351-1

清末東北新政研究

作　　者	郭艷波
主　　編	王明蓀
總 編 輯	杜潔祥
出　　版	花木蘭文化出版社
發 行 所	花木蘭文化出版社
發 行 人	高小娟
聯絡地址	235 新北市中和區中安街七二號十三樓
	電話：02-2923-1455／傳真：02-2923-1452
網　　址	http://www.huamulan.tw 信箱 sut81518@gmail.com
印　　刷	普羅文化出版廣告事業
初　　版	2013 年 9 月
定　　價	十編 35 冊（精裝）新台幣 62,000 元

清末東北新政研究

郭艷波　著

作者簡介

郭豔波：（1972～），女，漢族。吉林德惠人。2001年考取吉林大學文學院歷史系研究生，師從李書源教授，致力於中國近現代歷史的研究學習，主要研究方向為晚清變革歷史的研究，2007年12月畢業並取得歷史學博士學位。現為中央司法警官學院公共課教學部講師，並擔任形勢與政策教研室的負責人，主要從事中國近現代歷史和形勢與政策兩門課程的一線教學工作及相關科學研究工作。先後在《北華大學學報》、《法制與社會》等多家刊物上發表論文10餘篇，主持或參與了多項不同級別的科研專案。

提　　要

　　關於清末在東北推行新政的問題，二十世紀八九十年代以來，備受學者關注。但迄今為止，尚缺乏對清末東北新政各個方面具體措施的綜合性的分析與論述，因而立足於清末特殊的國內外環境，對東北的各項新政措施進行深入討論和分析，將有助於我們對東北新政做出客觀的論斷。

　　本文在對二十世紀初期的國內外情況加以剖析的基礎上，從新政方針的制定到全面付諸實踐，以及先後任職東三省的趙爾巽、徐世昌、錫良在各方面新政措施推行時所發揮的重要作用予以辯證分析，對清末東北新政進行總體性評價。內憂外患的時代背景下，清政府力圖自保、順應歷史發展趨勢而推行的變革，雖然有諸多的消極局限，但其政治、經濟、軍事、文化等方面措施的客觀歷史作用是不容抹煞的，所以我們說，清末東北推行的這次新政變革，在一定程度上是一場具有資產階級性質的改革，也是清末全國新政的一個重要組成部分，不僅推動了東北近代化的步伐，也加速了中國現代化的歷程。

目

次

導　論

一、選題思考

　　一九○一到一九一一年，二十世紀之初，是清王朝統治的最後十年，也是晚清社會轉型與變革最爲激烈的十年。在這十年中，外部有列強步步進逼，內部封建統治搖搖欲墜，危機的逼仄，使民族的生存問題日益凸顯，中國該選擇何種道路才能存在於世界之林，已經擺到國人面前，舉國上下不同階層的人們都在深入思考。

　　當時中國的政治舞臺，出現了各種代表不同政治勢力的派別，且提出各自不同的主張。而當時的清政府，以鞏固統治爲出發點，又爲時勢所迫，爲維護統治，亦不得不順應歷史潮流，發布一系列新政論令，希圖挽救內外危機，使自身統治得以苟延殘喘，這就是歷史上的「清末新政」。

　　清末新政的具體改革措施涉及政治、經濟、軍事、文化教育等各個領域，其發起者和推行者是清政府，受階級屬性所限，新政的舉措必然以維護清王朝的腐朽統治、挽救自身行將滅亡的命運爲出發點。但各項具體措施的推行，在當時確實起到一定的客觀積極作用，亦不應爲後人忽視和抹煞。

　　清末新政時期，是中國社會向近代化轉型的關鍵時期，這一時期的國際和國內形勢、階級關係、人們的思維觀念、社會生活狀況均已發生很大變化，此時推行的改革在中國近代化進程中，必然具有相當重要的歷史地位。現有關於清末新政的研究成果，無論從其理論論證，還是意義上的分析，以及深層次的研究等等，均已充分證明這一點。基於各地的情況不同，新政的具體措施在各省區開始推行的時間並不相同，所推行措施的具體內容也不完全一樣，各地新政所取得的成效亦是差異頗大。

　　對清末新政這一問題開始廣泛研究是近二十幾年的事情。文革以前，學術界較少相關研究，即使偶有涉及也是持完全否定的態度。進入二十世紀八十年代，改革開放的國策在中國開始推行，思想解放日新月異，對清末新政的研究在這一時期開始起步。九十年代以後，關於清末新政改革這一課題的研究更趨繁榮。迄今為止，有關清末新政的研究論文已不下兩百篇，能夠成為史學工作者如此全面探討的一個學術課題，足見「清末新政」是一個有著相當可挖掘性、可鑽研性的歷史事件。但是，與對清末新政的總體研究相比，關於某一地域、某一省份的新政推行情況的研究還比較薄弱，大多數地域、省份的新政改革尚無人涉足。現有研究僅限於針對作為京畿重地的直隸，以及黑龍江、吉林、遼寧、蒙古、四川、甘肅、新疆等邊疆省份推行新政的研究，即便是已開始研究的地域，亦尚有許多問題需要進一步充實。僅從對清末東北新政實施的情況的研究來看，多是從政治、經濟、軍事、文化教育的單方面角度展開論述，而關於軍事中的警政、司法、經濟等方面內容的研究尚乏，或者所論未盡。

　　清末新政實施的時間基本是在一九〇一到一九一一年的十年間，有學者以一九〇五年五大臣出洋考察及回國後清廷宣布「預備仿行憲政」為分界線，把清末新政分為兩個階段，東北開始實施新政則是在第二階段。對於東北是什麼時間開始推行新政的問題，從前史學界多認為：應從徐世昌任職東三省總督、改建行省後，清末東北新政才開始推行。隨著新史料的不斷面世，史學研究者的觀點也隨之發生變化。在今天，已有部分研究清史的專家學者們，認為清末東北新政的肇端應從趙爾巽任盛京將軍時期開始，本文即採納這一觀點予以論述。也就是說，光緒三十一年（1905），清政府已經開始醞釀並嘗試在東北推行「新政」，三十三年（1907）徐世昌督東後所採取的諸多措施，是清末東北新政的全面推行時期。清王朝行將滅亡的歷史時期，東北推行的變革具體情況到底如何？本身即已起步較晚的東北，各方面的改制情況及所取得成效怎樣？改革之舉對清廷統治下的東北向近代化邁進又將發揮何種影響？諸多有待於深入討論的問題，使這一課題，成為新一代史學工作者亟待解決的一個問題。

二、清末東北新政的國內研究現狀及分析

　　關於清末新政史的研究，八十年代以後得到廣大史學工作者的重視。但

是，關於地方性新政的綜合性研究成果還是較少，專著尚未見到。現有研究主要體現在相關專著中有所涉及或者是專題論文研究清末東北新政的某一方面的問題。

（一）通史或者專史著作中涉及東三省新政的相關研究

二十世紀八十年代，開始有學者探討清末東北新政，區域性研究逐漸繁榮。一九八四年王魁喜等人合著的《近代東北史》出版，其中一章專論東北新政，但作者對清末東北實行的新政措施持否定態度，認為清末東北官制改革是在民族危機和內憂外患日趨嚴重的情況下所採取的改革措施，只能帶來更多弊端，「積弊未除，吏治未清」，實質是反動的假維新。〔註1〕這種全然否定的觀點今天看起來已經陳舊，但能夠打破對清末東北新政研究的沉寂，已是一個不小的貢獻。後來，常城在其主編的《東北近現代史綱》中進一步指出：東三省總督徐世昌，在推行「新政」的名義下，設官增職，大肆鋪張。帶來的直接後果，就是捐稅層出，官吏勒索，加上天災，最後是加重了人民的負擔。〔註2〕這是當時東三省斷代史研究中較有代表性的觀點。

進入二十世紀九十年代，通史性研究成果有了進一步發展。佟冬主編的六卷本《中國東北史》，系統闡述了東北地區從古至今歷史的發展脈絡，也介紹了清末東三省歷任將軍督撫參與的各項變革，從宏觀上對東北三省推行新政的背景、具體措施以及所帶來的影響予以概要分析。但該書基本沿襲王魁喜在《近代東北史》中的觀點，認為清政府在東三省所實行的「新政」和「預備立憲」的各項措施，儘管取得了某些成效，給中國社會帶來一些新的變化，客觀上有利於東北民族資本主義的發展。但就其實質而言，則是一場假維新的騙局。為的是欺騙人民、抵製革命，挽救封建統治。〔註3〕

《中國東北通史》〔註4〕、《東北通史》〔註5〕兩部書對清末東北的改革都用筆很少，可以說是一筆帶過。《吉林建置沿革概述》彌補的則是斷代史中一個省區的專史研究，其中也涉及到清末東北變革時吉林省的一些情況。〔註6〕

這一時期專史性質的著作中，《清代東北史》能夠立足於原有宏觀研究清

〔註1〕　王魁喜等：《近代東北史》，黑龍江人民出版社，1984年版。
〔註2〕　常城主編：《東北近現代史綱》，東北師範大學出版社，1987年版。
〔註3〕　佟冬主編：《中國東北史》，吉林文史出版社，1998年版。
〔註4〕　薛虹、李澍田主編：《中國東北通史》，吉林文史出版社，1991年版。
〔註5〕　李治亭：《東北通史》，中州古籍出版社，2003年版。
〔註6〕　田志和、潘景隆：《吉林建置沿革概述》，吉林人民出版社，1999年版。

末東北新政的基點，從改定官制、廢除旗民兩重制，改革司法制度、設立警察維護地方治安，整飭軍備、編練新軍，興「自治」調查、設立諮議局，興辦實業、開辦學校，新政與橫征暴斂等六個方面，較爲詳實的論述清末東北新政的情況，從正反兩方面客觀的評價了清末東北「新政」所推行措施的積極和消極的後果。〔註7〕《清代邊疆開發》一書，以較大篇幅論述了清末東北新政對邊疆開發的積極作用，認爲「放墾移民」對於促進東北邊疆的開發和經濟的發展具有十分深遠的意義，工礦業的興起，對於開發和繁榮東北邊疆起了促進作用，新興城市和教育的創辦標誌著東北邊疆的開發進入了新的更爲高級的階段。〔註8〕

　　直接從邊疆改革史的角度論述清末東北新政的著作是趙雲田所著《清末新政研究——20世紀初的中國邊疆》一書，從調整官制和整頓吏治、移民墾荒和振興實業、整頓軍制和籌練新軍、文化教育方面的除舊布新四個方面，概述清末東北推行新政的情況，並結合當時中國和東北的具體情況，做一定的分析。認爲這次政治改革首先實現了軍府制度向行省制度的徹底轉化，是中國封建傳統官制和西方資本主義國家近代官制合璧的產物，適應了我國多民族統一國家的國情，加強了對少數民族的管理，是清朝「因俗而治」傳統政策在清末的體現。〔註9〕並從地域性、民族性和社會辦學的角度，分析文化教育革新的特點。但該書對趙爾巽主政東北時期的新政舉措沒有進行深入論述，主要論及的是徐世昌任東三省總督時期的相關新政改革。

　　《中國治邊機構史》一書，在精闢論述、透徹分析後，得出貼切的結論：清末東三省官制演變的實質，首先是由軍府制度向行省制度轉化，其次是中國封建社會傳統官制和西方資本主義國家近代官制結合的產物，再次是清朝「因俗而治」，傳統政策在新的歷史時期的體現。〔註10〕

　　（二）相關論文

　　隨著對清末新政研究的深入，人們研究視野的拓寬，東三省新政變革作爲清末新政的一個重要組成部分，在近些年引起研究者們的關注，相關研究

〔註7〕　楊余練、張玉興：《清代東北史》，遼寧教育出版社，1991年版。
〔註8〕　馬汝珩、成崇德：《清代邊疆開發》，山西人民出版社，1998年版。
〔註9〕　趙雲田：《清末新政研究——20世紀初的中國邊疆》，黑龍江教育出版社，2004年版。
〔註10〕　趙雲田：《中國治邊機構史》，中國藏學出版社，2002年版。

也開始起步。迄今為止，不僅已有專題性論文進行總體性研究，還有論文從政治、經濟、軍事、文化、外交、近代化等不同領域作為切入點，進行深入剖析。下面筆者將對這個問題的相關研究成果，劃分為三個階段，做以概括性介紹。

1、起步階段

二十世紀八十年代，中國開始推行改革開放的國策，學者們對前代的新制改良予以更多的關注。隨著學術研究的日益深入，人們看待清末東北新政這一問題更為理性，能給予客觀的分析，關於這個課題的研究成果也在不斷豐富，實現了可喜的突破。

任何歷史事件的發生都離不開具體的時代背景和地域背景，除了全國都在推行新政的宏觀環境外，東三省的改革還有著自身的特殊性。晚清時期，東北的外來移民不斷增多，工商業發展，以前的民、旗雙重管理系統已不合時宜，加之日俄對東三省領土侵略的陰謀日益明顯，儘快將關內外行政體制劃一，鞏固清政府在這一地區的統治，成為極為緊迫的任務。「東三省在清末正式改制設省，已屬勢在必行」〔註11〕，「原有行政體制越來越成為阻礙，已到非變不足以發展的地步」〔註12〕。

關於清末東北新政的具體措施，論者也開始有所涉及。趙中孚在《清季東三省的改制及其建設（1907～1911）清季立憲與改制》一文中，作者對清末東北所實行的新政具體措施做了客觀陳述。隨著更深入、更客觀的研究，學者們在充分肯定清末東北各項新政措施的積極意義的同時，提出了「東北『新政』是自上而下實行的部分帶有資本主義性質的改革」的觀點。〔註13〕

清末東北改革，體現在行政管理體制方面，主要是裁撤東北三將軍，旗民雙重管理體制退出歷史舞臺，東北行政制度進入一個新的歷史階段。這一重大變動，無論從民族關係方面考察，還是從政權沿革史角度研究，都是對舊制度的一種改革，反映了行政制度與社會經濟發展相適應的規律。」當然，「行省制的誕生，並不能解決清朝在東北的統治危機，亦不能消除吏治的種種弊端，但做為一種新制度的誕生，必將是對清初的舊制度的一個否定，這

〔註11〕趙中孚：《清末東三省改制的背景》，中華文化復興運動推行委員會主編《中國近代現代史論集》第十六編《清季立憲與改制》，臺北商務印書館，1986年1期。
〔註12〕康沛竹：《日俄戰爭後的清廷東北防務》，《近代史研究》，1989年3期。
〔註13〕王建中、賈誠先：《試論清末東北「新政」》，《學習與探索》，1988年1期。

種否定，不管出於什麼動機，應該視爲一種進步。」〔註14〕東北的政治機構發生了根本的轉變，民政統治確立。促進了經濟發展和民族融合。一定程度上能夠清除積弊，以專責成，爲全國地方官制改革提供了經驗。〔註15〕

八十年代的研究成果中，對經濟方面也有所涉及。衣保中的《清末東北農業試驗機構的興辦及近代農業技術的引進》一文，通過對清末東北試驗機構的興辦、近代農業技術的引進以及農學與技術傳播的提倡等一系列活動的論述，肯定了當時的農業改良和發展的積極作用。

總之，二十世紀八十年代，關於清末東北新政的研究成果，數量較少、所持觀點仍然有失偏頗。但可貴之處在於，開啓了研究清末東北新政的先河，並且能夠一定程度上從「左」傾思想的陰影中走出來，客觀、辯證的分析、評價這一重大歷史事件，從而爲後人的研究提供一定的參照，使人們對清末東北新政有了初步的、客觀的認識。

2、二十世紀九十年代，進入發展階段

這個時期，人們的思想進一步解放，拓寬了研究的視角，開始探討一些更爲深入的問題，進一步扭轉了對新政完全否定的錯誤傾向，賦予更加客觀的評價。這個時期，專題性論文增多，研究的切入點更加新穎，視角更爲廣闊。

首先，憲政自治與官制改革的內容成爲學者們研究的一個主要著眼點。

政治方面，首先被引起注意的是憲政自治問題。作爲傳統封建官衙中具有立法性質的機構，東三省諮議局成立後，力主推行民選諮議局，體現了諮議局的客觀歷史作用和社會影響。〔註16〕宣統元年（1909），在地方主政者的主持下，東三省諮議局的選舉活動完成，原有的諮議局籌辦處改爲地方自治籌辦處，地方自治活動在東北又重新掀起，但此時的東北地方自治已基本被導入了統治階級的政治軌道。〔註17〕

以官制改革爲切入點是對清末東北新政研究的又一突破。清初形成的旗民雙重管理體制，到了清代末年發生變化，代之以督撫治理東北的行省制度，

〔註14〕田志和：《論清代東北地方行政體制的改革》，《東北師範大學學報》，1987 年 4 期。

〔註15〕郭建平、常江：《清末東三省官制改革及其影響》，《遼寧大學學報》，1988 年 4 期。

〔註16〕曲曉璠：《清末東三省諮議局述論》，《社會科學戰線》，1990 年 4 期。

〔註17〕曲曉璠、馬嵐：《清末東三省地方自治運動述評》，《遼寧大學學報》，1994 年 4 期。

新的軍政管理體制對東北政治經濟產生了深遠影響。〔註18〕同時，開啓了涉及政治、軍事、外交、經濟和民族等諸多方面問題的地方官制改革，促進了東北社會的發展，抵制了日、俄的侵略活動，是晚清「預備憲政」運動在地方的一大突出成績。〔註19〕

東三省改設行省制度後，各省相繼開始了在政治、經濟、文教、軍事等領域的新政。這裏除了前面陳述的關於憲政自治和官制改革的相關研究外，已經出現對於其他領域的一些問題的研究，探討東北各省新政開始後，各方面逐漸推行變革的情況進行總結。〔註20〕

其次，歷史人物及其在特定歷史事件中的重要作用。清末東北新政實施過程中，地方主政者通過實施各方面措施，推動了中國東北近代化的歷史進程，也彰顯了個人或團體對相關歷史事件的影響。

清末是中國向近代化社會轉型的時期，東北在整個社會發展的大趨勢下，也開始了近代化的步伐，推動這一進步的重大歷史事件，正是清政府在東北推行的新政舉措。馮年臻認為，「清末新政期間，清政府振興實業的政策，是對經濟基礎及上層建築的某些局部進行的帶有進步意義地調整和改革」，對東北地區經濟、文化、社會的近代化給予了積極影響；新政期間，東北地區的農業及民族資本主義工商業得到空前發展，為以後東北的進步奠定堅實的基礎。〔註21〕同樣，新政的實施也為東北邊疆的經濟和社會向近現代文明的發展提供了比較協調的大環境，客觀上推動了東北近代化發展進程。〔註22〕

這一時期，已經有學者開始注意清末新政中歷史人物的地位與作用，並給予這些人物以充分、客觀的肯定。例如，趙爾巽、徐世昌、錫良等地方大員在東北任職期間，建立了一套新的政治體制，強化邊疆，固結藩籬，衛護

〔註18〕 刁書仁：《試論清末東北八旗體制的變化》，《吉林師範學院學報》，1995 年 2 期。

〔註19〕 李秀蓮、杜偉：《清末徐世昌改革東北地方官制述評》，《北方論叢》，1998 年 3 期。

〔註20〕 相關文章有：陳章範《清末黑龍江置省後的「新政」》，《北方文物》，1996 年 1 期；張虹《清末奉天八旗女工傳習所興辦始末及其評價》，滿族研究，1996 年 2 期；余陽《趙爾巽對清末奉天省財政的整頓》，滿族研究，1992 年 4 期；侯雁飛《清末吉林教育述略》，《吉林師範學院學報》，1995 年 2 期；王延革《論清末民初黑龍江女學教育》，《黑龍江社會科學》，1999 年 1 期。

〔註21〕 馮年臻：《清末新政在東北近代化歷史進程中的地位》，《東北地方史研究》，1990 年 4 期。

〔註22〕 布平：《東北邊疆開發與近現代化過程》，《學習與探索》，1993 年 5 期。

國家主權和領土不受侵犯，推動了東北的近代化進程。〔註23〕

再次，清末東北新政，發生於特定的國際背景之下，具有一定的抵禦外來侵略、促進東北邊疆經濟和社會進步的重要歷史作用。

從國際背景的角度探析清末東北新政的推行，是從另一個角度突出東北新政的地域性特點。東北「新政」是具有抵禦外來侵略的資產階級性質的改革，在一定程度上更激進、更具民族性，客觀上穩定了東北地區的形勢，遲滯了日俄兩國對東北地區的侵略步伐，使遠東國際關係出現了暫時的平衡。〔註24〕也給東北地區帶來了新的氣象，促進了東北邊疆經濟和社會的進步。〔註25〕地方政府開始對社會上的一些陳規陋俗予以革除，一個主要表現就是開始禁烟運動，作爲輔助新政的一項措施，間接推動中國東北走向近代化。〔註26〕

以上研究成果的論述，均立足於宏觀視角，總結清末新政的各項措施及帶來的客觀效果，並從階級局限的角度剖析新政未能成功的原因。

3、進入二十一世紀，走向繁榮時期

進入二十一世紀，對東北新政諸問題的研究有了長足進展。尤其是在新的歷史時期，國家把東北老工業基地的建設問題提上了日程，史學領域的工作者們更加關注一百年前在東北的那場改革，因此帶動相關研究進入繁榮階段。此間論者的著眼點和視角在廣度和深度上有了更大的突破，增加了更多的微觀性研究。研究者的新觀點，通過發表在各種刊物上的文章體現出來。

此間有一篇關於邊疆史研究的綜述性論文，即《清末邊疆新政研究述評》，總結了截至該文發表時止史學界對邊疆新政的相關研究成果，其中有一部分是對東北新政相關研究成果的總結，指出新的成果不斷涌現，我們的總結也不能停止。〔註27〕

首先，關於憲政改革和官制改革研究的拓展。更多的論者對東三省的諮議局給予了注意，諮議局成立後，與地方公署之間是一種什麼樣的關係？已

〔註23〕相關文章有：余陽《趙爾巽對清末奉天省財政的整頓》，滿族研究，1992 年 4 期；戴其芳、張瑞萍《論錫良》，《內蒙古大學學報》，1992 年 4 期；方銀兒《徐世昌與東北建省》，《歷史教學問題》，1995 年 5 期；郭劍林《徐世昌與東北近代化》，《社會科學戰線》，1995 年 3 期。

〔註24〕劉迎紅：《遠東國際關係與清末東北新政》，《求是學刊》，1996 年 6 期。

〔註25〕趙雲田：《清末東北地區新政述論》，《中國邊政》第 145 期，，1999 年 9 月。

〔註26〕石岩、蓋立新：《清末黑龍江的禁烟運動》，《北方文物》，1991 年 1 期。

〔註27〕《清末邊疆新政研究述評》，《清史研究》，2002 年第 3 期。

有學者反駁了認為諮議局是地方公署的咨詢機構，對地方公署起不到任何制約作用的觀點，也糾正了那種把諮議局與地方公署間的矛盾和鬥爭片面化、絕對化的觀點，充分肯定了諮議局參政議政的輿論監督作用，提出「東北各省諮議局與地方公署之間保持了相互制約、相互監督的關係，眞正促進了當地憲政運動的發展」，促進了東北政治近代化的觀點。〔註28〕這一時期論者在總結憲政改革時，認為實行憲政改革是清末東北政治現代化的重要特徵，加強了地方公署對邊疆的控制，完善了近代地方司法體系，促進了東北近代民主運動的發展，擴大了諮議局參政的深度和廣度。〔註29〕

　　這一時期還出現了對東北各省立憲、改制過程中相關問題的研究，使關於這個問題的相關研究更為細化。〔註30〕

　　其次，從政治、經濟、文化教育和軍事等角度入手的研究也大量出現。

　　清末新政期間，在趙爾巽、徐世昌、錫良等人先後主持下，東北邊疆進行了各項變革。以調整官制和整頓吏治為主要內容的政治改革，使原來的軍府制度被行省制度徹底取代，各省還成立了諮議局以及府州縣議事會。東北邊疆的官制調整是由軍府制度向行省制度徹底轉化的過程，也是中國封建社會傳統官制和西方資本主義國家近代官制合璧的產物，它還適應了我國是多民族統一國家這一歷史上形成的特殊國情，加強了對少數民族的管理，是清朝「因俗而治」傳統政策在新的歷史時期的體現。〔註31〕文化領域的變革，極大地推動了東三省文化教育事業的改革與發展，促進了東三省教育的近代化。〔註32〕不僅起到開啓民智、抵禦列強侵略的作用，甚至對稍後的辛亥革命也產生了積極影響。〔註33〕軍事上的變革，使「東北地區出現了近代化的

〔註28〕徐建平：《清末東三省諮議局與地方公署關係初探》，《歷史教學》，2000 年第 8 期。
〔註29〕徐建平：《論清末東北憲政改革的特點》，《中國邊疆史地》，2004 年 6 期。
〔註30〕相關文章有：秦升陽《吉林立憲運動初探》，《四川大學學報》，2003 年 5 期；王琦《清末東北鹽務機構述略》，《遼寧大學學報》，2000 年 3 期；姜艷：《清末黑龍江行政設治與社會變遷》，《長春師範學院學報》，2003 年 3 期。張敏：《盛京時報與東三省官制改革》，《徐州師範大學學報》，2003 年 4 期。
〔註31〕趙雲田：《清末新政期間東北邊疆的政治改革》，《中國邊疆史地研究》，2002 年 9 期。
〔註32〕李澤昊：《徐世昌與清末東北文化教育改革》，《白城師範學院學報》，2006 年 1 期
〔註33〕趙玉杰、譚美君：《清末新政時期的東北文化教育改革》，《學習與探索》，2003 年 1 期。

軍隊，對抵禦帝國主義的侵略起到了一定作用。」〔註34〕

　　此外，也有涉及各省區的政治、經濟、文化改革的文章出現，其中不乏對某些曾經研究過的問題做進一步的挖掘。《清末東北新政改革論——以趙爾巽主政東北時期的奉天財政改革為中心》一文，對趙爾巽在奉天的財政改革進行了全面、細緻的梳理，主要論述了趙爾巽對財政機構的裁撤與整合、所採取的財政改革具體措施等方面內容。〔註35〕其他關於黑龍江實業教育與高等教育的蓬勃興起、原因和具體發展情況，以及對清末旗人的實業與生計的研究性文章，能夠多角度切入，使研究方法有了明顯的進步。〔註36〕

　　關於奉天的審判制度，2000 年以來有三篇文章論述，體現的主要觀點是：清末奉天審判制度改革，建立了地方各級審判廳、檢察廳。除少數初級審判廳外，地方各級審判廳都開辦運作，其運作實踐，有力地推動了地方司法制度的近代沿革。〔註37〕但也有學者指出「司法近代化中新式法院在數量上的不斷增長，與司法官人才專業化培養滯後之間的矛盾，是清末新政期間奉天省司法變革過程中所體現的突出特點。」〔註38〕清末奉天各級審判廳的創辦，以司法獨立和司法統一為宗旨。但這種獨立和統一又不是絕對的，如果沒有財政、人事、教育、經濟、議會等方面的改革加以配合，清末司法改革的目標將難以實現。〔註39〕

　　再次，個人因素在清末東北新政中作用的研究也有了新的進展。

　　徐建平在《總督錫良與東北邊疆的開發》一文中，肯定了錫良在清末東北新政中的重要作用。〔註40〕錫良任職東三省總督期間，對東北經濟進行了較徹底的改革，在客觀上對東北經濟的發展起到了推動作用。〔註41〕馬平安

〔註34〕趙雲田：《清末新政期間東北邊疆的軍事改革》，《社會科學輯刊》，2003 年 4 期。

〔註35〕高月：《清末東北新政改革論——以趙爾巽主政東北時期的奉天財政改革為中心》，《中國邊疆史地研究》，2006 年 12 期。

〔註36〕相關文章有：隋麗娟《清末新政與黑龍江新式教育》，《求是學刊》，2003 年 5 期；崔多立《清末黑龍江地區的高等教育》，《黑龍江史志》，2005 年 5 期；康波《清末東北旗人的實業與生計初探》，《北方文物》，2000 年 4 期；王琦《清末的奉天農業試驗場》，《蘭臺世界》，2005 年 6 期。徐建平《錫良與東北經濟改革方略述論》，《河北師範大學學報》，2000 年 7 期。

〔註37〕柳岳武、趙鑒軍：《清末奉天新式審判制度的社會運作及評價》，《唐都學刊》，2005 年 3 期。

〔註38〕張勤：《清末民初奉天省的司法變革》，《遼寧大學學報》，2006 年 7 月

〔註39〕俞江：《清末奉天各級審判廳考論》，《華東政法學院學報》，2006 年 1 期。

〔註40〕徐建平：《總督錫良與東北邊疆的開發》，《北方論叢》，2001 年 6 期。

〔註41〕徐建平：《錫良與東北經濟改革方略述論》，《河北師範大學學報》，2000 年 7 期。

則在自己文章中，論述了以徐世昌爲首的北洋集團在東三省大力推行各方面的改革，對清末民初的東北邊疆歷史產生了重大的影響。〔註 42〕關於趙爾巽和徐世昌的文章，此時也有出現，因在總結具體改革措施的研究成果時已經提到，在此不做重述。〔註 43〕總之，這場改革過程中，個人的歷史作用和社會影響不容抹煞。

綜上所述，從上個世紀九十年代以來，關於清末東北「新政」的研究從廣度和深度上均有長足進展，突破了只重視政治史研究的局限，在經濟、文化、軍事等領域的研究取得一定成果，研究視角和研究對象走向細化。現有成果絕大多數能夠做到給予清末東北「新政」客觀、積極的定位，既有從宏觀上的總體全面的研究，也有從微觀上的具體細微的深入分析，辯證地分析了清末東北「新政」的客觀歷史作用及意義所在，與起步階段的研究相比，二十世紀九十年代的發展階段到新世紀的繁榮階段的研究成果不但數量增加，而且文章更具系統性與專題性，論述也更爲深入，成爲我們今天學習研究的堅實基礎。

研究成果實現較大突破，主要體現在研究方法的豐富和研究視角的展開方面。二十世紀八十年代，對清末東北「新政」的研究僅僅從總體或者政治、經濟的單方面改革入手，視角狹窄，觀點難免有失偏頗。九十年代以後，除繼續從宏觀大局出發，以新政改革史的研究爲基礎外，學者們更爲側重微觀研究方法，從東北近代化問題、邊疆開發問題、個人在新政中的作用、新政與清政府外交等等更加寬泛的角度切入，拓寬了研究視角，成果頗豐。

但是，本階段的研究仍存不足。首先，研究尙待深入。關於清末東北新政的綜合性研究專著迄今未有，另外，從現有研究狀況看，雖然研究成果在不斷豐富，但相關專題論文或者專門著述仍尙嫌不足，既便是有些問題有所涉及，但分析論述不夠深入、客觀，例如，經濟新政方面，目前涉及較多的是農業問題和財政問題，而對於工、礦、商業和幣制改革等方面內容的研究極少涉及，或者根本沒有系統成文，只是在史料或一些通史性著作中偶有提及，專題性研究匱乏。

〔註42〕 馬平安：《北洋集團與清末東三省新政》，《中國邊疆史地研究》，2001 年 12 期。

〔註43〕 文章有：李澤昊《徐世昌與清末東北文化教育改革》，《白城師範學院學報》，2006 年 1 期；高月《清末東北新政改革論——以趙爾巽主政東北時期的奉天財政改革爲中心》，《中國邊疆史地研究》，2006 年 12 期。

　　其次，研究視角並未合理轉換和完全放寬。今天的史學工作者，在科學研究的過程中，已經突破了單純政治史的研究視角，在研究政治史的同時，對於經濟史、改革史等的內容有了更多的涉獵。尤其是近幾年，對於區域經濟史、區域社會史的研究更成為史學研究的新突破。但這個時期的研究並不全面，對於東北地區的新政改革史的研究，仍存在諸如創辦警政、司法官制、興辦學務、社會生活等各個方面的研究不深不透的問題，均有待於進一步的加強研究和探討。

　　第三，研究方法單一，缺乏與相關學科的融會貫通。對涉及政治、經濟、司法、軍事、文化教育、社會等各方面的內容，不應單純從史學研究範式出發去論述，而應廣泛結合政治學理論、經濟學、統計學、法學、軍事理論、社會學以及現代科學技術等其它學科的知識去分析這個問題，這樣得出的結論才可能是辯證的。

　　第四，所引資料尚有缺漏。迄今為止，相關於清末新政史的資料中，仍有一些檔案史料、地方史志等，尚未整理出來或未被人們發現和利用，這也是造成現有研究成果不足的一個重要原因。這些不足之處正是後來的史學工作者應該繼續完成的工作，本書即將在這些方面努力做一點點的補充。

三、清末東北新政的國外研究現狀

　　關於清末新政的專題研究，西方學者較早的是美國著名的女漢學家，曾任蒙特霍利約克學院院長的卡梅倫（Meribeth E.Cameron）博士。她於 1931年出版的《中國的革新運動 1898～1912》（The Reform Movement in China，1898～1912），對維新及清末十年的新政進行了細緻的研究，書中的許多觀點與現今國內學界的若干見解仍然十分相似。但西方學者更多地注意的是清末新政的一個方面，如凡徹（John H.Fincher）的《中國人的民主：1905～1914 年的地方、省與中央的自治運動》（Chinese Democracy：The Self-Government Movement in Local, Provincial and National Politics, 1905-1914, Australian National University Press, 1981）；瑞諾爾多（Dauglas R.Reynold）的《中國 1898-1912，新政、革命與日本》（China, 1989-1912; The Xinzheng, Revolution and Japan, Harvard University Press, 1993）；廖勝雄（音）（Sheng-hsiung Liao）《晚清立憲的探求：探索階段》（The Quest for Constitutionalism in Late Ch'ing China;The Pioneering Phase, Florida State University Press, 1978）；湯姆森（Roger

R. Thompson)《預備立憲中的地方諮議局》(China's Local Councils in the Age of Constitutional Reform: 1898-1911 ,Harvard University Press, 1995)；巴斯蒂（Marianne Bastid)的《中國 20 世紀初的教育改革》(Educational Reform in Early 20th-Century China, University of Michigan, 1988)；鮑威爾著，陳澤憲、陳霞飛譯《中國軍事力量的興起》（中國社會科學出版社 1979 年版）；錫克（Paul Christopher.Hicky）的博士論文《晚清的官僚集權與公共財產，1900～1911》（Bureaucratic Centralization and Public Finance in Late Qing China 1900-1911, Harvard University, 1990）；等等，這些著作運用不同的角度、方法與理論對清末新政進行了研究，在資料的運用上也有獨到之處，是我們從事相關研究的重要參考，尤其在宏觀背景的揭示方面，西方學者往往運用豐富的西文資料，因而更爲翔實、全面，但由於東北就新政而言，典型意義不強，所以他們很少有人以東北新政作爲研究領域，一些以北中國的區域範圍的研究，也僅只河北、山東、山西等傳統意義的華北，如杜阿（Prasenjit Duar）的《文化、權力與國家：1900～1942 的華北農村》(Culture Power and State: Rural North China, 1900-1942, Stanford University Press, 1988）。

　　但是，仍有一些成果值得注意。由於東北在十九世紀末二十世紀初爲眾多的列強所垂涎，成爲東北亞國際爭奪的焦點，由此形成的國際關係及這一格局下中國的「東北外交」錯綜複雜，相關著作較多。西方學者在對此進行研究時，勢不可免地要涉及東北新政中的部分內容，如東北鐵路的建設、東北財政、東北軍事、邊政等，也論及了若干對東北新政產生影響的人物。在這些著作中，有幾本應予充分的注意：一是《中國問題論集》(Papers on China)，一九五九年號上刊出的《錦璦鐵路與清外交中的諾克斯計劃》(The Chinchow-Aigun Railroad and The Knox Neutralization plan in Ching Diplomacy)、《清政府的滿洲政策 1901～1903》(Ching Policy over Manchuria 1900～1903)。前者對清政府利用列強之間的矛盾，企圖借助美國的抵制日本擴張的鐵路計劃進行了論述。後者分析了辛丑條約簽訂後清政府爲應對東北局勢而進行的外交活動。二是福杰斯（Roger V.Des Forges）的《錫良與中國民主革命》(His-liang and the Chinese National Revolution, Yale University Press, 1973)，這部著作對錫良的整個政治生涯進行了研究，包括他任東三省總督期間爲抵制日俄而進行的外交活動及新政措施。三是漢特（Micheal H.Hunt）的《邊境防衛與門戶開放：中美關係中的滿洲，1895～1911》(Frontier Defence and the Open Door, Manchuria in Chinese-American Relations, 1985-1911, Yale University Press, 1973），這部著作以清末十餘年間圍繞東北問題中美之間的外交活動，對清政府為應付東北危機採取的外交政策及其他措施，包括清末十年中東北地方督撫徐世昌、錫良、程德全、唐紹儀等人的建議、活動都有涉及，這是目前與本文關係最為密切的西文著作，此外還有《中國季刊》第五十一號（China Quartery,No51,1972）上刊登的《日本帝國主義與滿洲經濟 1900～1931》（Japanese Imperialism and the Manchurian Economy, 1900-1931）及趙康（音）（ChaoKang）《滿洲經濟的發展：邊疆經濟的興起》（The Economic Development of Manchuria: The Rise of a Frontier Economy, Ann Arbur: Center for Chinese Studies, 1983）一文一書，論及了東北經濟在 20 世紀初的狀況。

日本學者關於清末東北新政研究的直接相關文章也極為少見，目前僅檢索到一篇文章，但尚未見到原文，即曾田三郎「日本政治視察と清末省行政組織の改編」。日文的相關著作有一些，如：守田利遠《滿洲地志》、岡本光治《混沌與錯綜：中國東北的世界》、松重充浩《王永江的對內對外認識與統治東北的觀念》、矢野仁一《滿洲的今昔》、稻葉君山《滿洲發達史》、松本敬之的《富之滿洲》等都有關於清末東北的相關敘述。在松本敬之的《富之滿洲》一書中，從地理、資源、貿易、交通四個方面，對清末東北當時的狀況加以詳細介紹，為我們提供瞭解清末東北新政時期經濟發展的一個側面。

西方學者的研究顯然不把東北新政作為重點，因而還未有人就整個東北新政進行全面的綜合的研究。在相關的論著中，多是從外交的角度入手，因而忽略了對中國內部推動新政因素的研究，一些新政措施如官制改革、司法警政改革，由於角度的限制，尚不能進入西方學者的視線。更主要的是，這些學者都有與中國學者不同的立場，儘管他們也聲稱進行客觀的研究，但實際上還是很難達到客觀與實事求是，過多地強調了外部因素對於新政的推動作用，把清政府、東北地方官員看成是被動的、完全聽憑列強擺布的傀儡，並且把列強特別是美國的政策視為拯救中國而主要地不是追求利益的擴張。這表明，對東北新政，需要有中國學者自己的研究。

四、選題主旨、寫作思路、研究方法與意義

論及清末東北新政，首先就要界定「東北」的概念。因史學界在區域劃分方法方面標準不一，對於「東北」的概念，也有不同的理解。「東北」地區，

美國學者施堅雅稱之爲「滿洲區」〔註44〕，而筆者則認爲根據陳峰的「綜合經濟劃分方法」來界定東北的概念更具有說服力，「即以生產力水平、產業部門種類、地區間經濟聯繫、自然環境條件、民族狀況、社會風俗、歷史傳承、政治因素等七項要素作爲劃分區域的標準」〔註45〕。據此標準，清末的東北，地處中國東北邊疆，土地遼闊，人口稀少，資源豐富，滿族等民族在此居住和生存，在地理位置和行政區劃上都具有相對獨立性。關於東北所轄地域，有廣義和狹義兩種說法。狹義上講，通常指遼寧、吉林和黑龍江三省，就是通常所說的「東三省」或者「東北三省」。廣義上講，即東北三省和舊熱河省，即「東四省」或者「東北四省」。本書所指即是狹義上的「東北」的概念，即遼、吉、黑三省。

（一）選題主旨

在東北這個相對獨立的區域，作爲滿清王朝的「陵寢所在」，滿清統治者爲保護祖宗發祥之地，在政治管理體制方面實行旗民雙重管理體制，加之封禁政策推行和傳統「重武輕文」思想的長期影響，導致民眾思想日益閉塞，到清末時期，與內地相比，東北形成了一個相對獨立的政治綜合體，社會發展也日益落後於內地各省。雖然農、林、礦等自然資源極爲豐富，但閉塞的環境下，農林牧副漁工礦商貿各業發展滯緩，與內地相比，經濟發展水平相對落後。旗民雙重管理體制下的東北地區，受到革新思潮的衝擊，在清末新政中，統治者將採取何種舉措應對以及如何看待這些措施的施行的問題，就是本書想要全面論述和客觀分析的主要內容。

確立本選題，旨在從政治、經濟、軍事、司法、文化教育等各個方面全方位、多角度的辯證分析、系統論述清末東北在當時情況下，推行各項改革措施的具體內容、所收成效以及歷史意義所在，力爭描述出清末東北新政的全貌，從而作出客觀、歷史的評價。並從不同的視角入手，全方位看待東北新政的演進過程，從中總結經驗，吸取教訓，明示世人：歷史發展大潮中，滿清政府也不得不以推行改革來維護統治，無奈之舉必將帶來極大的局限，但順應潮流的措施終究能夠收到一定的客觀積極作用。期望通過本書，彌補

〔註44〕施堅雅主編、葉光庭等譯，陳橋驛校：《中華帝國晚期的城市》（中譯本），中華書局，2000年版，第242～288頁。

〔註45〕陳峰：《清代區域社會經濟研究的新開拓——簡評〈區域社會經濟研究〉》，《清史研究》，1998年1期，第114頁。

關於清末東北新政這個問題尚缺乏全面、綜合性研究的不足，爲我們更好的瞭解清末東北的社會變遷、清末新政史乃至近代中國社會的進步，提供一個可供切入的視角，以盡本人微薄之力，供學界前輩指正。

歷史研究本身不但要求充分的論證，也要求理論上的闡釋，因此，要求我們這些後來學習歷史的人，應以全面、深入、具體的研究向世人展示百年前在東北推行的改革之舉，從改革史研究的視角出發去審視清末東北新政，還歷史以本來面目。

每一個不同的人思考問題的側重點自然存在差異，對待清末東北新政的問題亦是如此。對一些具體問題的看法，亦將產生分歧。清末東北新政到底是半殖民地、半封建社會內部的一次內部調整還是洋務運動的延續，亦或者是一場資產階級性質的改良運動？東北的新政改革推行後，所帶來的效果是積極作用占主要地位還是消極作用占主導地位？清王朝即將退出歷史舞臺的前夜，東北的新政改革又該處於何種地位，不同的人從不同的角度去看待，就會形成不同的歷史觀點。但不論怎樣，沒有研究就沒有對問題的透徹瞭解。

本書以清末東北的新政改革爲研究對象，深入分析改革的歷史背景、社會現狀等客觀因素，以新政的推行者——清政府的主動推行爲切入點，以辯證的思維去考察清末東北新政時期各項制度的變革。迄今爲止，關於清末東北「新政」的研究，前人在已有豐富資料的基礎上，取得了相當的成績，爲我們今天從事史學研究工作提供了良好的鋪墊。在此基礎上，形成了筆者關於本書的寫作思考。

（二）寫作思路

清末東北「新政」的課題在廣度和深度上如何進一步拓展？對這一論題思考後，希望通過本書解決如下問題，具體形成以下的幾點想法。

首先，縱覽全局。重視歷史研究的系統性，加強對這一問題的綜合性的研究。以往對清末東北新政的研究停留在某一方面，本書力求在此基礎上，對清政府推行的新政措施做進一步系統地梳理和深入地剖析，尤其對少有論者觸及的司法、警察等方面內容進行充實，盡量全方位地深入瞭解清末東北「新政」，從總體上把握清末東北「新政」的脈絡。以豐富的史料爲依據，從各方面措施推行的大背景到具體措施的內容，以及新政措施推行後正反兩方面的歷史影響，使人們更加深入瞭解清末在東北的新政施行情況，最終給予客觀的評價，以確立清末東北「新政」的歷史地位。客觀瞭解新政的各項措

施，對比黑、吉、遼三省的改制情況，在分析各方面的具體措施之後，力爭賦予清末東北新政客觀的定性與評價。

既要看到這是清政府為了維持自身統治的一場變革，階級屬性決定變革離不開對廣大勞動人民的搜刮，同時，亦應認識到這次變革畢竟是一次順應歷史潮流之舉，在推動東北的社會進步以及對中國向近代化的轉變過程中的積極影響也不可忽視。注重對清末東北新政過程中出現的趙爾巽、錫良、徐世昌等重要人物在改革中所發揮作用的研究，把清末東北新政放到當時的歷史環境中去考察，把這一事件同清政府的自身「圖強」、外交政策、東北近代化以及今天東北老工業基地的建設等問題相聯繫，才可能更好的把握這段歷史。

其次，突出地域特色。在全面、系統、深入論述清末東北新政各項措施的同時，亦應該強調在特定區域推行的新政措施必有自身的地域特點。突出東北的地域性特點，注重分析清末東北新政的各個方面因為地域等因素影響具有的局限性與不足之處。指出局限的同時，充分肯定清末東北新政的客觀積極作用，推動東北地區的社會進步。意在對中國近代史上的這次統治者被動推行的改革以及中國近現代化的進程做深入的理解，為今日東北老工業基地的振興和整個現代化的進程提供有益的經驗與借鑒。

如前所述，本書已明確指出在這方面現有研究成果的不足，盡可能期望緊緊把握地域性特點，結合相關史料，做一定補充。實現這一點是本書的難點，因為這要求相關史料必須詳實，也要求論者治史時應具有敏銳的洞察力，淳厚的理論素養和紮實的史學知識。基於上述想法，形成本書主要思路：對清末東北新政的發生背景及各項具體措施的分析，得出在一定時代和社會歷史背景下所推行的變革，必將會被打上時代的烙印，而變革的推動者自身的階級屬性的局限所帶來的諸多影響也時刻體現在變革的具體措施中。導論，分析關於清末東北新政的研究現狀與不足，闡述選擇清末東北新政這一課題的意義、寫作思路以及研究方法。第一章，從對清政府面臨的危機以及變革中主體人的思想蛻變的分析，來論述清末東北新政的背景。第二章到第五章則從政治、經濟、軍事、文教四個方面總結分析新政變革的具體措施，力求展現一個全面的清末東北新政。最後，以結語總結全書。

（三）研究方法與意義

區域改革史的研究，是一項綜合性研究。從東北新政變革的本身來講，

是一場包括政治、經濟、軍事、文化各個專題性研究的綜合，而相對於清末全國新政史來說，東北新政則只是一個重要組成部分，視角的變換導致代表整體和局部的事物也發生變化，從而決定我們在研究清末東北新政時，要把清末東北的新政措施放到全國新政的大背景下去看待，並避免採取單一研究「範式」，而是立足於宏觀上的整體架構，以政治、經濟、軍事、文化四個方面的專題論述填充其中的內容，最後以結語的形式昇華本書想要闡述的論點，使關於這個問題的史學研究的整體性得到完善。

在具體研究過程中，既要運用史學的基本研究方法，以對史料的搜集和整理為根本，觀點的提出與史料的佐證是分不開的，又要適當注意各學科的交叉，對於這場涉及政治、經濟、軍事、文化教育等各方面內容的改革，僅僅從政治史、經濟史、軍事史和文化教育史的角度去研究是不夠的，而是應該充分結合政治學理論、經濟學原理、統計學、軍事理論以及社會學等不同學科的知識進行分析和評價，同時適當運用比較的方法，才能對這一歷史事件有一個全方位的把握，最終形成對清末東北新政這一問題的客觀認識。

當人們從絕對否定東北新政的局限中走出來以後，清政府在東北推行新政的目的是什麼？清末東北新政的性質如何？在中國近代史上處於何種地位？對清政府自身、對東北人民、對東北社會、對以後東北的革命形勢、對整個中國的歷史演進、乃至於對東北亞的國際關係產生哪些影響？該如何客觀評價清末東北新政所起到的積極或消極的歷史作用？等等，這些問題在引發我們思考的同時，更具有深入論證的價值。為此而確立的清末東北新政研究的課題，具有多方面的意義。

首先，理論意義。清末新政作為晚清改革進程中的一個組成部分，也是中國社會歷史轉型期的關鍵環節，而在清政府的「龍興之地」——東北推行的新政舉措，又是清末全國新政中的重要組成部分。因此，研究清末東北新政的問題，一定意義上，就是在研究中國晚清改革史，就是論析中國社會歷史變遷的重大問題。對清末東北新政深入探討，將有助於研究中國近代化歷史進程的發展問題，有助於我們以此為基礎，思考清廷退出歷史舞臺後的新形勢、發生的新情況。

其次，學術意義。二十幾年來，對清末東北新政問題的研究，取得了一定成果，但亦存在不足。因此，以前人的研究為始基、轉換切入點，深入拓展對此問題的研究極為必要。繼續研究，既豐富了對清末東北新政的研究，

也豐富了對東北史、中國近代史等問題的研究，為學術界有益之舉。

　　第三，現實意義。無論出於何種目的，無論是被迫還是主動，清末清廷在東北的新政所帶來的歷史作用是任何人都迴避和抹煞不了的。反思不等於回到過去，清末東北新政推動了東北的近代化進程，而今天東北老工業基地的建設，則是在加快東北向現代化邁進的速度。這就要求我們要面對現實，展望未來。

　　今天從歷史發展的角度切入，對百年前東北新政改制的思考，是跨越歷史時空的思考，對於幫助我們今天及時總結經驗教訓，為今天東北的現代化進程提供借鑒，實現從歷史反思的角度看待今天新形勢下的改革步伐，深入思考中國今後現代化發展的方向與成果，均具重要現實意義。

　　以史為鑒，方可以知興替。瞭解歷史，才能夠把握好未來。

第一章　清末東北新政的醞釀

　　民國元年（1912），走過了二百多年歷史的大清王朝，終於落下幃幕。謝幕前的清朝統治者，並未忘記最後的掙扎，即在其滅亡之前，爲維護其腐朽統治，進行了一場資產階級性質的變革運動，通常稱之爲「清末新政」。清政府所推行的新政上自中央下至地方，但各省區實施的情況又不盡相同，取得成效也是各有千秋，不平衡性明顯存在。

　　東北土地肥沃、物產豐富，在國防上具有重要的戰略意義。清廷在東三省實行的是不同於關內的旗民分別管理的政治體制。十九世紀末二十世紀初，列強間爭奪殖民地的鬥爭日益激烈，位於中國東北的黑、吉、遼三省，成爲帝國主義侵略和爭奪的焦點，東三省原有政治體制開始動搖。此種變化，在今天的學者們對清末東北新政的大背景進行探討中，逐漸的得以闡釋，並因此還原了清末東北新政前的特殊歷史狀況的形成及前因後果。

第一節　內外交困的東北政局

一、強敵爭奪加劇，東北成爲日俄的角鬥場

　　十九世紀末二十世紀初，帝國主義國家之間激烈爭奪殖民地、劃分勢力範圍。這個時期，中國已歷經數次外來侵略戰爭，每一次侵略戰爭之後，帝國主義列強都通過不平等條約，攫取利權，甚至發展爲搶占租借地、劃分「勢力範圍」，民族危機不斷加劇，嚴重危及清王朝的封建統治。光緒二十年（1894），日本發起意圖侵佔朝鮮和中國東北的中日甲午戰爭，中國戰敗，簽

訂喪權辱國的《馬關條約》，中國半殖民地化程度進一步加深。甲午戰後，各帝國主義國家紛紛以不平等條約為藉口，向中國進行大規模的資本輸出、傾銷商品、掠奪原料，並不斷擴大軍事控制和經濟掠奪，貪婪的侵略使中國面臨被瓜分的慘禍。東北是清朝的發祥地，地處中國北部邊疆，國防上的重要戰略地位，使東北地區成為資本主義列強的覬覦之地，自然難逃魔爪，清王朝在東北的統治受到嚴重衝擊。

在東北，侵略勢頭比較明顯的是俄國和日本兩個國家。甲午戰後，朝廷上下「聯俄制日」的呼聲很高，給俄國在甲午戰後侵略中國東北製造了機會。光緒二十二年（1896），在俄國的誘使下，李鴻章代表清廷與俄簽訂《中俄密約》。通過該條約，俄國取得修築連接西伯利亞大鐵路的中國東省鐵路的權利。此後，以鐵路為依託，輔之以銀行，一步步滲透到東北各個重要城市，進而吞並東北，是沙俄侵華、爭奪遠東和太平洋地區霸權的重大戰略部署。光緒二十四年（1898），清廷又允許俄國修築中東路支線、強租旅順和大連。光緒二十六年（1900），沙俄借義和團運動之機，趁機出兵，控制了東北三省，妄圖變中國東北為其殖民地。

隨著中東鐵路工程的開工，鐵路所經之處，沙俄侵略者肆意踐踏中國的主權，鐵路兩側大量土地被賤買或強行侵佔，鐵路所屬職員和「護路」俄軍肆意欺壓當地民眾，就連俄方雇傭的翻譯人員也仗勢欺人，視中國人民為奴隸，強取豪奪，敲詐勒索，無惡不作。居民財產被破壞，農副產品遭到瘋狂掠奪，大片森林被破壞和濫伐。光緒二十二年（1896），在營口「鐵路之經過民田也，正當成熟之時，俄人不給穀值，遽強占之。華人自為不服，地方官則但有婉勸認虧之一法，期其息事耳。」[註1] 另外，參加修築鐵路的工人，需要在惡劣環境下從事繁重的勞動，而所得報酬極少，受到任意打罵卻是家常便飯。

其它帝國主義國家也以資本輸出的形勢相繼進入東北，外國商品大量充斥東北市場，東北地區社會經濟發生巨變。後起的美國，打著「門戶開放」政策的旗號，插手東亞事務，意圖憑藉經濟實力，擠進其它帝國主義國家在中國的勢力範圍，擴大自身殖民利益。老牌帝國主義英國，為牽制俄國，更

〔註1〕 轉引自李文治編：《中國近代農業史資料（1840～1911）》第 1 輯，生活·讀書·新知三聯書店，1957 年出版，第 246 頁。原文出處：貝思福著，蔡爾康等譯：《保華全書》，第 20 頁。

主要的是為了擴大對中國的侵略，光緒二十八年（1902）與日本締結同盟條約，成為日本敢於向俄國發起挑戰的強有力的支持者。法德等列強國家，則準備收取漁翁之利。此時的中國東北，自然難逃厄運。

殖民利益的驅使，英日俄等帝國主義國家紛紛爭奪在東北的特權。日本以甲午戰爭勝利者的身份，憑藉《馬關條約》，向遼東滲透殖民侵略勢力，俄德法三國發起「干涉還遼」行動，日本不得不放棄遼東半島，雖然受到打擊，但其控制東北的野心並未放棄。俄國的「遠東」政策一直以東北為中心，並向朝鮮擴張，必然要觸動日本的利益。光緒三十年（1904），爆發了日本和俄國為爭奪東三省殖民利益和勢力範圍的戰爭。當時清政府卻「按照局外中立之例辦理」、「以固邦交，而重大局」〔註2〕，「坐視吾民之破家蕩產，斷脛絕臏剝脂」，在帝國主義面前，不敢「出一言」為百姓「辯護」〔註3〕。中國人民飽受戰火蹂躪，損失嚴重。在雙城縣，光緒三十一年（1905）秋，日俄停戰後，俄軍途經雙城時，「民房強半被占」「民皆驚惶無措，甚有全家搬出，一任其駐兵者。」〔註4〕這時又有「日員在長春府滋擾案」和「日軍占據新民府案」〔註5〕的相繼發生，表明戰爭帶給中國人民重大災難。蘇聯學者的記述中也有體現，「在直接軍事行動的區域內，居民忍受極大的困苦和物質損失。村莊被毀了，禾苗被踐踏了。交戰的每一方對居民稍涉間諜嫌疑者，一批一批地被槍殺了。」〔註6〕

日俄戰爭的結果是日勝俄敗，隨後雙方簽訂《樸茨茅斯和約》，俄日之間在爭奪朝鮮和中國東北的問題上取得暫時妥協，共同控制中國東北的局面形成。戰後，俄日兩國各自憑藉自己操控修築的鐵路，攫取各方面的特權，加深了對中國東北的侵略。

在這樣的國際環境和社會背景下，東北地區民族矛盾和階級矛盾空前加劇，其中帝國主義和中華民族的矛盾尤為尖銳。外來侵略中，處於社會最底

〔註2〕　王芸生編著：《六十年來中國與日本》第4卷，生活・讀書・新知三聯書店，1980年版，第178頁。

〔註3〕　《東三省權宜策》，《東方雜誌》1卷9號，第195頁。

〔註4〕　〔民國〕高文垣等修，張鼎銘等纂：《雙城縣志》，民國十五年排印本，第147頁。

〔註5〕　《清代孤本外交檔案》第45分冊，國家圖書館歷史檔案文獻叢刊，全國圖書館文獻所謂複製中心，第18681頁。

〔註6〕　〔蘇〕B・阿瓦林著，北京對外貿易學院俄語教研室譯：《帝國主義在滿洲》，商務印書館，1980年版，第111頁。

層的廣大勞苦大眾，受的苦難最重，因此最先起來反抗外國侵略的也是東北勞動人民，他們紛紛拿起武器，鬥爭矛頭直指帝國主義，希望通過武裝鬥爭尋找生存的出路。早在甲午戰後，沙皇俄國在東北佔地築路，東北人民自發的反瓜分鬥爭隨之開始。雖然鬥爭力量分散，規模較小，卻相當普遍。這些鬥爭在一定程度上爭取到一些權利，迫使沙俄侵略者不得不做出一些讓步。但是鬥爭的力量有限，並不能阻止帝國主義對中國東北的進一步侵略。義和團運動爆發後，八國聯軍大舉入侵，中外反動勢力聯合起來鎮壓義和團運動，東北人民所受災難更加深重。應該說，光緒二十六年（1900）的義和團運動，是人民反瓜分、爭生存的反抗鬥爭的一次大爆發。

中日甲午戰後的《馬關條約》、八國聯軍侵華之後的《辛丑條約》、日俄戰爭之後的《樸茨茅斯和約》等不平等條約，不斷加深對中國的掠奪，償還大量賠款，被迫開放通商口岸，允許在「使館區」駐兵，鐵路沿線重要車站可以駐兵等一系列特權不斷的喪失，中國的半殖民地化程度一步一步的加深。帝國主義侵略者的貪婪本性，決定各列強國家的欲望只能是越來越大。

在奉天，日軍「事事藉口軍政，出以強權」，甚至派憲兵到將軍衙署內捕人，地方政府委派的官員也會因為日本人的喜怒而頻繁更換。「日官日商軍界學界之往來奉天者，絡繹不絕，省城日人商旅寓居者八月間僅九百餘名，現則驟增至二千餘名」、「旅順大連灣街市皆易以日本新名，使忘其舊。各商埠旅館車站皆高懸日本國旗，儼有反客為主之勢。」甚至已經達到進入新民境內而氣象迥然，有中外不同的感覺。〔註7〕而在吉林省城，社會治安、鐵路及沿線土地、森林、礦產、松花江的航運都被俄國所控制。在黑龍江，西伯利亞鐵路橫貫全境，鐵路兩邊荒地的屯墾、森林資源的開發、礦山的開採等各項利權大量丟失。

帝國主義國家的侵略，不僅引起災難深重的廣大人民的反抗，也已嚴重影響到清政府在東北的統治。早在光緒二十七年七月十六日（1901 年 8 月 29 日），吉林將軍長順就曾指出：「自上半年邊釁遽開，壞地全失，吉林雖保有腹內，今亦他族兵滿，名為交還，而事事干預，並無交還之實。當時官民所日日盼望者和約耳，今則約成復廢，另議無期，人心惶惑，有儳不可終日之勢」〔註8〕。面臨日俄等帝國主義國家爭奪東北利益的時局，作為當時的主政

〔註7〕 《密陳考查東三省情形折》，徐世昌《退耕堂政書》卷5，沈雲龍主編：《近代中國史料叢刊》第23輯，臺北，文海出版社，1968年版，第216頁。

〔註8〕 《吉林將軍長順折》，《義和團檔案史料》，沈雲龍主編：《近代中國史料叢刊

者，雖然採取的是奴顏卑膝的外交政策，但其並不甘心受制於列強。在封建制度日漸落後、社會向前發展的歷史潮流中，當朝統治者認識到：在東北乃至全國推行新政、實現富國強兵已是大勢所趨。

二、國內危機加劇，清王朝無法照舊統治下去

甲午戰爭中，遼東廣大地區作為交戰的戰場，受到直接破壞和摧殘，同時還受到清軍的騷擾。戰後，清政府雖然也曾採取減免或者緩徵遭受兵災地區的租賦銀兩的徵收，但也只是杯水車薪，無濟於事。災民得不到切實的救濟，那些無衣無食的災民和散兵游勇，為生計只好起來反抗官府，打擊豪紳。在東北，清王朝的封建統治危機四伏。

（一）政治危機

封建統治者與人民大眾的階級矛盾尖銳，階級鬥爭激化，人民奮起抗爭，動搖著清政府在東北的統治，封建統治危機日益嚴重。

階級矛盾尖銳。甲午戰後，帝國主義國家紛紛在我國劃分「勢力範圍」，侵略不斷加劇。在東北，列強間的爭奪尤為激烈，東北地區的社會發展受到嚴重衝擊，還要承擔支付戰敗賠款，業已存在的社會矛盾更加激化。

短短幾年，廣大窮苦民眾歷經中日甲午戰爭、鎮壓義和團運動、八國聯軍侵華、日俄戰爭等多次戰火的塗炭。正是在這些戰爭中，封建統治者的反動本性和腐朽無能的嘴臉暴露無遺。清政府一味的採取所謂「以夷制夷」的投降主義外交政策，先有「聯俄制日」的主張，後又提出「聯美制日」的外交政策，既為侵略者創造了發動侵略的時機，又助長了列強的侵略氣焰。為籌還賠款，中央還加大了對地方政府的攤派，而地方政府擴大財政的一個主要途徑就是提高或者新增各項捐稅數額，最終都是對廣大勞動人民的剝削和壓榨。帝國主義的侵略帶來的嚴重災難，都轉嫁到廣大勞動人民頭上，階級矛盾愈發尖銳。有矛盾，就要有鬥爭。

階級鬥爭激化。面臨日漸繁重的封建剝削，廣大東北勞動人民，生活境況日窘，為了求生存，展開自發的反瓜分的鬥爭。廣大民眾的反抗鬥爭，遭到外國侵略者和清軍的鎮壓、破壞。義和團運動如火如荼之際，中外反動勢力再次聯合起來，共同鎮壓人民反抗鬥爭。但破產的農民和失業的手工業者，並未停止抗擊外來的侵略和官府的剝削，更大規模的反抗鬥爭在醞釀。僅日

俄交戰期間，在輯安、安東等地人民就多次掀起反抗鬥爭，鬥爭一直延續到戰後很長一段時間內。此間參加反抗鬥爭的人，主要是失去土地的農民、失業破產的手工業者以及一部分游民，這些人組織到一起，到處襲擊敵人，狠狠打擊了帝國主義者的侵略野心，也動搖了腐敗的清朝統治，封建統治愈發的岌岌可危，中外反動勢力為此感到十分頭痛。

義和團運動後，東北變為沙俄的「勢力範圍」。因為俄軍瘋狂的侵略，又歷經幾年交收東北的談判，收回後的東北，城鎮破落，滿目荒涼，接著又發生了日俄兩國爭奪殖民利益的戰爭。戰爭的炮火，使廣大東北人民飽嘗戰火塗炭。在帝國主義面前，軟弱妥協的地方官吏，「當兩虎相搏之中……坐視吾民之破家蕩產，斷脰絕臍路脂」〔註9〕，一味妥協求和，不是逃跑，就是投降，沒落的封建統治陷於空前混亂癱瘓狀態。鴨綠江、臨江、輯安等地，屢屢發生日本人占取林木遭到當地民眾反抗的事件，甚至出現打死日本人情形，日本侵略者借機侵佔沿江民房田地，「以致民心益憤」。當時的盛京將軍趙爾巽害怕事件擴大，特電請外務部與日方妥協商議和平辦法。〔註10〕

雖然在帝國主義和清廷的鎮壓下，廣大民眾的反抗運動遭到失敗，但也使統治者不得不認真思考如何維護自身統治的問題。因此，清朝廷在加緊對人民徵收苛捐雜稅的同時，也注意減免因兵災、瘟疫等出現的難民的捐稅，並接濟銀糧。光緒二十九年十一月十六日（1904年1月3日），上諭「緩徵奉天寧遠州屬被災地方光緒二十六年分舊賦暨二十七八兩年分民欠未完錢糧」；光緒三十年四月二十一日，「蠲免黑龍江呼蘭、綏化等屬被兵地方二十五年以前舊欠租錢」〔註11〕，「豁免奉天金州地方應徵錢糧。」〔註12〕同時派員清查、辦理民眾抗議較為集中的官員加徵、侵吞釐稅等事宜，以期舒緩民眾的反抗情緒。但這些措施，收效微乎其微。積久成弊，一系列問題，促使當朝統治者要思考是否推行改制，建立行省。

（二）財政危機

中央財政日見困乏，無以為繼，東北地方政府的財政更是捉襟見肘，財政危機使已經存在的矛盾日益激化。道光二十年（1840）以來，帝國主義國家發動幾次侵略戰爭，每一次戰爭都是以清政府接受不平等條約而結束，每一次不

〔註9〕 《東三省權宜策》，《東方雜誌》1卷9號社說，第195頁。
〔註10〕 《中外交涉彙志》，《東方雜誌》3卷8號外交，第132頁。
〔註11〕 《清實錄·德宗景皇帝實錄》卷529，第54頁。
〔註12〕 《清實錄·德宗景皇帝實錄》卷535，第127頁。

平等條約的簽訂，都要付出巨額的賠款、被迫開放通商口岸，諸多權益在不斷喪失。進入二十世紀初，在前幾次賠款尚未還清的狀況下，帝國主義國家鎮壓了義和團運動後，又強迫清政府接受《辛丑條約》，向中國勒索總額高達四億五千萬兩白銀的巨額賠款，分三十九年還清，本息共計應付九億八千二百二十三萬八千一百五十兩。得知各國將在《辛丑條約》中要求巨額賠款後，奕劻、李鴻章上奏摺，提出「此次償款，為數過巨，自應分飭各督撫合力通籌」〔註13〕，此建議得到為財力所困的滿清朝廷的採納，並要求「無論如何為難，各省均必須按照戶部派數，每月解足。」〔註14〕各省除要承擔中央政府分攤的賠款外，還需要支付地方政府和各國領事、教士、教民簽訂的賠款，東北三省自然也不能例外，庚子地方賠款東北所承擔的數額如下表〔註15〕：

地區　　　　　　數額	教　派	索賠款	實賠款	共　　計	歸大賠款
奉天	耶穌教	1800000	577500	2022500	
	天主教		1445000		770000
吉林	天主教	345700	170000	260000	
	耶穌教	120000	90000		

　　巨額的賠款，使已至末路的滿清王朝統治出現嚴重的財政危機。為籌措款項緩解危機，第一個方法就是進行財政攤派，這無疑加重了地方政府的財政負擔。尤其是到庚子戰禍後，財政支出急速擴大，財政攤派已是經常行為。在東北，到光緒三十四年（1908），財政全面虧空的局面仍未打破。具體情形如下表：〔註16〕

光緒三十四年（1908年）東三省歲出歲入總額（單位：萬兩）

省　區	歲　入	歲　出	盈　虧
奉　天	1580.7	1558.9	21.8
吉　林	485.9	535.6	-49.7
黑龍江	93.3	229.1	-135.8

〔註13〕〔清〕朱壽朋編：《光緒朝東華錄》第4冊，中華書局，1958年版，第4659頁。

〔註14〕《軍機處致山西巡撫岑春煊電信》，《義和團檔案史料》，沈雲龍主編《近代中國史料叢刊續編》第37輯，第1341頁。

〔註15〕周育民：《晚清財政與社會變遷》，上海人民出版社，2000年版，第381頁。

〔註16〕周育民：《晚清財政與社會變遷》，第385頁。

財政困窘，財力不足，直接影響軍餉的發放，減發或者停發的情況時有發生。光緒三十二、三十三兩年（1906、1907），吉林省應領部撥餉額八十萬兩，而實際僅僅領到二十一萬兩〔註17〕，軍餉難以按時如數發放，導致軍隊中剋扣軍餉成為常事，由此引發官兵人等怨聲載道，本已落後的清軍的戰鬥力急劇減弱。為增加財政收入，一方面清政府增加諸多種捐稅款項的徵收，如糧捐、鹽捐、官捐、加釐加稅以及各項雜捐。導致財政不足還有另一個原因就是「蓋因廣取濫用，漫無限制故也」〔註18〕，節省財政支出的本身就是解決財政危機的一個方法。於是「著各省通盤籌計，將一切可省之費，竭力裁節」，〔註19〕其他，如節省綠營俸餉、河口經費和各署局、驛站經費之類的辦法，都是盡可能減少經費的支出。但應注意的是：增加稅收籌款的辦法，不但不能真正解決清政府的財政問題，反而給清政府帶來了更嚴重的財政危機。

（三）封禁政策的破產

清代初年，為保持「龍興重地」的滿族遺俗舊制，為八旗子弟留下一塊賴以生息的土地，為培養和訓練八旗軍隊，滿清王朝在東北實行封禁政策。長期的封禁政策，阻止了內地省份的移民進入東北，造成幅員遼闊的東北邊疆，居民稀少，廣闊的肥田沃土難以得到較好的開墾，物產資源得不到合理開發，經濟發展落後，邊疆防禦設施匱乏，邊備空虛，給日俄等國家侵略東北提供了便利條件。而且還阻滯了東北各少數民族的進步，禁錮東北地區政治、經濟、軍事、文化等各方面向近代化邁進的步伐。歷史發展趨勢下，到清代末年，由於危機加重，特別是帝國主義列強瓜分、侵蝕邊疆，封禁政策開始逐漸瓦解。

外來移民的增加衝破了封禁的限制。土地廣闊，自然資源豐富，更加引起內地省份的廣大貧苦農民的無限嚮往，為了生存，大批流民紛紛衝破清政府的禁令，越過長城來到東北。光緒初年，由於關內有些省份連年災荒，大批災民「扶老攜幼，結隊成群，相率逃荒於奉錦各屬，以覓宗族親友而就食，並可望異日開種荒地也。」〔註20〕到光緒末年，「闖關東」的人大量增加，清

〔註17〕《吉省積欠部餉請全數補發折》，徐世昌《退耕堂政書》，第 693 頁。

〔註18〕《戶部奏查明咸豐三年前後出入各款情形折》，吉林檔案館、吉林省社會科學院歷史所編：《清代吉林檔案史料選編・上諭奏摺》，1981 年內部出版，第 225 頁。

〔註19〕〔清〕朱壽朋編：《光緒朝東華錄》第 4 冊，第 4659 頁。

〔註20〕李文治編：《中國近代農業史資料（1840～1911）》第 1 輯，第 935 頁。

廷禁令，形同虛設。來到東北的漢民，或者自己開墾荒地，或者成為受雇於人的佃農，原有大片荒蕪土地得到開墾。清初開始實行的封禁政策受到嚴重衝擊，長久以來實行的封禁政策到了必須調整和改變的時期。為此，徐世昌在《密陳通籌東三省全局折》中，提出「遷民實邊」以「充實內力」，而達「抵制外力」〔註21〕之效的主張，程德全上《遷民實邊請免輪路川費以利遄行折》，也明確指出「竊維黑龍江土曠人稀，籌邊務者恒以遷民為切要」〔註22〕。因為有了這些主張，國內移民東北的數量快速增長。

　　列強侵略的加劇，迫使清政府加強對東北的統治。鴉片戰爭以後，中國的大門被堅船利炮打開，帝國主義國家通過先後簽訂的不平等條約，對中國進行瘋狂的侵略和掠奪。清代末期，東北成為各個帝國主義國家遠東政策的重心，重要的戰略地位和豐富的自然資源，吸引了列強國家紛紛來到東北，以開放的通商口岸為依託，開辦銀行、修築鐵路、開採礦山、駐紮軍隊等的措施，向東北進行資本輸出和殖民侵略，尤其是對東北邊疆土地進行侵佔。為真正佔有東北地區，認為「經營滿蒙的訣竅，在於實現滿洲移民集中主義」，〔註23〕開始嘗試向東北移民，開荒採礦，掠奪中國的資源，而俄國早在十九世紀中期即已經開始向中國東北邊疆移民，日俄戰爭一度使移民的步伐減慢，日俄戰後，加快移民東北，佔地開墾，築路經商，設廠採礦。光緒三十二年（1906），日本設立南滿鐵道株式會社和關東都督府後，即計劃移居東北，制定「以經營鐵路為基礎，不出十年，則將有五十萬國民移居滿洲」〔註24〕的計劃，不斷向東北進行移民。三十三年（1907），俄國南部的災荒造成不下二千萬的饑民，自發「相率移徙至黑龍江岸，就食者頗眾。」〔註25〕日增的國外移民活動，侵犯了中國的主權，使封禁政策發生變化，更觸動了封建統治者的統治。

　　封禁政策，阻礙了東北政治上的有效統治和經濟、社會等各方面的全面發展，無法應對外國移民滲入、邊疆領土被蠶食的局面。邊疆危機日益嚴重，

〔註21〕《密陳通籌東三省全局折》，徐世昌：《退耕堂政書》，第365頁。

〔註22〕程德全《遷民實邊請免輪路川費以利遄行折》，李興盛、馬秀娟主編：《程德全守江奏稿》卷20，《黑水叢書》，黑龍江人民出版社，1999年版，第610頁。

〔註23〕滿洲事情案內所：《近世滿洲開拓所》，滿洲事情案內所，1941年版，第104頁。

〔註24〕滿洲事情案內所：《近世滿洲開拓所》，滿洲事情案內所，1941年版，第105頁。

〔註25〕《俄國移民至黑龍江就食》，《盛京時報》光緒三十三年三月初二日。

財政匱乏，社會動蕩不安，促使清朝統治者開始思考如何保衛在東北的統治。光緒三十年（1904），清朝統治者最終認識到移民實邊的重要性，改變封禁政策，發展東北經濟，補充東北財政的虧空，加強對東北的管理，成為新時期封建統治政策的核心。宣布廢除禁令，全面弛禁，在東北推行了將近二百年的封禁政策解除。清代東北封禁政策的破產，最直觀的表現就是大量的流民進入東北。解禁後的東北，在政治上如何管理、經濟上如何發展、軍事上如何防禦以及文化教育上如何進步的問題凸現出來，舊的旗民雙重管理體制不能實現清政府對東北的有效統治，落後的經濟、軍事、文化發展水平阻礙了東北向近代化發展，這就要求統治者去改革舊制，實行變革。

（四）革新思潮衝擊

十九世紀中後期，資本主義列強國家不斷侵逼，中國半殖民地化的程度加深。在這個過程中，中國民族資本主義在不斷的發展，中國新興的民族資產階級的隊伍也不斷壯大。到十九世紀末，西方政治思想廣泛傳入中國，民權、議院的學說以及立法、行政、司法三權分立的思想直接衝擊著沒落的封建專制統治，公民參政、議政的思想啟發中國民眾走向覺醒。在中國，立憲與革命的呼聲不斷高漲。

甲午中日戰爭以後，維新派在中國發動了一場旨在建立君主立憲制度的戊戌變法運動，提出「設議院」「開國會」「定憲法」的主張。雖然維新派要求在中國實行君主立憲的主張最後沒有能夠實行，但這些思想成為後來立憲派主張在中國廢除專制、推行君主立憲制、立憲保皇的思想基礎。戊戌變法失敗後，維新派仍繼續君主立憲的宣傳，梁啟超即認為「專制政體之於君主，有百害而無一利」〔註26〕，而「立憲實行，政權全歸國會，則皇帝不過坐支乾修殘物耳，存之廢之，無關大計」〔註27〕。康有為又在《公民自治篇》中，呼請效法歐美及日本，認為只有實行君主立憲，才能實現「政制皆由民公議，議員由民選舉，地方由民自治」〔註28〕。其他如《新民叢報》、《中外日報》等的報刊雜誌，曾連續發表詳細介紹各國立憲情況的文章，認為「憲法者，

〔註26〕 張枬、王忍之編：《辛亥革命前十年間時論選集》第1卷，生活·讀書·新知三聯書店，1960年版，第232頁。

〔註27〕 丁文江、趙豐田編：《梁啟超年譜長編》，上海人民出版社，1983年版，第553頁。

〔註28〕 康有為《請歸政皇上定立憲法以救危亡折》，上海市文物保管委員會編：《康有為與保皇會》，上海人民出版社，1982年版，第19頁。

立國之元氣，而今日中國急當講求之一大問題也」。〔註29〕「立憲法」爲自強之本，「取東西各國已行之法，擇其善者而從之」。〔註30〕

到了二十世紀初，以《辛丑條約》爲標誌，列強的侵略進一步加深，以中國東北地區爲主的廣大地區，成爲列強爭奪勢力範圍的場所，因此中國的廣大民眾也展開了不同形式的反帝反封建鬥爭。這一時期，民族資產階級已經作爲一支獨立的政治力量登上中國歷史舞臺，立憲與革命的風潮推及到東北。

日俄戰爭時期，就有革命黨人張榕、朱錫麟、丁開嶂等出關活動，在洪東毅、鄭濬卿、曾有翼等一批受憲政自治思想影響的東北士紳、商戶的響應和支持下，朱錫麟創立「東亞義勇隊」，丁開熔組織「抗俄鐵血會」，張榕組織「東三省保衛公所」。這些武裝和組織成立後，在抗擊侵略、反抗剝削的鬥爭中發揮重要作用。不久，又有《論東三省自治》、《東三省自治制度之公佈》、《東三省權益策》等文章刊於不同的報刊雜誌上，充分肯定了東北應該推行自治制度，並著意敦促清政府在東北採取革新政策。中國同盟會成立後，在大連設立同盟會遼東支部，有組織地展開活動，聯絡「紅鬍子」隊伍發動起義，啓發民眾反清意識，提高民眾的政治覺悟，號召他們推翻封建專制王朝統治。

東北各階層民眾也在資產階級民主思想的宣傳影響下，受到啓蒙。東北邊疆危機嚴重之時，一部分資產階級知識分子和愛國學生，自發組織起反抗侵略的武裝。雖然這些反抗鬥爭力量有限，但一定程度上抗擊了列強在東北的侵略，觸動了清政府在東北的統治。這一時期，立憲派和革命派在東北的活動，使本已岌岌可危的封建政權面臨的壓力加大。一方面列強不斷進犯我東北邊疆，謀取利權，另一方面又要應付不斷出現的內部反抗鬥爭。

內外交困局勢下，清政府原來在中國東北推行的政策已經不合時宜，要想維持在東北的有效統治，面臨的一個重要問題就是如何增強自身實力、衛護邊防和鞏固統治。而革命與改良的呼聲中，「立憲救國」和「革命救國」的主張，體現的都是「救亡圖存」的思想主旨。可以說，在「救亡圖存」方面，清政府與立憲派、革命派的主張，達成一致。既爲時勢所迫，也是大勢所趨，清朝統治者終於邁出新政的重要一步。

〔註29〕《各國立憲史論》，《新民叢報》第6期。
〔註30〕《論時局之可危》，《中外日報》，1902年6月16日。

第二節　東北新政的醞釀

　　十九世紀末二十世紀初，列強的侵略與國內革命運動的興起，使清王朝的統治者已深刻認識到自身體制的腐朽，弊端百出，就像一部千瘡百孔的機器，已是不堪一擊。自身的統治力量發生根本動搖，那麼如何才能在東北組成機制健全的政治管理體制，實行有效統治？如何訓練出一隻具有強大作戰實力的軍隊？如何利用東北豐富的自然資源，去開發足以維持統治的財富？如何開化民智？一系列問題都亟待解決。新政推行者們在思考這些問題的時候，已經深刻認識到：內外形勢嚴峻，統治面臨危機，不得不改。可以說，這是新政推行者的一次重大的思想認識上的轉變。

一、新政決策群體變革觀念的轉變

　　二十世紀初的大清王朝，統治搖搖欲墜，立憲與革命的呼聲此起彼伏。在此情況下，清朝中央政府不得不順應歷史潮流調整策略，發布變法詔令，推行新政。

　　首先是慈禧太后態度的轉變。光緒二十六年十二月十日（1900 年 1 月 29 日）、逃亡西安的慈禧太后，以光緒的名義頒發「預備變法」的上諭，要求各大臣「就現在情弊，參酌中西政要，舉凡朝章國政，吏治民生，學校科舉，軍政財政，當因當革，當省當並，如何而國勢始興，如何而人才始盛，如何而度支始裕，如何而武備始精，各舉所知，各抒所見，通限兩個月，悉條議以聞」〔註31〕。同年七月二十六日（8 月 20 日），清廷又以慈禧太后的名義再發文告，表示變法的決心：「爾中外臣工，須知國勢至此，斷非苟且補苴所能挽回厄運，惟有變法自強，為國家安危之命脈，亦即中國民生之轉機。予與皇帝為宗廟計，為臣民計，捨此更無他策。」同時期，從岑春宣口中，我們也可以看到慈禧太后的這一變化：「朝廷自經庚子之變，知內憂外患，相迫日急……故於西狩途中，首以雪恥自強為詢。」〔註32〕此時的中國，「立憲之聲，囂然偏天下」〔註33〕。同時，庚子事變後，列強為更好的實現在中國的殖民

〔註31〕〔清〕朱壽朋編：《光緒朝東華錄》第 4 冊，第 4602 頁。

〔註32〕岑春宣：《樂齋漫筆》第 99 頁，榮孟源、章伯鋒編：《近代稗海》第 1 輯，四川人民出版社，1985 版，第 77～113 頁。

〔註33〕《烈士吳樾君意見書》，辛亥革命（二），中國史學會主編：《中國近代史資料叢刊》，上海人民出版社，2000 版，第 432 頁。

利益，也認爲清政府「革新內治，實爲要求之第一義」。〔註34〕光緒二十六年十二月初十日（1901 年 1 月 29 日），發布上諭中說：「世有萬古不易之常經，無一成不易之治法」、「法積則敝，法敝則更，要歸於強國利民而已」、「事窮則變，安危強弱全繫於斯」。〔註35〕一系列諭旨的下達，表明清統治者已下定新政改革決心。慈禧太后和光緒皇帝回到北京後，陸續頒布一些改革措施，推行新政。

清政府推行全國性新政的時期，在朝廷變革方針指引下，東北新政也逐步醞釀。光緒三十一年（1905）四月，趙爾巽就任盛京將軍，隨即先後提出變革東北應行要政十二條、裁撤盛京五部和奉天府尹等建議。對於這些建議，清政府首先於同年六月，詔令盛京五部侍郎入京，隨即裁撤盛京五部。八月，下旨裁撤奉天府尹。三十二年（1906 年）七、八月間，被派遣出國考察政治的五大臣先後回國，向清廷復命。載澤上《奏請宣布立憲密折》，稱：立憲有「皇位永固」、「外患漸輕」、「內亂可弭」〔註36〕三大好處。此時，朝臣中變革的思想已爲更多的人所接受。七月十三日（9 月 1 日），朝廷頒發上諭，稱：「各國之所以富強者，實由於實行憲法，取決公論，君民一體，呼吸相通，博採眾長，明定權限，以及籌備財用，經畫政務，無不公之於黎庶。」「時處今日，惟有及時詳晰甄核，仿行憲政・大權統於朝廷，庶政公諸輿論，以立國家萬年有道之基。」〔註37〕清政府推行的新政進入預備立憲時期，這一諭旨，也表明朝廷已經同意趙爾巽奏陳的東北應行時政十二條的建議，東北新政也於這一時期啓動。三十三年（1907），清政府派徐世昌考察東北，隨即任命其爲盛京將軍（改設行省後任東三省總督）。在朝廷的支持下，並結合東三省具體情形，東北新政舉措全面施行。

其次，地方主政者對新思想的接受。隨著中國國門的開放，人們更多的接受到西方先進思想，尤其是日俄一戰，立憲的日本戰勝了專制的俄國，國內從上到下掀起一股要求變革的思潮。就連清政府內部的一些大臣，也接連

〔註34〕中國史學會主編：《義和團》（第 4 卷），中國史學會主編：《中國近代史資料叢刊》，上海人民出版社，1957 版，第 257 頁。

〔註35〕《上諭》，國家檔案局明清檔案館編：《義和團檔案史料》，中華書局，1959 年版，第 914～916 頁。

〔註36〕《奏請宣布立憲密折》，柴德賡《辛亥革命》（四），中國史學會主編：《中國近代史資料叢刊》，第 28 頁。

〔註37〕〔清〕朱壽朋編：《光緒朝東華錄》第 5 冊，第 5563～5664 頁。

奏請實行立憲，「日俄戰後，駐法使臣孫寶琦，首以變更政體爲請。江督周馥，鄂督張之洞，粵督岑春宣，又以立憲爲言。」〔註38〕端方回國後上《請平滿漢畛域密折》，提出「今日欲杜絕亂源，惟有解散亂黨，欲解散亂黨，則惟有政治上導以新希望」〔註39〕的主張，所指即爲實行立憲。

先後任職東北的地方主政者，認識到形勢的危急以後，亦逐步接受了變革舊制的新思想。徐世昌任職東三省總督之始，即面臨官制混亂、吏治腐朽、財政枯竭、軍事敗落的局面，在考察東三省後，上密折詳細分析日俄分占南北滿的險惡形勢。指出：「伏念東三省之安危存亡，非僅一隅之安危存亡已。中國前途之興替，實以此爲樞紐。」〔註40〕且東三省「民物雕殘，瘡痍未復」，所以在派載振、徐世昌赴東北勘查後，諭令「著各該將軍體查情形，愼選廉吏，力怯壅蔽，嚴杜侵漁，廣闢利源，預謀生計，以期漸臻富庶。」〔註41〕東三省新政在徐世昌督東後，有了進一步的推進。錫良繼任東三省總督後，爲「時勢多艱，國家用款浩繁」的時局所困，提出「欲爲整頓三省，抵制外人之計，仍不外將前督臣徐世昌所籌之事，賡許辦理。」〔註42〕其他各級地方官員中，也在歷史發展大潮的衝擊和薰陶下，認識到變革已是大勢所趨。光緒三十三年八月二十九日（1907年10月6日）楊錕鋙、林祖涵（林伯渠）向吉林巡撫稟報開辦勸學總所章程和宣講大綱，明確提出：「竊維列強競爭時事日迫。兵戰、商戰、實戰，要皆根本於學戰。國勢強弱，視學務盛衰爲轉移」「是故學戰之在今日，爲不可緩之圖。」〔註43〕其中包含的就是改革學務、發展教育的思想。

滿清王朝的統治者，上至中央，下至地方，都在思考如何順應歷史發展趨勢，維護封建統治。在東北實行新政的思想，已經被統治階層所接受。以趙爾巽、徐世昌等將軍督撫爲主體的邊疆大吏，在東北大力倡行新政，進一步表明東北新政的主持者和決策群體已經下定變革決心。

〔註38〕《臣工之陳奏》，柴德賡《辛亥革命》（四），中國史學會主編：《中國近代史資料叢刊》，第4頁。
〔註39〕《請平滿漢畛域密折》，柴德賡《辛亥革命》（四），第44頁。
〔註40〕《密陳通籌東三省全局折》，徐世昌《退耕堂政書》卷7，第364頁。
〔註41〕《諭飭整飭東三省事務》，沈桐生輯：《光緒政要》，江蘇廣陵古籍刻印社，1990年版，第2338頁。
〔註42〕《宣統政紀》卷18，沈雲龍主編：《近代中國史料叢刊三編》第18輯，臺北，文海出版社有限公司1990年印行，第346頁。
〔註43〕吉林檔案館、吉林省社會科學院歷史所編：《清代吉林檔案史料選編·辛亥革命》，1983年內部出版，第166頁。

二、新政參與群體參與意識的提高

　　戊戌變法時期，通過朝廷發給各省總督、巡撫諭旨，在政治、經濟、軍事、文化等各方面推行維新變法措施，雖然在頑固派的阻撓下，變法措施並未在全國範圍內得到良好的推行，但變革的思想還是滲透到民眾中來，爲全國的新政改革暨東北各項革新措施的施行打下堅實基礎。戊戌維新之後，國民思想逐漸開放，維新改良與民主革命的思想爲更多的人所接受，成爲後來立憲與革命思想進一步傳播的基礎。

　　十九世紀末二十世紀初，帝國主義加快了侵略中國的步伐，封建統治者爲維護自身統治，繼續殘酷剝削廣大民眾。帝國主義、封建主義雙重壓迫下，一部分已接受先進思想的民眾，開始更多的宣傳立憲、革命的主張，遵循立憲與革命主張的群體在不斷壯大，這些民眾和團體開始有意識地參加到宣傳、推動變革的活動中去，東北新政的參與群在不斷壯大，整個中國社會都醞釀著「變」的潮流。

　　光緒三十年（1904），洪東毅、鄭俊卿、曾有翼等進步士紳積極投入到反抗侵略的鬥爭中，配合在東北展開活動的同盟會成員和進步知識分子組織自衛武裝。三十一年（1905），東北新政開始起步之時，部分士紳積極支持、參與調查員養成會、研究所、演講會等機構的開辦，學習自治變革的思想，並通過宣講等的具體實踐活動，使這些變革思想廣泛傳播。三十一年（1905）底到三十三年（1907）七月，東北士紳商戶和立憲派相繼成立「奉天保衛公所」、「法庫門復善和會」、「遼陽自治期成會」以及「吉林地方自治會」等自治團體，因「爲擴充地方利益起見，則宜廣視聽而決雍蔽」〔註44〕、「挽回積弊，補救時艱」〔註45〕以及「預備立憲、養成公民」〔註46〕的思想主旨，在成立後不同程度的體現了積極參與社會變革的思想意識。同時我們還應該看到，新政全面展開後，進步紳商和立憲派作爲新政參與者的角色意識更強。

　　在清末東北新政這一重大歷史事件中，作爲決策群體的清政府已經完成了進行改革的思想轉變，作爲參與群體的廣大民眾又以具體的行動推動這種「變勢」向前發展。清末東北新政待勢而發。

〔註44〕　《奉天保衛公所實行新章》，《東方雜誌》第 3 卷第 1 號，第 10 頁。
〔註45〕　《法庫門復善和會章程》，《東方雜誌》，第 3 卷第 1 號，第 14 頁。
〔註46〕　《吉林省地方自治會沿革錄》，吉林檔案館、吉林省社會科學院歷史所編：《清代吉林檔案史料選編·辛亥革命》，1983 年內部出版，第 106 頁。

第二章 政治改革與清末東北政治近代化

　　政治的變革，在清末新政中是主要的方面，東北的新政自然也不例外，東北地區的政治變革是東北地方改革史的一個重要專題。政治變革首先就是調整官制。旗民雙重管理體制的桎梏下，東北地區的政治體制落後於內地省份，與那些經過資產階級革命或改良確立了資本主義制度的國家和地區更無法相比，政治變革勢在必行。

第一節　東北政治體制改革的前奏

一、清初旗民管理體制的確立

　　東北，滿清王朝的發祥地，是一個多民族聚居的邊疆地區，清廷一直非常重視對此地的管理。自順治朝開始，設盛京爲清王朝陪都，以加強在這裏的統治。出於「重發祥根本之地，立軍府統治之規」〔註1〕的主旨，清政府在盛京地區設奉天府和戶、禮、兵、刑、工五部，領遼陽、海城二縣。奉天府定爲京府，設府尹以及府丞、治中、理事、通判等官職。府尹由盛京五部侍郎中的一員兼任。道光朝以前，已形成較爲完備的府廳州縣各級管理體制，奉天府尹下轄二府四廳四州五縣。康熙年間又設立盛京、吉林、黑龍江三省將軍管理東北。盛京將軍署理旗務，奉天府尹和五部侍郎管理民人事務及負

〔註1〕　《官制·述要》，〔清〕徐世昌等編纂：《東三省政略》卷5，吉林文史出版社，1989年版，第829頁。

責處理盛京地區的財賦、朝祭禮儀、驛站傳遞、旗民交涉、營繕工程等事務。
至此,旗民雙重管理體制完備。在吉林和黑龍江,也由附設的副都統協助將
軍管轄所屬地域。吉林有吉林、三姓、寧古塔、伯都納、阿勒楚喀五個副都
統;黑龍江有黑龍江、墨爾根、齊齊哈爾三個副都統及呼倫貝爾總管。將軍、
衙署分設各司,將軍、副都統每日督率司員入署辦公。這是東三省旗民雙重
管理體制形成之初的概貌。

二、光緒初年管理體制的調整

三將軍轄區與府廳州縣並行管理的體制,在初始時確實能起到加強管理
的作用,但時移事遷,隨著外來侵略勢力的入侵,移民墾荒的規模日漸擴大,
傳統的封禁政策受到嚴重衝擊,應用多時的三將軍管理體制暴露的弊端日益
增多,已不合時宜。旗民雙重管理之下,冗官充斥,互為牽制,加重了清政
府政治、經濟負擔,清政府對東北的治理日漸削弱。

光緒元年(1875),在東北吏治日漸腐敗、社會秩序混亂的情況下,崇實
繼任盛京將軍兼奉天府尹。清政府在給他的上諭中指出:「奉省目前要務,自
以練兵籌餉為先,而尤以整頓吏治為緊要關鍵」〔註2〕,後來又進一步指出:
「該省事權不一,從前將軍、府尹各存意件,……著崇實將實在情形,並酌
定章程妥籌具奏。」〔註3〕因此,崇實提出《變通奉天吏治章程》,其內容主
要是:盛京將軍管理兵、刑兩部,兼管奉天府府尹,仿照各省總督體例加銜,
並總督奉天旗民地方軍務關防。所有刑部及奉天府屬關於旗民的一切案件都
歸盛京將軍管理。奉天府府尹準加二品銜,以右副都御使行巡撫事,管理旗
民詞訟命盜等案件,五部侍郎恪遵例案,各專責成。裁撤奉天府治,改為奉
天驛巡道。各州縣等官也做相應調整,滿漢兼用,均加理事同知通判銜。

崇實變革奉天軍政管理機構的主張,得到清政府允准,在奉天開始推
行,取得一定成效。奉天將軍權責範圍擴大,涵蓋原五部及奉天府尹治下的
部分事務,如戶部侍郎不再兼奉天府尹、刑部不再管理一般旗民交涉事件,
事權均統一於奉天將軍,此前政出多門的狀況得到一定改善。「奉省各廳州
縣請照熱河之例,不拘滿漢一例請補」〔註4〕等相關內容的規定,在州縣選
官上打破滿漢界限,奉天旗民交涉案件,由原來州縣與城守尉共同辦理變為

〔註2〕 《清實錄·德宗景皇帝實錄》卷5,第147頁。
〔註3〕 〔清〕朱壽朋編:《光緒朝東華錄》第1冊,第112頁。
〔註4〕 《清實錄·德宗景皇帝實錄》卷11,第204頁。

「奉省地方一切案件，無論旗民專歸同、通、州、縣等官管理」，避免在處
理交涉事務時迴護旗人現象出現，一定程度上有利於消除滿漢民族矛盾，使
吏治得以加強。但由於因循守舊思想的影響，仍然堅持旗界官員管理旗人租
稅的徵收、緝捕盜賊等事宜，不許干涉地方公事。旗民分治體制並未發生根
本變化。

　　同一時期，吉林在管理體制方面，也做了一些調整。光緒四年（1878），
吉林將軍銘安在《變通官制增設府廳州縣折》中，仿照奉天已改官制，提出
「將吉林廳升為府治，長春廳通判改為同知，俾資治理。將來民地錢糧及旗
民詞訟，專歸該廳州縣管理」〔註5〕等一系列整頓吏治措施。

　　東北軍政管理體制在光緒初年的部分調整，一定程度上實現了對清初以
來的旗民雙重管理體制的調整，軍府制度漸行漸遠，行省制在醞釀，歷史的
發展期待著進一步的變革。

　　庚子事變後，中國本已內憂外患的局勢更加惡化，立憲與革命的呼聲日
益高漲，清朝統治者充分認識到非變法不足以圖存，不得不考慮順應歷史潮
流，推行新政改良，以維護自身統治。光緒二十六年（1900），慈禧以光緒皇
帝的名義發布上諭，明示各軍機大臣大學士六部九卿出使各國大臣各省督撫
等，「各就現在情弊，參酌中西政治，舉凡朝章國政吏治民生學校科舉軍制財
政，當因當革，當省當並，如何而國勢始興，如何而人才始盛，如何而度支
始裕，如何而武備始精」，各舉所知，各抒己見。〔註6〕二十七年（1901）三
月，設置督辦政務處，八月下詔責成中外臣工共同探討變法事宜，變革的動
力已經勢不可擋。

　　而清末的東三省，仍在延續旗民雙重統治的行政管理體制。隨著封禁政
策的破產，東北成為一個外來人口不斷增多的移墾社會，人口增多，涉及內
外交涉的事務也日漸繁雜，事權不一、官員相互掣肘、冗官冗吏的管理體制
帶來的弊端，日益突出。東三省改制設省，已屬勢在必行。主政東北的邊疆
大吏逐漸認識到問題的嚴重性，開始思考和探索在東三省進行改革事宜。光
緒元年（1874）到二十七年（1901），時日非短，關於東北改革的問題，清
朝統治集團內部的思想在不斷變化，最終在光緒末年邁出了歷史性的一步。

〔註5〕　吉林檔案館、吉林省社會科學院歷史所編：《清代吉林檔案史料選編・上諭奏
　　　　摺》，第61頁。
〔註6〕　〔清〕朱壽朋編：《光緒朝東華錄》第4冊，第4602頁。

三、趙爾巽時期調整官制的嘗試

　　光緒三十一年二月九日（1905 年 3 月 14 日），清政府召見署理戶部尙書趙爾巽，密議東三省事宜。是年四月，朝廷任命趙爾巽〔註7〕爲盛京將軍，准其「將奉事變通辦理，不必盡拘成例」〔註8〕。就任後，趙爾巽即開始嘗試推行奉天官制改革。五月，趙爾巽提出變革東北軍政管理機構的十二條具體建議，即通、簡、眞、實、專、分、合、任、信、斷、知本、重祿。即內外上下無事不隔，只有通下情才能求治理；革除一切繁文縟節、繁瑣公務、忌諱及陋習；吏治、學務講求眞正做到實處；據實上報各省人口及歲出歲入狀況；各省督撫職權有專有分，地方各級官員當合則合，當省則省，當並則並；任用專人理財；用人惟信；果斷推行變革措施；不忘從根本做起，「知其爲本，雖千難萬折，亦必達政策之所定而後已」；以重祿養官，「事事見諸實行，時時持以定力」。〔註9〕以中國鐵路、電線創始時的疑慮者後來都成爲乘火車、用電信之人一事爲例證，期望中央政府能夠「興遠大之規」而「不循蚩氓之欲」，變革措施一旦取得成效，「則疑者自消，阻者自服」〔註10〕。此時趙爾巽對東北官制改革逐漸形成較爲清楚的思路，認爲權力的集中是解決冗吏相互掣肘、整飭吏治的關鍵所在，革除弊端必從統一事權開始。爲此，趙爾巽著手裁撤盛京五部和奉天府尹。

　　盛京五部體制，原來是爲突出陪都之意，但現如今奉天省「局勢艱危，自非改絃更張，無以圖補救於萬一」〔註11〕「欲改官必先裁官，所謂欲興利必先除弊，乃一定不移之辦法。」〔註12〕因此，趙爾巽主張因時制宜，悉心考察，「當裁者裁，當改者改，當並者並」〔註13〕，裁撤五部後逐項清理，整頓吏治，革除弊政，以期實現軍府事權統一。建議得到清政府允准，光緒三十一年（1905）六月，清政府諭令盛京禮部侍郎崇厚、刑部侍郎儒林、工部

〔註7〕　趙爾巽，字公鑲，號次珊，晚號無補。清末奉天（遼寧）鐵嶺漢軍正藍旗人。同治進士，授翰林院編修。歷任安徽、陝西按察使，甘肅、新疆、山西布政使。光緒二十九年（1903）調任湖南巡撫。三十年（1904）署戶部尙書。三十一年（1905）出任盛京將軍。三十三（1907）年任湖廣總督，後改任四川總督。宣統三年（1911）任東三省總督。

〔註8〕　《奉省改定官制說略》，中國第一歷史檔案館藏《趙爾巽檔案全宗》，101 號。

〔註9〕　〔清〕朱壽朋編：《光緒朝東華錄》第 5 冊，第 5354 頁。

〔註10〕　〔清〕朱壽朋編：《光緒朝東華錄》第 5 冊，第 5352～5355 頁。

〔註11〕　《奏裁奉天府尹員缺》，沈桐生輯：《光緒政要》，第 2159 頁。

〔註12〕　《趙爾巽爲東三省調補官員之奏稿》，《趙爾巽檔案全宗》，100 號。

〔註13〕　〔清〕朱壽朋編：《光緒朝東華錄》第 5 冊，第 5352～5355 頁。

侍郎兼兵部侍郎鍾靈均來京當差，所有五部事務都由盛京將軍兼管。

　　裁撤盛京五部之後，趙爾巽又以「歷來論奉治者，皆以軍閥事權不一爲叢弊之源，致弱之本」〔註14〕爲由，奏請裁撤奉天府尹。光緒三十一年（1905）八月，清政府准奏，下旨裁撤奉天府尹，「所有府尹原管事務均著責成趙爾巽悉心經理。」〔註15〕改奉天府府丞兼學政爲東三省學政，裁撤奉天府府丞，加緊統一東北事權。十一月，裁撤奉天軍糧同知，設奉天府知府，管轄金州廳，遼、復二州，承德、興仁、海城、蓋平、鐵嶺、開原六縣。趙爾巽事權統一的思想進一步得到朝廷的認可，清政府諭示其籌劃奉天官制事宜。

　　通過以上措施，事權得以統一，趙爾巽開始推行奉天官制改革。一方面，奏請設立統一的行政管理機構——盛京行部，合併將軍、府尹以及盛京五部的權利於行部公署，下設內外務、吏治、督練、財政、司法、學務、巡警、商礦、農工十局，設行政大臣一員，總理日常事務。另設參贊、副參贊各一員，左右參議、左右副參議各二員。〔註16〕另一方面，對省城以下所屬各地官制的變革，趙爾巽建議：地方官應專司行政；省會及各府廳州縣分設裁判；設稅務、糧租兩官；分設諸曹；設宣澤館並籌設鄉官；增加地方官津貼。調整後，「所有州縣文件直接送達行部，不再由各道承轉。山海關、東邊、驛巡三道，因事務日漸繁多，應改爲關道，專任交涉，不管地方。」〔註17〕

　　光緒三十二年七月十三日（1906年9月1日），慈禧太后以光緒皇帝的名義發布預備「仿行憲政」詔書，指出政令「積久相仍，日處阽危，受患迫切，非廣求智識，更訂法制，上無以承祖宗締造之心，下無以慰臣庶平治之望」，「惟有及時詳晰甄覈，仿行憲政，大權統於朝廷，庶政公諸輿論，以立國家萬年有道之基。……故廓清積弊，明定責成，必從官制入手。」〔註18〕這道諭旨，實已同意趙爾巽改革東北軍政管理體制的奏請。針對奉天原有荒地墾闢日多，內外交涉事件日益繁雜，所設職司官員相距較遠而不能顧及的情況，趙爾巽又建議劃疆分界，在亟應變通設治之處添設專官。這一建議在光緒三

<hr />

〔註14〕　《光緒朱批奏摺》第1輯，中華書局，1995年版，第460頁。轉引自鄭毅主編：《東北農業經濟史料集成》（四），吉林文史出版社，2005年版，第114頁。

〔註15〕　《奏裁奉天府尹員缺》，沈桐生輯：《光緒政要》，第2159～2160頁。

〔註16〕　《請設盛京行部事宜》，沈桐生輯：《光緒政要》，第2264頁。

〔註17〕　《清實錄・德宗景皇帝實錄》558卷，中華書局，1987年影印版，第392頁。

〔註18〕　劉錦藻撰：《清朝續文獻通考》卷393，憲政1，浙江古籍出版社，2000年版，第11422頁。

十二年（1906）八月，得到朝廷允准。

　　爲切實推行全國的官制改革，光緒三十二年（1906）九月釐定官制大臣發布致各省督撫通電，指出「釐定官制爲立憲預備，各省官制自應參仿京部官制，妥爲釐定」〔註 19〕。針對釐定官制大臣的電文，三省將軍均在回電中強調要結合東北自身的特點，認爲只有參酌當時東北三省的國內環境和具體情況，才能制定合適的相關措施，也才可能衝破官制改革的諸多阻力，實現改革初衷。趙爾巽認爲東北三省「老成者宥於習慣，舊時之窠臼難除；新進者富於理想，實地之經驗尚少」〔註 20〕，「權限不清，責任不屬，事務龐雜，流弊橫生，旗署民官不相統一」、「又況界務、國防狡焉思逞，鐵路所至，動干政權，循是不變，勢成坐困」〔註 21〕，因此，改革官制必須立足東北具體情況。署理黑龍江將軍程德全也從這個時期開始，幾次上奏摺提出「建官設法之初，當審度時勢，參仿成規，稍事變通，以期盡利者也」〔註 22〕。這個時期，三省將軍對東北官制的調整和變革已有較爲成熟的思想。奉天官制改革從趙爾巽就任開始，以後歷任督撫根據本地情況，對官制予以嘗試性的調整和改革，推動了東三省官制的全面變革。

第二節　官制改革的全面展開

　　「中國釐定官制於責任之事關係尤大」〔註 23〕，官制的調整是憲政改革的關鍵所在。光緒三十二年七月十三日（9 月 1 日）清廷宣布諭旨，提出「廓清積弊，明定責成，必從官制入手」的構想。因東三省地處中國北疆，且「一切規模略同草創，或因或革，措置較易爲功」〔註 24〕，特「著由東三省先行開辦，如實有與各省情形不同者，准由該督撫酌量變通，奏明請旨。」〔註 25〕

〔註 19〕 侯宜杰整理《清末督撫答覆釐定地方官制電稿》，《近代史資料》（總第 76 號），中國社會科學出版社，1988 年版，第 51 頁。

〔註 20〕 侯宜杰整理《清末督撫答覆釐定地方官制電稿》，《近代史資料》（總第 76 號），第 70 頁。

〔註 21〕 《行政官制篇》，〔清〕徐世昌等編纂《東三省政略》卷 5，第 861 頁。

〔註 22〕 《光緒朝黑龍江將軍奏稿》，《中國邊疆史地資料叢刊・東北卷》，全國圖書館文獻縮微複製中心 1993 年版，第 771 頁。

〔註 23〕 李景龢、曾彝進錄：《官制篇》，沈雲龍主編《近代中國史料叢刊》第 65 輯，文海出版社，1970 年版，第 3 頁。

〔註 24〕 〔清〕朱壽朋編：《光緒朝東華錄》第 5 冊，第 5687 頁。

〔註 25〕 《各直省官制先由東三省開辦俟有成效逐漸推廣諭》，故宮博物院明清檔案部

東三省的官制改革由此全面啓動。

一、行政官制改革的全面展開

（一）徐世昌的改革規劃

在奉天嘗試官制進行改革的帶動下，吉林、黑龍江也都不同程度的開始了對官制的調整、裁撤。東北三省官制改革的序幕正式拉開。清政府對東北的官制改革賦予高度重視，除頒發相關諭旨外，突出表現就是派載振、徐世昌考察東三省情形。

光緒三十二年九月二十六日至十一月二十日（1906 年 11 月 20 日～1907年 1 月 4 日），載振、徐世昌〔註26〕考察奉天、吉林、黑龍江後，徐世昌和載振一同上《密陳考查東三省情形折》，奏陳考查結果：「伏查東三省比歲以來，疊遭變故，創巨痛深，爲二百餘年所未有」，如不因往推來，則後患無窮。〔註27〕

光緒三十二年十二月初六日（1907 年 1 月 19 日），徐世昌再次上《密陳通籌東三省全局折》，指出東北三省的安危存亡事關中國前途的興衰。危急局勢下，實施新政、增強實力成爲挽救東北的唯一選擇。並建議在東北三省設總督，予以全權，統籌三省一切軍政事宜，他認爲「舉凡內政外交，均有利害相因之勢」，「故必聯合三省屬諸一人，乃可收統一之效。」〔註28〕除外交等關係重要事件要與外務部咨商辦理外，其餘財政、兵政及一切內治事務，由總督一人通籌總攬。另在奉天、吉林、黑龍江設巡撫，專理三省民事，受總督節制。

本來就極其重視東北三省的軍政管理事宜的清廷，看到徐世昌先後所上奏摺，幾天后即上諭內閣，「著各該將軍體察情形，愼選廉吏，力袪壅蔽，嚴杜侵漁，廣闢利源，預謀生計，以期漸臻富庶，用副朝廷勤恤民隱之至意」，

編：《清末籌備立憲檔案史料》上冊，第 510 頁。

〔註26〕 徐世昌，字卜五，號菊人，又號弢齋。近代直隸天津人。光緒十二年（1886）中進士，授翰林院編修、國史館協修、武英殿協修。二十一年（1895）冬袁世凱在天津小站練兵時，成爲袁世凱的謀士。三十一年（1905）以後歷任兵部侍郎、軍機大臣、巡警部尚書。光緒三十三年（1907）出任東三省第一任總督、欽差大臣兼管三省將軍事務。宣統元年（1909）調職郵傳部尚書。宣統二年（1910）授體仁閣大學士。宣統三年（1911）任皇族內閣協理大臣。

〔註27〕 《附考查奉天情形單》《附考查吉林情形單》《附考查黑龍江情形單》：徐世昌著《退耕堂政書》卷 5、卷 6，第 233、283、315 頁。

〔註28〕 《密陳統籌東三省全局折》，徐世昌著《退耕堂政書》卷 7，第 371～372 頁。

飽嘗兵燹的東北三省,「亟應培養元氣,固植根本」〔註29〕,次第實行新政舉措。在這裏,清政府把實施新政、進行官制改革再次提到議事日程,而改革首當其衝即應該從陪都奉天開始。

　　光緒三十三年三月初八日(1907年4月20日),清政府正式同意徐世昌等在東三省設立總督、巡撫的建議,改盛京將軍爲東三省總督,兼管三省將軍事務,隨時分駐三省行臺。奉天、吉林、黑龍江各設巡撫。以徐世昌爲東三省總督,並授爲欽差大臣。唐紹儀〔註30〕任奉天巡撫,朱家寶〔註31〕署理吉林巡撫,段芝貴署理黑龍江巡撫。清末東北官制改革全面展開。後御史參劾段芝貴置東三省根本重地日就阽危的情況於不顧,只知道乘機運動,「夤緣親貴」,「蒙蔽朝廷,遂得署理黑龍江巡撫」〔註32〕。因此,清政府予以清查,由程德全〔註33〕署理黑龍江巡撫。

　　雖然趙爾巽對奉天官制改革進行了嘗試,並帶動了吉林、黑龍江兩省的部分調整,但「截至光緒三十三年,東三省的最高行政長官,仍舊是三省將軍。理論上,東三省依舊是特區,是皇家的內苑,甚至放荒招墾也大半限於閒荒。」〔註34〕奉天官制改革的全面鋪開是從徐世昌改革東三省官制具體措施的推行開始。光緒三十三年四月十四日(1907年5月25日)上奏《擬定東三省職司官制及督撫辦事要綱折》以及《東三省職司官制章程》,具體

〔註29〕〔清〕朱壽朋編:《光緒朝東華錄》第5冊,第5615頁。

〔註30〕唐紹儀生於同治元年(1862),又名唐紹怡,字少川,廣東香山(今珠海)人,隨第三批幼童赴美入哥倫比亞大學學習文科。回國後歷任駐龍山商務委員、代理朝鮮商務專員、中國駐朝鮮總領事、天津海關道、外務部右侍郎、全國鐵路總公司督辦、稅務處會辦大臣、郵傳部左侍郎,曾參與中英西藏問題的談判及參與主持中日、中俄關於東北問題的談判。

〔註31〕朱家寶,咸豐十年(1860)生於雲南黎縣(今華寧),字經田,一作金田。光緒十八年(1892)中進士,授翰林院庶吉士、禮部祭司。曾做過知縣、知府、道員、按察使、巡撫、民政部尚書等職。

〔註32〕〔清〕朱壽朋編:《光緒朝東華錄》第5冊,中華書局,1958年版,第5660頁。

〔註33〕程德全,咸豐十年(1860)生於四川雲陽,字雪樓,號本良,法名寂照,廩貢生出身,曾以教書爲業。光緒二十六年(1900),被署理黑龍江將軍壽山任命爲行營營務處總辦,奉派與沙俄交涉,頗有膽識。二十七年(1901)升任直隸州知州。二十九年(1903)擢升道員,加副都統銜,署理齊齊哈爾副都統,專管墾荒事宜。三十一年(1905)署理黑龍江將軍。三十三年(1907)年東北改設行省後,程德全署理黑龍江巡撫。

〔註34〕趙中孚《清末東三省改制的背景》,《近世東三省研究論文集》,成文出版社,1999年,第241頁。

內容是：奉天、吉林、黑龍江三省各設行省公署，以總督為長官，巡撫為次官。總督兼管三省將軍事務，三省巡撫兼管旗務，兼副都統銜。在行省公署內分設承宣、諮議二廳。承宣廳稟承督撫掌管全省機要，總體上把握考覈用人等各方面事宜。諮議廳管理議定一省法令章制，研究本省利病，應行損益各事。歸併原有局署，酌量分設交涉、旗務、民政、提學、度支、勸業、蒙務七司，各設司使一員管理司事。另設左右參贊各一員，分管承宣、諮議兩廳事務。承宣廳及各司，均設分科，每科設僉事及一二三等科員佐之。諮議廳不設官缺，選明達政治的人擔當議員、副議員、顧問員、額外議員。另設督練處，加強陸軍實力，擴充軍政。關於專設提法使以理刑法一事，另議奏陳。〔註35〕

另外，《東三省職司官制章程》著重對有關職司官制予以說明，覈定督府廳司各級官制的權限。主要包括設立行省公署，酌定有關職司官制的品級，釐定各司道所管權責，劃分權限，專設督練處，籌練新軍，專立司法，議改各屬官制，酌擬補署辦法，設缺分別次第，建造衙署，籌支廉費，吉江兩省擬移建省治等相關問題。〔註36〕徐世昌等的上奏得到朝廷的允准。

此時的徐世昌已經深刻認識到，東三省外交、內治日益繁難，只有實行和內地省會相同的行政管理體制，督、撫以下多設官署，才是解決「公牘滯於轉折，屬僚疲於稟謁，或至齟齬牽制，有礙大局」〔註37〕的唯一有效辦法。其新政變革的具體思想除在《擬定東三省職司官制及督撫辦事要綱折》以及《東三省職司官制章程》中有體現外，另外在《密陳考查東三省情形折》、《密陳通籌東三省全局折》中，也先後指陳東三省改革的必要性、緊迫性，並進一步規劃東三省官制改革的施行方針。徐世昌認為：「向者國家統治領土之法，莫要於行政機關有指臂相使之效」，東三省官制「以軍署為之長官，以州縣為之僚佐夫，以治兵之職而轄理民之官，所務不同，利害亦異，隔閡既甚，牽制斯多，其終乃無一利之能興，無一弊之不出」〔註38〕。所以，為促進東北的進一步發展，改革官制成為必須，徐世昌開始著手對東三省行政官制和司法官制進行全面改革。

〔註35〕〔清〕朱壽朋編：《光緒朝東華錄》第 5 冊，第 5670 頁。
〔註36〕《東三省職司官制章程》，徐世昌《退耕堂政書》卷 8，第 454～463 頁。
〔註37〕《行政管制篇》，〔清〕徐世昌等編纂《東三省政略》卷 5，第 832 頁。
〔註38〕《密陳考察東三省情形折》，徐世昌《退耕堂政書》卷 5，第 229 頁。

（二）省級行政管理機構的變革

奉天承宣廳的設立。光緒三十四年（1908）奏定設立承宣廳，設左參贊一員總理全省機要事宜，輔佐總督巡撫管理全省的人員考覈、行政管理等事項。廳內分設四科，每科設一名僉事員，辦理科務，另設一二三等科員、額外科員、差遣委員、正副司書等官。凡是各司道局所處理行政事件，都彙集於承宣廳，由左參贊提出處理意見，最後由總督和巡撫來做最後決定。與內地各藩司另外還要兼管用人、理財等事務相比，承宣廳的權責較爲專一。

奉天諮議廳的設立。在立法和行政分權方面，奉天省比吉林、黑龍江更爲明顯一些。光緒三十三年（1907），奉天諮議廳與承宣廳同時設立，具有立法性質。由右參贊一員負責相關事務，掌管全省法令、章制、統計、報告等的事宜。廳內不設具體官缺，由明達政治的人作顧問員、正副議員、額外議員，不定品級，不限員數。第二年添設編纂、庶務兩科，每科設一二三等科員、額外科員、差遣委員、正副司書等官，分別辦理科務。各司道僉上呈的應行覈議事件，都集中到諮議廳。同年，又設立兩名參事，品級和僉事相通用。凡是章程、法令以及一切暫行規制，都由諮議廳議決，或者由司道局所呈交諮議廳覈議，最後呈由總督、巡撫決斷。

吉林和黑龍江兩省情況與奉天略有不同，是由公署文案處管理奉天承宣、諮議兩廳的事務。吉林軍署原來設有印務處，爲將軍辦理一切公牘事務。改設行省後，在巡撫之下、行省公署內設立文案處，原來的印務處歸併到文案處。凡是承宣廳所執掌的機要、考績、文牘、庶務及典守堂印、收發文件，都是吉林公署文案處職權範圍所在。黑龍江省原來專門辦理文牘事件的機關，是軍署文案處。設立行省後，在巡撫下、行省公署內，設公署文案處，將軍衙門時期的印務處併入其中。公署文案處不另設僉事、議員，以一二三等秘書官綜覈各項事務，以正、副科員輔助。吉林、黑龍江兩省公署文案處，是稟承總督、巡撫處理行政事務的機關，而在其職權範圍內又有擬議章制、法令、草案及覈議各司、道一切規則的權責，這一點又與奉天省諮議廳的職權相類似，具有立法的性質。秘書官是承上啓下的關鍵，正副科員行使辦理具體事務職權。

此外，東三省還設立其他如交涉、提學、提法、度支、民政、旗務等專管某一領域事務的行政機構：

交涉司。奉天、吉林兩省原來都有交涉局，設立行省後，爲適應對外交涉事件增多的需要，撤去交涉局，改設交涉司，主管相關交涉事宜，原有交

涉局歸併入交涉司。奉天交涉司司使由驛巡道陶大均、吉林交涉司司使由鄧邦述試署。在兩省交涉司司使以下，分設互市、界約、和合、庶務四科，不同等級的科員處理交涉事務。交涉司下轄各處交涉分局及開埠局。同時以日本在奉天各處開發通商為由，在遼陽州、鐵嶺縣、新民府派副領事辦理居留民事務。

旗務司。奉天、吉林、黑龍江都設有專門管理旗務的機關，在原來軍府舊制中兵司的基礎上成立的。改設行省後，進一步奏改官制，奉天在行省公署下設立旗務司，主管原軍署所管旗民事務，這一機構的設立結束了原來由將軍統治旗民事務的歷史。由正紅旗滿洲印務參領恩志署理該司司使。司使之下，延襲軍署戶禮兵工各司舊制，分設軍衡、稽賦、儀制、營造、庶務五科，後來因為辦事權限不清，經諮議廳與旗務司幾次斟酌釐定，改設四科，管理所有關涉內務府、八旗等的一切行政事宜，及變通旗人生計籌劃等事，都由旗務司督飭辦理。每科設僉事及一二三等科員、正副司書等官缺分配辦理所管事務。旗務司下轄旗務調查處、八旗工廠、錦州八旗工廠等附屬機構。吉林和黑龍江沒有設立旗務司，而是在原有軍署兵司的基礎上，變更名稱，釐定權責，設立旗務處。旗務處分設四股，先行試辦蒙旗事務，掌管官兵俸餉、典禮、貢品、租賦、教養等事。先後設立的十旗宣講所、十旗學堂、滿蒙文官學、十旗工廠為其附屬機構。光緒三十四年（1908），黑龍江省對照吉林辦法設立旗務處，只是情形略有不同，例如吉林旗務處負責的典禮、祭品、貢物及官兵俸餉，在黑龍江省由戶司來管理，後轉歸度支司兼辦。另外，吉林旗務處還掌管勸學、宣講、實業等事宜，在黑龍江省由提學司兼辦。吉林旗務處負責的隨缺地租、徵收租賦的事務，在黑龍江省以前沒有相關事務機構。黑龍江省旗務處只管理軍政、馬政、旗官額缺、旗丁生計，只分三科，人員也不過十幾人。

民政司。光緒三十三年（1907），奉天民政司設立，調錦州府知府張元奇為民政司司使。掌管全省地方行政、自治及區劃疆理等事，後來還督飭選舉等事。民政司設僉事，為司使次官。分設民治、疆理、營繕、戶籍、庶務五科，每科設一二三等科員、正副司書等官。裁撤巡警道後，巡警、緝捕等事務也併入民政司管轄。民政司內添設警政科，而以戶籍、疆理兩科合而為一。民政司本身兼管警務，所以一切選舉社會自治的機關，都以民政司作為倡率執行的基礎。諮議局籌辦處、自治研究所、工程局、省城巡警總局、鄉鎮巡警局、衛生醫院、官吏禁烟查驗所、高等巡警學堂、巡警教練所、貧民習藝

所、同善堂、濟良所、探訪局等，都是民政司的附屬機構。吉林民政司最初的基礎是巡警局，改設行省後設立民政司，由吉林分巡道謝汝欽任民政司司使，內分警務等四科，司使以下委派僉事各官，下轄巡警局、諮議局籌辦處、自治局、禁烟公所、貧民習藝所、官醫院、巡警學堂、教練所。黑龍江省民政司司使由軍機處存記二品銜直隸候補道倪嗣沖擔任。內設民治、疆理、警務、營繕、庶務五科，主要治理民間事務。奉天剛開始時設立了巡警道，後來裁撤巡警道後，由民政司兼辦巡警事務，而吉林、黑龍江暫時不設巡警道缺，而歸民政司兼辦，這是吉林、黑龍江設立民政司方面與奉天省初定規則的不同之處。

提學司。光緒三十一年（1905）三月，奉天設立學務處。同年十二月，學政李家駒改訂學務處章程，分設教務、庶務、編譯、書記、會計、調查、收掌、游學八科。三十二年（1906），裁撤提學司改設學務公所，分設總務、專門、普通、實業、圖書、會計六課。著手改定東三省官制後，設提學司總理全省學務，法政、師範、高等以下學堂都隸屬於提學司。司使以下，設僉事爲次官主理。按其課目改爲六科，仍設立一二三等科員及正副司書等官，附屬機構有各項普通學堂、師範學堂、法政學堂、方言肄習所等。吉林、黑龍江兩省學務，原來統歸本省學政管理。改設行省後，爲加強地方教育，又因部臣的奏請，清廷設立專門管理學務的機構，即提學司。隨後設立並籌辦小學教育會、勸學所、宣講所以及法政學堂、農學堂、方言學堂等各種學堂，都隸屬於提學司。其中吉林提學司內設總務、普通、圖書、會計四科，與奉天稍有不同。而黑龍江則是仿奉天規制，提學司內分設總務、普通、專門、實業、圖書、會計六科，管理收支款目並考覈學堂報銷事項。此外，爲適應官紳並用制度，聘用議紳、省視學，議紳暫不設立，視學員則一律遍設。黑龍江提學司在比照奉天提學司的基礎上，也有變通，如黑龍江省的勸業一項由提學司經理，這是因爲實業在黑龍江省最爲重要，而其他事務還少有萌芽。於是在三十三年（1907）奏設司缺時，聲明不設勸業道缺，暫時由提學司兼辦。這項變通辦法，與奉天、吉林情況稍有不同。在提學司司使張建勛盡心擘劃下，黑龍江提學司初具規模。

度支司。光緒三十一年（1905），趙爾巽奏請設立奉天財政局，管理公私所有出入款項，設督辦一人總理全局事務。三十三年（1907），徐世昌奏定東三省官制時請設度支司，任命奉天東邊道張錫鑾爲度支司司使。將財政局歸併入度支司管轄，而劃出鹽務總局暨銅圓局，特派專員辦理。由司使、僉事

專門負責全省出納、會計以及稅務、墾務等事務的處理。其附屬機構有各類稅捐、硝礦、木稅、會務、墾務各局等。吉林省改設行省後，裁撤原有戶司，設立度支司，以農工商、礦、林業等各局所爲基礎合併而成，原來戶司執掌的權責一併歸入度支司，總管全省財政，由分省補用道陳玉麟任度支司司使。度支司下轄稅捐、官貼、墾務等局所。光緒三十三年（1907），黑龍江省度支司設立，候選道談國楫署理度支司司使。因爲黑龍江沒有設旗務司，而旗務處僅掌管兵司事項，權責有限。所以旗務處權責以外的、凡戶司原管常年貢品及城旗、俸餉、恤賞等事宜，都隸署於度支司。下設會計、田賦、俸餉、稅務、庶務五科管理財政。善後局及從前戶司歸併入度支司。全省各級各類行政部門的運行經費，總計每年大約需要二百萬，都從度支司支出。宣統元年（1909），裁撤度支司，原管事務劃歸民政司兼理。三省度支司，都管理本省財政事務，但吉林和黑龍江度支司還兼管一些財政之外的事務。如，黑龍江原歸善後局管理的一些實業機構，劃歸提學司兼管。戶口、工司諸事，劃歸民政司辦理。丈放荒地、收取地租事宜，仍歸墾務局辦理。在這些方面黑龍江度支司與奉天、吉林度支司有所差異。

勸業道。爲發展實業，勸業道應運而生。奉天省曾設立農工商務總局，管理農業試驗廠、工藝傳習所、商品陳列所、漁業公司、官牧廠、造磚廠等相關實業機構。改制設省後，奉天擬設勸業司，由候選道黃開文署理勸業司使。考察政治館建議各省都設立勸業道，奉天於是改司爲道，原有農工商務總局即行裁撤。以司使、僉事等主管司署事務。並增設種樹公司、森林學堂、農事演說會、植物研究所、官紙局、礦政調查局、硝皮廠等處機構爲其附屬。吉林省原有礦墾局、官輪局屬於實業機構。改設行省後，遵照新章制，合併原有農工商、礦、林業各局所成立勸業道，負責一切提倡、督率實業的事務，內部組織與奉天大致相同，直隸候補道徐鼎康試署該道，以前的工司分別併入民政司、勸業道，相關附屬機構有農業試驗場、農學研究會、林業局、實習工廠、電燈公司、郵船局、礦政調查局、官輪局、墾礦局等。奉、吉兩省的勸業道，內部組織和所屬員缺的任用大致類似，亦都下轄相關實業機構以督促本省實業的發展。

巡警道。東北三省只有奉天省設立巡警道。光緒三十三年（1907），奉天設立民政司，兼理巡警事務。不久，清廷允准各省增設巡警、勸業兩道缺，奉天隨即設立了巡警道，由在任候補道奉天知府鄧稼縞署理巡警道。下轄巡警總局、鄉鎮總局、衛生醫院。分科設員，與其他司道大致相同。但巡警道

總歸是各省沒有設立民政司之前的權宜之計，而且巡警本來就是民政的一個部分，所以不得不添設巡警道缺。奉天省已經先設立了民政司，再添巡警道一缺，往往容易造成事權不一的情況，於是奉天巡警道設立不久即奏請裁撤，原有事務仍歸民政司辦理。

清政府從改設東三省總督開始，不久又設立三省行省公署，東北各省的行政機構相繼設立：奉天是在行省公署內，設立承宣、諮議兩廳以及交涉司、旗務司、民政司、提學司、提法司、度支司、巡警道、勸業道等相關機構，構成本省的官制體系。吉林省主要是設立公署文案處和提學、提法、交涉、民政、度支五司及勸業道、旗務處等機構。黑龍江省因為地廣人稀，尤其是哈爾濱以北荒涼滿目，幾十百里不見居民，無民可治，全省財政收入每年不及五十萬，難以養官，涉及交涉的事務本來就少，於是暫緩設立交涉、旗務、蒙務三司，而先設立民政、提法、度支、提學四司。因三省情況不同，所設行政機構稍有差異，但已初具系統性。尤其是行省公署（文案處）集中處理相關公用事務，「以整馭散，條理秩然」〔註39〕，且督撫與公署大員同署辦公，增強了辦公的透明度，與內地其它省份總督、巡撫的文案處不同。

二、司法管理機構的專門化

光緒三十二年（1906）九月清政府下詔改刑部為法部，專任司法，大理寺為大理院，專掌審判。清末司法管理機構的改革自此開始。光緒三十三年5月27日（1907年7月7日）清廷發布上諭，各省按察使司改為提法使司，分設審判廳，令東三省先行開辦。

（一）司法管理機構的設立

在東北，徐世昌開始全面推行官制改革時，「首以行政、司法分權為要務」〔註40〕，認為司法機關只有與行政機關真正分離，才能實現司法獨立。於是在《具奏東三省公署官制折》內，建議朝廷仿照西方三權分立制度，各省另立提法司，裁撤原設的驛巡道兼按察使銜，改各省按察使為提法使，管理驛巡道所管的全省刑名案卷等相關事務，並通過籌設各級審判廳，管理下轄府廳州縣司法事務。提法司做為司法行政機關，直轄於法部，管理司法上的用人行政等事務，行政、司法機構各自管理內部行政事務。司法上的變革首先

〔註39〕 《紀公署文案處》，〔清〕徐世昌等編纂《東三省政略》卷5，第863頁。
〔註40〕 《司法‧述要》，〔清〕徐世昌等編纂《東三省政略》卷10，第1440頁。

從東北暨奉天開始。

首先，提法司的設立。光緒三十三年（1907），東北三省推行行省制度，設立奉天省提法司，「掌全省司法上之行政事務，監督本省各級審判廳、檢察廳」。提法司試辦章程中即規定：「提法司為司治獨立衙門，不在公署各司之例，毋庸入署辦公，設遇有關於行政應行請示事件，可於公署辦公時間入座會議。」〔註41〕提法司內設提法使為一司長官，總理全司事務、監督僉事以下各員。〔註42〕下設總務、刑事、民事、典獄四科，每科設僉事、一二三等各科員，並設正副司書等官。吉林、黑龍江改設行省後，相繼設立提法司，原刑司併入，管理全省司法上的行政事務，改良監獄及省內外罪犯各獄事宜亦屬提法司管轄範疇。仿照奉天辦法，兩省提法司內都設立總務、刑事、民事、典獄四科，每科設科長、正副科員，別設額外副科員。作為司法機關，提法司設立後，一定程度上，能夠獨立行使司法職權。

其次，審判廳。為推行司法獨立，奉天、吉林設立提法司後，又在省城設立了高等審判廳，在承德、撫順、營口、新民、安東等地設立地方初級審判廳，吉林省則在長春設立地方、初級審判廳。審判廳內設審判長。高等審判廳內設廳丞一員，管理本廳事宜，內分刑事、民事二科，每科各設推事長一人，推事五人，管理相關審判事務。另設典簿、主簿、錄事等人員，承辦廳內文牘和日常事務。各廳州縣地方審判廳設立廳丞管理廳事，調度本廳民邢推事長以下各員，監督初級審判廳，另設預審推事二人，看守所置所官一人。初級審判廳設推事一人或二人，總司廳事，審判刑事、民事案件。在黑龍江，原來專門管理各屬上控提審命盜各案及大小詞訟的裁判處。光緒三十三年（1907），刑司歸併入裁判處，後來原有裁判處改為高等審判廳，在龍江府、呼蘭府、綏化府設地方審判廳。錫良上任後，進一步奏請在地方審判廳內專設檢驗科，籌辦高等檢驗學習所、律師傳習所。長春審判廳內檢驗科就是在這時設立，「由省派到檢驗學堂畢業生四名，一律到廳任差」〔註43〕

第三，檢察廳。奉天在審判廳內附設檢察廳，作為審判廳的輔助機關，屬於全國最早。從省城的高等檢察廳到各府廳州縣的地方檢察廳，構成奉天

〔註41〕《吉林公署試辦章程》，李澍田主編《吉林新志吉林公署政書》，《長百叢書》（四集），吉林文史出版社，1991年版，第30頁。
〔註42〕《司法官制篇》、《紀提法司》，〔清〕徐世昌等編纂《東三省政略》卷5，第844～845頁。
〔註43〕《審判廳專設檢驗科》，《盛京時報》宣統二年十一月二十四日。

檢察體系。高等檢察廳，設檢察長和檢察官，管理該檢察廳事務、檢察審判是否公允以及調度司法、警察等事。地方審判廳在檢察長之外，也設立檢察官，助理其檢察事宜。高等、地方各級檢察廳的檢察官在刑事、民事的裁判方面，發揮重要輔助作用。奉天地方檢察廳內，還設立醫師一名，檢驗吏數名，爲病犯診治或者做法醫檢驗。地方檢察廳內還附設刑仵講習所，培養專業法醫人員。

第四，其他附屬司法機關——教養局、罪犯習藝所、監獄工場。東北新政期間，爲加強對犯罪人員的管制和教育，東北當局建立了各級監管、教養機構：監獄、濟良所、罪犯習藝所等機構。光緒三十一年（1905）以後，東北地區相繼成立罪犯習藝所，以安置那些罪刑稍輕人員。作爲犯罪人員的教養場所，罪犯習藝所管理嚴格，由專門的員役負責，出入需要請假。親屬探望犯人也有一定限制，犯人做工給予一定的工資。諸多的規定，目的在於教給服刑人員以一定的技藝，增強他們重新進入社會後的生存能力。另外，還有不同於罪犯習藝所的監獄工場，主要是收容那些除死刑、軍流罪等應送刑部審定者外的犯罪人員的場所。內部所設各機構設施分工詳盡，功能齊全，從住宿區到工作區，均遵從男女分開原則，「專派二三員監督管理囚徒之事」〔註44〕，監獄工場內部，賞罰分明、明定規則、有序的管理使教化的作用有了充分的發揮。

在原有舊式監獄、罪犯習藝所和監獄工場的基礎上，東北當局開始籌辦新式監獄。徐世昌來到東北後，對舊式監獄和罪犯習藝所進行改造，爲新式監獄建立做好準備。宣統元年（1909）九月，法部又上折奏請在各省建築模範監獄，統限於宣統三年（1911）以前一律建築完成。因此，錫良飭令奉天提法司吳鈁查照辦理。在罪犯習藝所的基礎上，委派留日警監科畢業生林紹敏等赴外地調查，吸收已建模範監獄、習藝所的經驗，創建奉天模範監獄。此後，模範監獄在東北地區得以推行。新式監獄「以重罪人犯總匯於省府廳治，其未決犯及輕罪人等宜做法部奏定」，在各州縣各設一個看守所，「收管本境民事刑事未決犯。」〔註45〕

〔註44〕 《奉天驛巡道等關於民刑等犯罪案件處理章則、教養工藝局、監獄工場圖說》，《趙爾巽檔案全宗》，112號。

〔註45〕 〔清〕雷飛鵬等修，段盛梓等纂：《西安縣志略》監獄篇，宣統三年石印本，第3頁。

地方各屬重視對監獄的管理，制定明確的監獄管理方法。例如，大賚縣即規定「凡案關重大者悉入監禁，故管理不得不嚴。晝則防衛，夜則巡更，獄卒廚役人等不准擅行出入，每晚必須管獄官親詣獄中點查名數，審視刑具，並派獄卒四名迴環看守以防潛越」〔註46〕。一系列監管措施的制定和施行，對維護東北社會的穩定做出貢獻。

（二）各級司法機構設立後的作用及特點

各級審判、檢察機構相繼設立後，立即著手處理東北地區民刑訴訟案件的審理和判決，充分發揮了其作為東北地方司法審判體制的重要作用。

第一，提高了辦案效率。東北各級地方審判廳成立前後，即積極採取各種措施清理本地積壓案件。營口、新民地方審判廳開辦前即有規定：「所有廳署積案件，仍由廳署清理，俟至三個月後，如仍有未結者，再行移交審判廳」〔註47〕，審判廳成立後「照章僅收新案」〔註48〕。安東縣歷來積壓的詞訟案件，在地方審判廳成立後，經蒞任的鄒寶堂及各幫審的努力，所有積年案件，亦一律清理完結，原被告無不心悅誠服。〔註49〕開原地方審判廳成立，徐大令蒞任，凡由前任移交之民刑訴訟暨逐日投遞呈狀，隨時披閱批示，逐日應訊，案件先日牌示，次日午前提訊，今月餘雖未盡數清結，然不致如前日之積壓株累矣。〔註50〕對這些積案的處理，客觀上推動了地方審判機關的辦事效率。由下表奉天一地在宣統元年二月初一日至六月末的半年時間內（當年閏二月）所審理並判決的案件統計數字〔註51〕即可體現。

審判廳名稱	奉天高等審判廳		奉天地方審判廳		承德地方審判廳		撫順地方審判廳	
	民事	刑事	民事	刑事	民事	刑事	民事	刑事
判決案件數字	43	15	17	10	50	47	14	8

表中數字僅為《盛京時報》刊載的各審判廳審理並判決的案例統計所得，難免有所疏漏，所以此處顯示的數字應該是最少數字。

〔註46〕〔民國〕於英蕤編纂：《大賚縣志・武備綱》，民國二年抄本，第57頁。
〔註47〕《營口清理舊案》，《盛京時報》宣統元年三月二十三日。
〔註48〕《新民清理舊案》，《盛京時報》宣統元年三月二十五日。
〔註49〕《結案之迅速》，《盛京時報》宣統元年三月二十二日。
〔註50〕《大令清結積案》，《盛京時報》宣統元年三月十五日。
〔註51〕數字根據《盛京時報》宣統元年二月至六月所刊載的各地方審判廳民刑案件統計所得。

第二，依例裁斷、重視證據，力求公正。光緒三十四年（1908）二月，旗務司向奉天高等審判廳呈送「領催徐□書科派丁差一案」，刑庭判決時即「查例載官吏因公擅自科斂，所屬財物者雖不入己，杖六十等語」，因此「擬杖六十，所斂之贓據稱即所呈繳，應照官吏婪贓審，無入己坐贓致罪」，後當事人在限期內全部返還贓款，於是對其免於處罰，「仍照擬還職役律，注毋庸革去。領催張瞳等各應得笞一十之罪，惟壯丁多至一百餘名，未便紛傳擾累，從寬免其置議，汪集賢既未私收浮取，亦毋庸議。」〔註52〕此案充分說明，審判廳在裁斷的時候，遵循的是依例裁決的原則。而在審理李永貴控告李樹謙霸占田地一案時，則體現的是從證據出發進行斷案。經地方審判廳民事一廳對李永貴一案進行審理，「經判李永貴應種官地，有分家單為証，傳訊李樹謙，供認分單屬實，惟當差已久，不願分種，現經訊明，自應照分家單按股分種。」〔註53〕為保證裁斷的公允，還允許案件當事人如果不服判決可上訴。東北各級審判廳成立後，在運作過程中，常會遇到案件當事人對判決不服的情況，按照律例規定允許上訴至上一級審判機關。奉天高等審判廳即時有受理這樣的案件：如王慶緒告王慶喜霸占荒地，經地方審判廳判決後，不服判決於是上訴。經高等審判廳民事廳裁決，認為原判「甚屬公允，應仍照地方審判廳所判」。另外，佛高氏與陳貽澤因贖地發生經濟糾紛告至地方審判廳，經地方審判廳判決，高氏不服上訴至高等審判廳。最後高等審判廳認為「佛高氏接典陳貽澤地畝契約，僅注市錢，並未分晰遼瀋字樣，世遠年湮，當年之市價，無可攷究，現今錢價大相懸殊，地方審判廳判令遼瀋各半回贖，甚屬公允，應仍照該廳原判執行。」〔註54〕司法審判過程中，允許上訴一條的規定，體現了司法機構力求公正的原則。以上案例表明：依例斷案、重視證據、力求公平的原則在當時東北各級司法機關審理具體案件時均有不同程度體現。

第三，民眾法律觀念有所增強。清末新政期間，東北地方司法審判制度改革後，雖然總體上對民眾法律觀念的影響並不是很大，但客觀上還是起到一定的宣傳和示範作用。對比宣統元年二月初一（1909年2月20日）到六月末（該年閏二月）奉天地方、高等審判廳審理並裁決的民、刑案件數字後可知，在《盛京時報》上報導的奉天高等審判廳判決的民事案件，占該廳判決總數的百分之七十四。而經奉天地方審判廳判決的民事案件，約占總數百分

〔註52〕 《奉天高等審判廳刑事案》，《盛京時報》光緒三十四年二月二十九日。

〔註53〕 《地方審判廳民事案一則》，《盛京時報》光緒三十四年二月十九日。

〔註54〕 《奉天高等審判廳民事案二則》，《盛京時報》光緒三十四年二月二十九日。

之六十二〔註55〕。通過比例數字可以看出：清末東北有越來越多的民眾，在逐漸接受近代法律觀念，遇到各種問題選擇通過法律途徑維護自己的權益。

東三省司法改制雖然事屬初創，並未形成完備的近代司法體系，但已初具規模。總體看，奉天省效果最好，吉林、黑龍江稍微次之。各級審判、檢察機構設立後，即開始運作，處理從省城到地方各屬的一切訴訟案件。

這一時期形成的司法管理體系，也體現了明顯的近代化特點：

第一，司法機構內部管理較為嚴密。新政期間進行司法方面的變革時，不僅從提法司到高等、地方、初等司法（審判、檢察）機構的設立能夠體現此時的司法管理體制在進一步完善，而且從對司法機關內部的嚴密管理上也充分反映了司法機構的進步性。如：遼陽開辦審、檢兩廳後，內部組織較為完備，管理也相對嚴格，「對於廳員及書吏丁役分別訂有規則，頗主嚴密。廳員相戒，無事不出廳門。書吏須輆有徽章，丁役須掛有腰牌，經門首守衛驗明，方許出門。」〔註56〕

第二，司法審判人員隊伍組成發生變化。東北新政期間，建立了各級司法機構，參與到這些司法機關處理相應事務的人員的組成發生變化，主要表現是曾經留學或者在新式專門法政學堂學習法政等相關專業知識的人進入審判、檢察機關，與那些通過科舉考試取得功名後進入司法機關的人員相比，一定程度上接受了較為專業的新式法學知識的教育，受近代法學知識的影響有所增強。這一特點，從清末新政期間奉天省高等審判廳、高等檢察廳組成人員的簡歷中可見端倪。宣統元年（1909）奉天省共有司法官六十七人，其中百分之十三點四曾留學日本學習法政，百分之十四點八畢業於奉天法律講習所。〔註57〕

第三，新技術手段的應用。為保證裁斷案件的準確性，必須依靠法醫的檢驗。因此，在各級審判廳成立後，在省城高等審判廳內，附設檢驗傳習所，招收本省識字的仵作及年齡在二十歲以上聰穎子弟若干名而成立。所學內容除《洗冤錄》外，還學習生理解剖等的新知識，使斷獄手段更加科學。學員

〔註55〕數字根據《盛京時報》宣統元年二月至六月所刊載的各地方審判廳民、刑案件統計出具體數字後計算所得。
〔註56〕《司法之進步》，《盛京時報》宣統二年十一月十九日。
〔註57〕其中包括奉天高等審判檢察廳，承德、撫順地方審判檢察廳和所轄的初級審判檢察廳。見《奉省同官錄》，宣統元年版，民國資料第71冊，遼寧省檔案館藏。轉引自張勤《清末民初奉天省的司法變革》，《遼寧大學學報》，2006年第7期。

學習時限為一年，畢業發給文憑。此外，奉天籌設登記講習所、吉林設立審判講習所等的機構，培養了相關專業人才。司法審判體制確立後，東北的社會秩序有了較大的轉變。

此外，東北各級司法管理機構成立後，辦案效率提高，婦女訴訟案件增加等的特點，都充分反映在東北民眾法律意識日漸增強的前提下，司法管理體制的近代化特點也在不斷增強。同時，各級審判機構設立後，不附設於行省公署，各設提法司專管本省司法事務，司法獨立的傾向日益明顯。

雖然說東北新政期間建立的司法機構近代化色彩漸趨增強，但並不意味著這時的司法管理體系是完善的。受經濟文化發展水平和民眾對新知識、新思想接受程度所限，東北新政對司法官制的調整也有諸多的局限和不足：

首先，並未完全獨立，在一定程度上還要受到督撫道員等官員的干預。這一特點，從《盛京時報》上刊載的一則發生在營口的案例即可充分說明：罪犯劉天德因不務正業被探訪局捕獲，經巡警總局審判，判罰苦力二年，「撥交習藝所期滿開釋。後經其父近聞劉某呈請道憲懇恩開釋……，最後准予保釋」〔註58〕。從這一案例可見，地方主政者仍然參與一些司法審判事務的處理。

其次，司法審判人員素質有待進一步加強。清末東北設立的各級審判廳、檢察廳中的審判官和檢察官仍以獲取科舉功名的人為主體，接受過近代法政知識教育的人所佔比例尚少，直接出洋留學接受西方教育的人更少。例如前面提及的統計數字顯示：宣統元年（1909）奉天省審判、檢察二廳的六十七名審判官、檢察官中，五十一人擁有科舉功名，所佔比例超過百分之七十。只有九人曾留學日本學習法政，十人曾在奉天法律講習所學習。〔註59〕懸殊的比例差別充分說明，新政期間東北司法隊伍組成人員亟待進一步的培養。

總之，清末東北司法官制改革取得較為明顯的成效，推動了清末東北司法的近代化。

三、地方行政官制變革

東北地方當局不僅對省級行政官制予以變革，還通過相應措施調整了地

〔註58〕 《恩釋罪犯》，《盛京時報》光緒三十四年十一月二十四日。
〔註59〕 其中包括奉天高等審判檢察廳，承德、撫順地方審判檢察廳和所轄的初級審判檢察廳。見《奉省同官錄》，宣統元年版，民國資料第71冊，遼寧省檔案館藏。轉引自張勤《清末民初奉天省的司法變革》，《遼寧大學學報》，2006年第7期。

方府廳州縣的行政官制。

　　奉天地方官制，有清以來，屢有增換，但相對於廣袤的地域來說，所設民官還是不足，日常事務日益增多，難以實現有效統治。庚子事變以後，爲加強邊防，在各府廳州縣添設官缺，然而在各個邊荒之地，尚未設治之處仍有很多，既便是已經設治之處，舊有旗民雙重管理體制，互相牽掣，弊端重重，「自非多設民官，不足以一事權而資整理」〔註60〕。行省設立後，即著手調整地方官制。尤其是旗務司設立後，一切重要旗務，都統歸旗務司管理，各地旗民事件，直接送達公署，原設的副都統、總管各官，日漸失去存在的意義。於是奏請裁撤饒州副都統、海龍府總管，下設輝南直隸廳。洮南府下設醴泉縣，改營口海防廳爲直隸廳，海防廳下轄海城、蓋平兩縣，劃鹿島歸莊河廳。在長白設府，府治設於塔甸，興仁縣移駐撫順，後轉至千金寨，興京附近所屬旗地，就近劃歸承德，通化縣一部劃歸臨江縣，錦縣一部劃歸錦西廳。宣統元年（1909），又在長白府增設安圖、撫松兩縣，長興島添設州判，昌圖添設洮昌道，轄洮南、昌圖各屬，兼管蒙旗事務，駐洮南。在長白府與臨江縣以及與海龍交界地帶，添設臨長海道，轄長白、海龍兩府及臨江、輯安、通化三縣，駐臨江。奏請改奉錦山海關道爲錦新道，錦州、新民兩府歸其管轄，仍駐奉天營口，專歸奉天省管轄。東邊道改名爲興鳳道，分巡興京、鳳凰兩廳全屬。升興京直隸廳爲興京府，與鳳凰直隸廳並受興鳳道管轄。

　　吉林地方官制，在清前期已有初步建設，光緒主政後逐漸有所變更，漸臻完備。但隨著世事變遷，疆域也因此發生變化。尤其近年以來外交日漸繁多，內政增加，吉林所屬地方有的成爲邊疆重地，有的成爲蒙荒交通之地，亦或成爲中外交涉相爭之地，現所設民官，仍是不足。徐世昌考察吉林情形後，與巡撫朱家寶開始對吉林地方官制加以調整。設西路兵備道，加參領銜，駐長春；設蜜山府，駐蜂蜜山；設樺甸縣，駐吉林府屬樺皮甸子；設長嶺縣，駐農安、長春交界處，新安鎮主簿改隸長嶺縣；設濛江州，駐濛江；設東路兵備道，加參領銜，駐琿春，管理琿春、延吉、綏芬一帶邊務和琿春關稅交涉事宜；設南路兵備道，亦加參領銜，駐三姓，管理依蘭、蜜山、臨江一帶邊務和依蘭等處關稅交涉事宜。光緒三十四年（1908）夏，陳昭常〔註61〕繼

〔註60〕《變置地方官制篇》，〔清〕徐世昌等編纂《東三省政略》卷5，第853頁。
〔註61〕陳昭常，字簡持（墀、池），一字平叔，廣東新會潮連鄉巷頭村（今屬江門市郊區）人。曾任翰林院庶吉士、散館一等編修、吏部郎中、長春府及吉林府知府、廣西按察使、郵傳部左丞、吉林間島邊防督辦、山海關道員、京榆特

任吉林巡撫，東路兵備道駐琿春，加參領銜，管理琿春、延吉、綏芬一帶邊務及琿春等處關稅、交涉事務。南路兵備道駐三姓，加參領銜，管理依蘭、蜜山、臨江一帶邊務及依蘭等處關稅、交涉事務。另在西路添設伊通直隸州、榆樹直隸廳，北路設雙城府、賓州府、臨江府、濱江廳、富錦縣，東路設綏芬府、穆棱縣、南路設延吉府、和龍縣，中路設五常府。共十二缺。增添設立的官缺，有西路的舒蘭縣，北路的阿城縣、樺川縣、勃利縣、綏遠州，東路的饒河縣、寶清州、臨湖縣、東寧廳，南路的琿春廳、汪清縣，中路的額穆縣，總計也是十二缺。後寶清州和舒蘭縣、阿城縣、勃利縣、饒河縣暫緩設立。大通縣移治方正泡，改名方正縣。綏芬府移治寧古塔。裁撤琿春、三姓、寧古塔、伯都訥、阿勒楚喀等處地方副都統，富克錦協領，其旗戶案件、地租糧稅等事宜統歸地方官管理。

　　黑龍江最早設立民官始於同治年間，當時設立了呼蘭理事廳同知、綏化理事廳通判。程德全任將軍後，先後奏設民官，在省城設分巡道，在地方設黑水廳同知、綏蘭海兵備道（後改為興東道）。後來裁呼蘭副都統，升呼蘭、綏化兩廳為府，裁通墾副都統，設海倫直隸同知。徐世昌任東三省總督後，對黑龍江省地方官制予以進一步變更。裁撤璦琿副都統，改設璦琿兵備道，下轄黑河府（治大河屯）知府、璦琿直隸廳同知。裁撤呼倫貝爾副都統，改設呼倫兵備道，下轄臚濱府（治滿洲里）知府、呼倫直隸廳同知。裁撤墨爾根副都統，設嫩江府（治墨爾根城）知府。升黑水廳為龍江府，升海倫廳為海倫府，均設佐治員職，不設佐職。裁撤綏蘭海道，改設興東道，治托蘿山。另在杜爾伯特旗沿嫩江設武興廳，在呼倫貝爾吉拉林建室韋廳。除上述建制外，還準備在興東道所屬的蘿北廳鶴岡縣、龍江府所屬的林甸縣、西布特哈應設的布西直隸廳、富拉爾基應設的甘南直隸廳增設官缺；另外，道路開闢、墾民來集後，準備再議的建置有：興東屬設佛山府、璦琿屬西爾根卡地設呼瑪廳，漠河設漠河廳，呼倫貝爾屬免渡河設舒都廳，以及烏雲河設烏雲廳，車陸設車陸廳，伊春呼蘭河源設春源廳，嫩江府屬諾敏設縣，海倫府屬通肯河設通北縣，鐵山包設鐵驪縣，東布特哈設訥河直隸廳。

　　東三省官制改革，從趙爾巽任盛京將軍時起步到徐世昌督東後全面鋪開，經歷了一個不斷完善的過程。錫良繼任東三省總督後，進一步對已經實

　　　　例總辦、京張鐵路總辦、郵傳部右丞等官職，光緒三十三年（1907），任督辦延吉邊務兼吉林省各軍翼長、署琿春副都統。光緒三十四年（1908），升任吉林巡撫。任吉林省巡撫直到宣統三年（1911）。

行的新政措施予以調整。經過東北歷任將軍督撫因時而變的調整,東北地區的官制改革取得顯著成效:

首先,東北地區軍政管理體制專門化。趙爾巽時期裁撤原有盛京五部、奉天府尹、齊齊哈爾、呼蘭、通肯、布特哈等地副都統官缺。徐世昌督東後,對官制全面改革,將舊有官僚機構大幅度調整和裁撤,裁撤原有戶司設立度支司(後併入民政司),增設巡警道(後併入民政司),裁撤分巡道設立提法使司等措施相繼實施。錫良繼任後,進一步裁撤左右參贊與承宣、諮議兩廳,裁撤奉天巡撫,設立東三省幫辦大臣,裁撤奉天旗務司,設旗務處,裁東三省支應處歸入度支司,裁礦政調查局歸入勸業道,裁省城牛馬稅局歸入稅捐總局,又把省城工程總局、欽工局、探訪局、鄉鎮巡警總局等歸併入各司進行管理。在裁撤舊有機構的同時,還建立如民政司、提學司、度支司、交涉司、旗務司(處)等一些新式機構。這些舊式機構的裁併和新式機構的建立,反映東北近代軍政管理體制發生重大轉變。原有軍政二元管理體制被打破,在事權得以統一的前提下,東北地區行省制度確定,實現東北地區與內地地方建制的一體化。

其次,司法機構已經具有近代化色彩,且獨立的傾向日益明顯。東北原有司法事務,由將軍下屬的刑部(司)專掌。東北新政變革時期,對司法官制進行調整,創立的提法司下轄審判、檢察兩個系統。另外,還設立相關附屬機構,管理所屬事務。而且,這個時期建立的司法機構,內部管理極為嚴密,司法審判人員中有一部分一定程度上學過新式法學知識,專業性特點已經顯現。同時,在審、斷案的過程中,現代的生理解剖等的手段已經應用,增強了案件審理時的科學性。這些特徵,充分說明:清末東北的司法管理體系某種程度上已經具有近代化的含義。另外,各級審判機構設立後,直接歸提法司專管,不再附設於行省公署,司法管理體制漸次脫離傳統體制的羈絆,進一步向近代化發展。

第三,東北新政的官制改革具有開創性。全國性官制改革最早從東北開始。光緒三十三年(1907)五月,清政府諭示將東北各省按察使改為提法使,增設巡警、勸業兩道,邁出了釐定地方官制的第一步。宣統二年(1910),奉天、吉林二省相繼設立交涉使後,直隸、江蘇、浙江、福建、湖北、廣東等省參照奉天辦法辦理。此外,東北三省的審判、檢察等機構的設立,在全國也屬最早。這些改革舉措,都說明東北三省官制改革在清末官制改革中具有示範性,為內地各省官制改革的進行提供有益借鑒。

　　當然，由於經濟文化發展水平所限，當時的官制改革仍然存在諸多不足。一些機構的設立，就是由舊時官僚機構轉化而來。如吉林、黑龍江兩省公署內文案處設立時，都是合併了原來軍署印務處的人馬。東北地區官制改革過程中，有相當一部分機構是在原有舊機構的基礎上設立的。另外，交涉司、旗務司、提學司、勸業道、提法司等機構中有很大一部分人員來自於舊式機構，不可避免的要保留一些傳統的陳規陋習，嚴重影響新的軍政管理體制下各部門、各機構的有效運作。此外，新設機構中大部分人員是經過科考取得功名後進入政府機構任職的舊式官僚，很大程度上仍受傳統守舊思想的束縛。再加上督撫等地方大員的干預，削弱了官制改革的預期效果。

第三節　整飭吏治

　　要想民治發達，必須整飭吏治。東北原來實行的旗民雙重管理體制，因循守舊，積久生弊，吏治窳敗，官吏假公濟私，貪官污吏巧立名目、藉端向百姓斂財，捐稅繁重，如果遇到大的工程或修建陵墓等的工程，增加攤派成為民眾的困擾。司法審判風氣敗壞，訟獄罰款太濫；仕途紛雜，「夤緣親貴」「蒙蔽朝廷」〔註62〕，官箴不振；胥吏佐貳互相蒙蔽，門丁把持、差役勾串等交相為惡事件屢有發生。因此，徐世昌督東、改設行省後，即著手整頓吏治。他認為「東省吏治廢弛日久，重以兵燹迭經，民生凋敝，非慎選賢良不足以綏靖地方，培養元氣」〔註63〕，吉林省也因「官吏皆由投效而來，其在關內既置散投閒之已久，到吉後奔競鑽營，遂無所不用其極，惟利是圖焉。論政治地方官吏相驗命案，往往積至三四起而始行，緊要文書動逾數十日而不報。至於民間詞訟，則不問理之是非，先恃財為運動，即家資耗散，訟不得直。」〔註64〕所以「亟應認真整頓，以除積弊而專責成。」〔註65〕針對東三省的吏治情形，趙爾巽和徐世昌以及後來的錫良，均採取不同的整頓措施。

一、嚴懲貪官污吏

　　清末新政期間，歷任將軍督撫都較重視懲處貪官污吏。光緒三十二年

〔註62〕〔清〕朱壽朋編：《光緒朝東華錄》第 5 冊，第 5660 頁。
〔註63〕《奉省擬補員缺須加考驗折》，徐世昌《退耕堂政書》卷 9，第 475 頁。
〔註64〕《吉省應行要政措施大概情形折》，徐世昌《退耕堂政書》卷 12，第 633 頁。
〔註65〕〔清〕朱壽朋編：《光緒朝東華錄》第 5 冊，第 5647 頁。

（1906）底，趙爾巽遵朝廷諭旨，委派署理錦州府知府孫壽昌，嚴查盤陀驛墾務總辦貪污賄賂、營私養奸一事。三十三年三月二十五日（1907 年 5 月 7 日），又有御史趙啓霖參劾署黑龍江巡撫段芝貴「夤緣親貴」「濫縮疆符」，其本身「無功可紀無才可錄」〔註 66〕卻能夠署理黑龍江巡撫一職，雖經朝廷派醇親王載灃、大學士孫家鼐切實詳查，並無實據，但與本案直接相關的段芝貴不久即被撤去布政使，並不再署理黑龍江巡撫之職。不久，御史趙啓霖再次上折奏參吉林將軍達桂等人徇私溺職一事，清政府「遂即密派署吉林提法使吳燾、奏調直隸試用道謝鑒禮按照所指各節，不動聲色逐一詳查，並選派廉幹之員分往各處認眞確查」，結果是吉林將軍達桂等將近二十名罔利營私的大小官員，盡行革職、免職、調離等等。又有御史參劾奉天將軍趙爾巽任用史念祖經理奉天財政，用人不力，營私舞弊，經查實趙爾巽「素性坦白，用人不疑」，而史念祖剛愎專擅，老而嗜利，「實非該將軍所及始料」〔註 67〕。後經徐世昌上奏，以史念祖爲首的奉天二十幾名官員均被革職。

錫良繼任東三省總督後，進一步加大懲治貪贓枉法官吏的力度。清丈東流委員候選知縣邵棠，在清丈東流圍地畝時，弄虛作假，經查實後，奏請革職，並將「該捏領各地查封另放，已繳之地價、經照費照例充公，控案秉公訊結」〔註 68〕。黑龍江民政使倪嗣沖，性情誇詐，遇事欺蒙，造銷款項方面，捏報浮支，籌辦屯墾時竟敢營私舞弊，經錫良和黑龍江巡撫周樹模〔註 69〕會商上奏，請求予以革職懲處。

二、裁撤冗官冗吏

東三省設立行省，改革官制，原有的旗民雙重管理體制下，官員冗繁、權責相互掣肘的弊端一定程度上得以改善。新官制遵循司法、行政分立原則，考察所管事務繁簡，來確定設治所需官缺。隨著新政的推進，辦理各項新政的款項愈顯不足，中央和地方政府面臨更大的財政壓力，精簡機構、裁撤多

〔註 66〕 〔清〕朱壽朋編：《光緒朝東華錄》第 5 冊，第 5660 頁。

〔註 67〕 《查明奉天捐稅情形及被參各款折》、《請將史念祖等議處片》，徐世昌《退耕堂政書》卷 9，第 500、510 頁。

〔註 68〕 《清丈東流委員候選知縣邵棠請革職片》，中國科學院歷史研究所主編《錫良遺稿·奏稿》第 2 冊，第 889 頁。

〔註 69〕 周樹模，字少樸，號沈觀，湖北天門人。歷任翰林院編修、都察院御史、江蘇提學使等職。出任黑龍江巡撫後，盡職盡責，在三年多的時間裏，上奏疏二百多通闡述政見。

餘官員的措施必須繼續施行。光緒三十二年八月二十二日（1906 年 10 月 9 日），趙爾巽即上折奏請裁撤原來旗制下設置的監督、筆帖式、外郎、倉官中的繁冗人員。後來徐世昌以「竊惟保邦，必先制治建官，乃可興畋」〔註70〕為由，詳細考察後，在東北三省改設民官，裁撤多餘旗員官缺，但改設行省後，新官制下的諸多弊端亦日漸暴露，於是開始新的調整。

錫良繼任東三省總督不久，宣統元年（1909）即幾次上折，強調「為政之要，首在得人。……仕途既清，人才始見奮興，庶政乃可就理」〔註71〕，而「用人之道，務在激勵賢能，尤宜力除冗濫；冗員太多，則事之舉者轉少，而賢者亦無見長，不特虛糜經費已也」〔註72〕，內容多次涉及對奉天、吉林、黑龍江三省吏治的整頓問題。加強官吏考覈，對推行新政不力或者貪贓枉法的各司道員缺，開缺的開缺、革職的革職，並不姑息。這一時期的調整，主要是對改設行省後所制定的官制改革舉措的調整，如為節省款項支出，裁左右參贊之職，移駐長春，在其他方面減少餉項薪糈、節省各項浮費的支出、裁汰各司道局處的冗員，節省下來的銀兩，優先賞給那些才能出眾、辦事得力的人，以作為激勵。不久，再上《考察東省情形整頓內政折》，強調考覈官吏事項。提出「飭令當差、候補各項人員呈驗捐照履歷，並隨時詢考」，根據每個人的具體能力，分別棄取，以整頓仕途，「仕途既清，人才始見，奮興庶政，乃可就理」〔註73〕。

三、約束官吏，嚴肅官紀

為整頓仕途風氣，加強對官吏的選拔，奉天省制定《考試官吏章程》，吉林省制定《飭各屬約束差役條款》，黑龍江省設調查局，考驗官員事績。《考試官吏章程》共計十一條四十七款，行政條目排列成表以清楚各官員的實際政績。同時飭令民政司按時巡視各屬，考察吏治，作為官吏陞遷的參考。酌選賢能稱職的人員，列名獎勵，以期形成良性循環。奉天省旗民繳納糧稅一

〔註70〕 《東三省總督徐世昌等奏吉省添改民官酌裁旗缺折》，吉林檔案館、吉林省社會科學院歷史所編《清代吉林檔案史料選編・上諭奏摺》，第108頁。
〔註71〕 《東三省總督錫良奏考察東省情形整頓內政以資治理折》，吉林檔案館、吉林省社會科學院歷史所編《清代吉林檔案史料選編・上諭奏摺》，第154頁。
〔註72〕 《清丈東流委員候選知縣邵棠請革職片》，中國科學院歷史研究所主編《錫良遺稿・奏稿》第2冊，第892頁。
〔註73〕 《考察東省情形整頓內政折》，中國科學院歷史研究所主編《錫良遺稿・奏稿》第2冊，第926頁。

事，一直存在書吏舞弊現象，往往上一年上稅，第二年才發給糧串，甚至私自將糧串裁出，還額外加收雜捐，趙爾巽飭令財政總局發布告示，「令家書吏痛改前非，倘猶隱匿作弊，或被查覺，或被告發，定從嚴懲不貸。」〔註74〕《飭各屬約束差役條款》中，加強對差役的約束，重視考驗事績。黑龍江省也極爲重視對官員事績的考覈，省城設立調查局，以調查禮俗爲宗旨，並附之以冠婚喪祭四類。凡是丁口衰旺、民情從違、地方廣狹、習俗奢侈、銀物價值、商務盈虛等相關事務，都在調查局的統計中概略涉及。並考覈事實，把興學堂、辦巡警、催租稅、判訴訟等各方面事項，彙編成冊，年終呈送，根據這些調查結果，來對所屬各官予以獎懲。

四、革除各項陋規和苛捐雜稅

舊有軍府制統治下，官府衙門內部許多沿襲已久的陳規陋習，名目繁瑣，不勝枚舉。如「屬吏饋送長官」、「幕友門丁致送茶敬、門包」，無論公私事務，所需費用都要攤派，藉口差徭隨意徵收苛捐雜稅，訟獄斷案往往以賄賂求勝等的弊端，給民眾帶來諸多困擾，設立行省後，東三省督撫大員開始著手革除陋規，禁止各項攤派，確定明確的訴訟費額，不得隨意增加，訂立刑事、民事規章，主張統計本省財政，奏定辦公經費，飭令各級地方政府一律奉行。

以吉林爲例，吉林各府廳州縣陋規爲數不少。在農安縣，因爲改築監獄時缺少款項，於是飭令各屬「酌提刑戶兩房陋規兩千弔」，「爲改良監獄經費」。〔註75〕此舉既整頓了吏治，有增加了新政款項，一舉兩得。另外，吉林地方遼闊，村落比較分散，下屬各鄉每當發生命案，有的距離省城幾十里甚至幾百里，「地方官以路途遙遠不肯即驗，必俟續有報案湊成三五起、七八起時，方帶領刑忤眾役百餘人挨次臨驗。」其間，竟有「至三五月之久不獲相驗者」。既便是某一天官員到來，所定的「上下廠規，每一命案，必須數千弔，其公館供給、看守呈報及鄉保額外灑派、侵蝕尚皆不在此數」，可見當時地方吏治弊害嚴重。後吉林將軍遵諭令「嚴札各該廳，嗣後遇有命案無論多寡、遠近隨報隨驗，不准任意遲延，廠規名目永遠革除，隨帶人役酌定額數，不得逾定額之外，違者揭參。」〔註76〕裁改陋規廢除苛捐雜稅，減輕了民眾的負擔。

〔註74〕《清除旗民糧串之弊》，《盛京時報》光緒三十三年三月初一日。
〔註75〕《飭提陋規改良監獄》，《大公報》光緒三十四年二月十三日。
〔註76〕鄧慶麟《請飭永革陋習以重命案疏》，陳藝修，蔣齡益、鄭沛綸纂《鐵嶺縣志·

五、加俸養廉

趙爾巽在任時，曾奏請發給各州縣津貼，趙爾巽認為「若不先養其廉，將伍以課以績，熟思審處，惟有優加津貼，實為獎勵之要端」，於是飭令各局處所，將膺差各員除原領薪水之外，一律從優增加津貼，至於出差查考事件及提催運解各員，「按程途遠近，酌發川資」〔註77〕。所用銀兩，由度支司在正款內分別籌撥，這種以增加各級官吏的俸祿、津貼的形式，減少官吏通過各種形式取索於民的做法，在當時的東北起到一定積極作用。程德全任黑龍江將軍時，亦曾制定養廉薪俸辦法，所需款項由荒價下撥付。

徐世昌督東後，先是革除書役之弊，裁撤官吏陋規，同時也看到「若僅侍廉俸一項，斷不敷用。查各省凡官缺清苦者，每於養廉外加給公費」，「欲責其操守謹嚴，盡心民事，不得不優給祿糈，以贍其身家」〔註78〕。經切實調查，根據具體情況，釐定各屬津貼，酌量增加，支出費用由度支司在正款內籌給撥付。具體規定是：「東三省總督三萬兩，奉天巡撫一萬五千兩，奉天左右參贊各九千兩，奉天提法、交涉、度支三司司使各六千兩，奉天民政司司使五千兩，奉天提學旗務兩司司使，各四千兩，奉天巡警勸業兩道各三千兩，同時也規定了督撫參贊司道僉事科員公費數額。」〔註79〕這一措施實行後，取得較好收效。黑龍江、吉林兩省繼奉天之後，也發給所有巡撫司道各官養廉公費，只是兩省款項不充裕，因此所發廉費比照奉天所定數目減成支發。關於養廉公費方面，吉林省規定：「巡撫每年養廉銀一萬五千兩，公費銀三萬六千兩，民政司養廉銀四千兩，交涉、提法、度支三司各養廉銀六千兩，提學司養廉銀四千兩，勸業道養廉銀三千兩。五司公費各支銀一萬二千兩，勸業道九千六百兩，均按實銀支放。」〔註80〕宣統二年（1910），吉林巡撫陳昭常奏請擬定實行巡撫司道養廉公費，對養廉公費予以進一步調整，將民政司養廉費每年增加白銀三千兩，公費每年增加白銀二千四百兩，度支司公費每年增加白銀一萬二千兩，總計每年增加支出白銀二萬七千九百六十兩。地

藝文志》，民國六年鉛印本。

〔註77〕 《奏為奉省膺差各員薪水過薄，一律加給津貼，其出差人員發給川資以後力廉隅而示體恤折》，《趙爾巽檔案全宗》，102 號。

〔註78〕 〔清〕朱壽朋編：《光緒朝東華錄》第 5 冊，第 5839 頁。

〔註79〕 《奏定奉省各官養廉公費》，《盛京時報》光緒三十四年正月十二日。

〔註80〕 《吉林巡撫陳昭常奏擬定巡撫司道養廉公費折》，吉林檔案館、吉林省社會科學院歷史所編《清代吉林檔案史料選編・上諭奏摺》，第 231 頁。

處極邊的黑龍江省，財政困難，民生艱苦，加上修築東三省鐵路，人口驟增，導致「物價較前騰踊，何止倍蓰」，新設地方官如果只依賴官府所給廉俸的話，「實不足以資養贍」，「自應優給津貼，庶可勵其上進之心，以策其日新之氣」〔註81〕，亦始推行加薪養廉政策。

通過實行上述措施，東北三省的吏治發生較大改觀。東北三省形成以總督總領東北軍事行政大權的形式，總督、巡撫相互配合，著力整頓吏治，懲罰貪官污吏，革除陋規積習。官吏窳敗、賄賂公行、官員之間相互欺蒙等的積弊日漸減少，吏治得以進一步釐清，「夫吏治者，民治之先導也」，「故言民治，必先整飭吏治，庶民氣可伸，民情可達，而官與民乃能聯絡一氣，共勉進行，所繫亦甚巨也。」〔註82〕同時，新政推行期間，東北當局的主政者注意招攬各類人才，使一批富有學識、經驗或者曾經出洋留學的人員直接主持或參與相關新政措施的實施，如唐紹儀、程德全、周樹模、宋小濂、吳祿貞、於駟興等撫道官員，這些人成為東北新政改革決策群體的新生力量。

第四節　籌辦東北地方自治

光緒三十一年（1905），清政府派五大臣出洋考察憲政，三十二年（1906）六月末七月初，端方等五大臣回國後，先後上折，請求朝廷實行憲政，「至於一省之議會，實有參與立法之權。現在國會未能驟開，而省會必當先辦，臣等以為宜俟各府州縣議會成立後，再由議員中選出，大縣二人，中小縣一人，暫充為省會議員，使立法機關草創成立」〔註83〕。七月十三日（9月1日），清廷宣布「預備仿行憲政」上諭，令東三省先行試辦官制。隨著官制改革的推進，實施憲政的另一個重要內容——地方自治，也進入籌辦階段。九月，為使各省有發布輿論的場所，朝廷諭旨在各省設立諮議局，各省自治運動開始籌辦。而「朝廷以三省創行新政而未天下先，又以迫於列強非有自治必無地方，故提倡自治最力」〔註84〕，清政府要求各省督撫，迅速設立諮議局，

〔註81〕〔民國〕於英蕤編纂：《大賚縣志・政治綱》，民國二年抄本，第25頁。

〔註82〕《請定國是以安大計折》、《請宣布立憲密折》：〔清〕徐世昌等編纂《東三省政略》卷6，第1074頁。

〔註83〕《清改官制以為立憲預備折》，《端忠敏公奏稿》，沈雲龍主編《近代中國史料叢刊》卷六6，第745頁。

〔註84〕〔清〕雷飛鵬等修，段盛梓等纂：《西安縣志略》自治篇，宣統三年石印本，第1頁。

以收「採取輿論之所，俾其指陳通省利弊，籌計地方治安，並為資政院儲材之階」〔註85〕之效。東北三省的地方自治運動自此開始。

一、東三省自治機構的籌設

光緒三十四年六月二十四日（1908 年 7 月 22 日），清政府諭令頒行《各省諮議局章程》，主要內容是：諮議局議員選舉產生，議員人數規定奉天五十名，吉林、黑龍江各三十名，明定議員選舉資格，規定議員的補缺、改選、任期、職責權限和開會辦法，「各省督撫對諮議局選舉及開會有監督之權，並於諮議局之議案有裁奪施行之權」〔註86〕也在章程中明確規定。另外，對於設立辦事處及經費的籌集、懲罰規則的確定等內容也做了詳細敘述。根據朝廷諭示，各省設立諮議局，以推行憲政自治。但在實際運作過程中，直接成立諮議局的條件尚不成熟，於是決定先在各省設立調查局，考察各國各省憲政的推行情況，然後各省成立諮議局籌辦處，作為推行憲政的預備機關。東三省自治機構的籌設由此開始。

（一）省自治

奉天省

光緒三十二年（1906）冬，趙爾巽奏請設立奉天全省地方自治局，委任提學使張鶴齡為局長，遴選明達誠實謹慎人員，分考訂、調查兩科辦理相關事宜，考訂時注重對東西各國已成之法的編譯，調查則重在對本地舊有習慣的詳細瞭解。「因奉省人民程度不一，更非內地直省可比」，所以「仿照各國創辦各種要政必先設養成會及研究會之意」〔註 87〕，在自治局內附設調查員養成會和自治研究所。

光緒三十三年九月十六日（1907 年 10 月 22 日），徐世昌奏請在奉天設立調查局，遴選熟悉政治的人員認真經理，奏調山西道監察御史張瑞蔭為總辦，調查局內設科分股，劃清職掌，調查所得以表冊形式體現，隨時咨報憲政編查館，為推行自治打下基礎。從光緒三十四年十一月初十日（1908 年 12 月 3 日）到第二年的三月初五日（4 月 25 日），進行了選舉人和被選舉人資格的覈定。

〔註85〕 《憲政編查館奏擬定各省諮議局章程並議員選舉章程》，沈桐生輯《光緒政要》，第 2581 頁。
〔註86〕 故宮博物院明清檔案部編：《清末籌備立憲檔案史料》下冊，第 681 頁。
〔註87〕 故宮博物院明清檔案部編：《清末籌備立憲檔案史料》下冊，第 718 頁。

諮議局籌辦處。光緒三十四年（1908）六月，朝廷諭令各督、撫，將準備籌辦諮議局改爲先在各省會創設諮議局籌辦處。奉天在籌備諮議局時，爲節省不必要的浪費，徐世昌將原設自治局併入即將籌設的諮議局，並以自治局爲基礎，成立諮議局籌辦處，作爲奉天研究地方自治的總機關。民政司使張元奇總理籌辦處的具體事務，以副都統多文爲副，愼重選擇精通法政的人員予以協助。開始時籌辦處主要是刊印奏定章程，編撰白話告示，在城鄉村鎭發布，以及督促各屬成立自治期成會、商務會、教育會等，令這些機構先行研究，等到人人都接受預備立憲的觀念後，再進行諮議局的具體籌辦事宜。籌辦處只負責宣傳、規劃事項，著手實行由地方士紳來完成。

地方自治期成會。光緒三十四年（1908）六月，諮議局籌辦處成立，該處遴選本省法政畢業生及自治研究所學員暨憲政講習所學員共二百八十名充當調查員，這些人員到處講演、逐戶調查，嗣後通飭各屬設立地方自治機關，地方自治期成會由此成立。該會以改良鄉屯固有團體、研究地方自治大意爲宗旨，參與相關諮議局的籌辦事宜。

在調查局、諮議局籌辦處和地方自治期成會的努力下，經過一系列的籌備，宣統元年九月初一日（1909 年 10 月 14 日），奉天諮議局成立。吳景濂爲議長，孫百斛、袁金鎧爲副議長，組織議員針對本省應興應革事件、本省歲出、歲入預決算、接受本省自治會或人民陳請建議事件、申覆督撫咨詢事件、資政院議員選舉以及本省單行章程規則之增刪修改和處理地方自治等相關事宜。

吉林省

吉林地方當局爲籌辦吉林省城的自治，先後設立憲政調查局和諮議局籌辦處，作爲調查、研究、籌辦地方自治選舉的機關。

憲政調查局。光緒三十三年正月二十七日（1907 年 3 月 1 日），趙爾巽認爲，在地處邊隅的吉林，「非採用東西良法，無以立富強之基。非熟知本國內情，無以爲改進之本」〔註 88〕，於是奏請設立政治考察局，仿照日本辦法，考察全省政治，成爲日後籌備憲政自治的基礎。因「吉林初設行省，風氣未開，文獻無徵，有同草創，而疆里扼塞籌辦尤不容緩。是調查一事以吉林爲最難，亦以吉林爲最重要」，所以同年九月十六日（1907 年 10 月 22 日），憲

〔註 88〕《奏爲吉林創設政治考察局考察地方政治以爲立憲預備並將派員籌辦情形折》，中國第一歷史檔案館藏《趙爾巽檔案全宗》，101 號。

政編查館大臣奕劻等奏請各省設立調查局，得到朝廷允准。九月二十四日（10月 30 日），總督徐世昌、巡撫朱家寶奏請改政治考察局為吉林調查局。三十四年八月十九日（1908 年 9 月 14 日），政治考察局正式改為調查局，經費由餉捐項下借撥。制定試辦簡章、課程表及教授要旨，編定考察格式和填寫法，分別送到各署局學堂，對現行的規章、辦事的秩序、收入支出各款項等事予以調查。及至後來到京津等地購買考察應用器物，派譯員到俄國採擇、譯寄相關書報，調查時注重記錄、實地兩種方法，至此調查局逐漸完備。調查局主要的任務是：「一、各府、廳、州、縣之調查員，宜先為養成；二、各署、局所設統計處，宜聯為一氣，並於公署內添設統計處；三、編譯處宜仍舊設立。」〔註89〕還附設了憲政講演員養成所和編譯處。吉林憲政調查局的設立，作為地方主政者調整統治政策的標準，發揮了重大作用，更為憲政的推行打下良好的基礎。

諮議局籌辦處。吉林改設行省後，於九月初一日（9 月 25 日），開辦諮議局籌辦處，委任民政司司使謝汝欽、奏調直隸候補道顏世清二人總理相關事宜，分設參議、參事及各科員，籌辦一切諮議局選舉等事件，另設法制、調查、講習、文牘、總務五科。針對吉林省風氣閉塞情形，籌辦處飭令各司選員及各地添派的義務員，加大宣傳力度和選舉基本工作的準備，籌備選舉、預備議案，加緊籌辦地方自治。並著手籌備諮議局的選舉事宜，籌辦城鎮鄉自治。籌辦省城及商埠等處的各級審判廳，調查人戶總數和全省的歲出歲入情況，巡警初具規模，頒布簡易識字課本，頒布資政院章程等各項事宜。到第四年，則進一步辦理府廳州縣、城鎮鄉自治事宜，以及人戶總數和歲出歲入的總數，同時試辦預算、決算，地方稅章程等也開始試辦和釐訂，推廣簡易識字學塾和各級巡警，各商埠的各級審判廳也限期成立。吉林諮議局籌辦處的成立，促進了民智的進一步開化和憲政自治的向前發展，意義重大。諮議局籌辦處附設自治局和自治研究所。

自治研究所。光緒三十三年十一月二十日（1907 年 12 月 31 日），原自治講習所改為自治研究所，各地選送及考取的所員總計八十人，並辦司選員講習所，以宣傳憲政自治思想。三十四年十月十七日（1908 年 11 月 10 日），徐世昌、陳昭常宣布把吉林自治會（1907 年 1 月 6 日，由吉林士紳松毓設立。）

〔註89〕《調查局》，李澍田主編《吉林新志吉林公署政書》，《長白叢書》（四集），吉林文史出版社，1991 年版，第 120 頁。

歸併入諮議局籌辦處，縮小規模，改爲吉林府自治局。同年十二月，根據直隸上奏獲准的自治章程，將自治會改爲吉林府自治局，暫歸諮議局籌辦處管轄，官紳合辦，專門管理籌議調查事宜。原自治會附設的研究所歸併爲籌辦處下轄的自治研究所，由該處督理民政司使謝汝欽，總參議候補道顏世清等重訂章程，由各府廳州縣選送士紳進入研究所學習，通飭備費選送，由該所考驗錄取，八十人爲一班，分班講授，六個月爲一學期，畢業回籍後從事推廣傳習、并就地籌辦自治事宜。宣統元年八月一日（1909 年 9 月 4 日），吉林諮議局成立。開始選舉議員，行使參政議政權利。

黑龍江

光緒三十三年（1907），紳士淩瑞等奏請設立地方自治研究會，這是黑龍江自治的開始。改設行省後，巡撫程德全也開始籌備憲政、設立諮議局。

諮議局籌辦處。光緒三十四年八月十七日（1908 年 9 月 12 日），周樹模奏請設立，委派提學使張建勛、調江補用道桂平，管理籌辦處事宜。按照選舉區域，選出議員，遵照奏定章程辦理。宣統元年（1909），經諮議局籌辦處調查覆實，黑龍江省實際符合選舉資格的人，有四千四百四十六人〔註 90〕，遵照章程以本省議員總數與選舉人數相除，可知一百四十四人中應出議員一名，按照這個比例分配各復選區。所有初選當選人，復選時直接到所附屬的復選區投票。爲求簡易，因鐵山包選舉人數最少，就近併入綏化府所屬附近初選舉投票所投票。而呼倫貝爾所轄蒙旗地方，地闊人稀，同意在初選舉後將復選舉事宜提前辦理。所選議員統一在九月初一日（10 月 14 日）開會以前到省，籌備一切應行提議事宜。

九月初一日（10 月 14 日），正式成立黑龍江諮議局，即日投票選舉王鶴鳴爲議長，戰殿臣、李品堂爲副議長，並通過初選、復選產生議員三十名，並選出常駐議員六人。由巡撫周樹模「將本省關係重大事件，擇要發爲問題庚續交議，各議員等亦各就通省利病、地方治安提出議案，彼此互相咨商。」並派「三司並蒞會專員隨時到局，於提議各事遵章認眞監察，遇有質問之件，亦即詳爲解釋」〔註91〕，黑龍江省級自治機構形成。

〔註90〕周樹模《臚報第二年籌備憲政上屆成績折》，李興盛、馬秀娟主編：《程德全守江奏稿・周中丞撫江奏稿》卷 2 上，第 1206 頁。

〔註91〕周樹模《諮議局成立並會議情形折》，李興盛、馬秀娟主編：《程德全守江奏稿・周中丞撫江奏稿》，第 1238～1239 頁。

（二）地方自治

地方自治，「爲立憲之基礎」，以「補官治之不及」〔註92〕，府州縣議事會是清政府「預備立憲」的基礎和重要內容，而城鎮鄉自治是府廳州縣自治的基礎。因此，東北地方自治也提上議事日程。諮議局成立後，原諮議局籌辦處改爲地方自治籌辦處，具體負責地方自治事宜。

第一，府廳州縣地方自治。府廳州縣的自治事宜包括府廳州縣的公益事務，或城鎮鄉不能擔任的公益事務，以及以法令、命令委任辦理的國家和地方行政事務。東北三省先後成立府廳州縣議事會，並且取得了一定的成績。

奉天府廳州縣的自治機關就是議事會，宣統二年（1910）九月開辦，負責調查選舉、製造名冊、分配議員人數等方面事務。各屬自治研究所，從宣統元年（1909）開辦，到宣統二年（1910）十二月爲止，畢業學員已達三千七百八十五名。〔註93〕到宣統三年（1911）九月，奉天、撫順、本溪等地相繼成立府廳州縣議事會、參事會。其中，除長白、輝南、安圖、撫松、禮泉、鎮東六屬係剛剛設立縣治，不在原定計劃，輝南、臨江、開通、靖安、安廣五縣因人口稀少，下級自治還要持續辦理外，全省兩級自治已經結束。

在吉林地方自治地方自治總機關——地方自治籌辦處的組織下，按照定章開始籌備府廳州縣選舉事宜，吉林各府廳州縣的地方自治同時並舉。仿城鎮鄉自治辦法，對各府廳州縣也區分爲繁盛、中等、偏僻三等，區分等級先後籌辦，規定吉林省府廳州縣自治分四期籌辦。另行組織選舉機關。飭令各地遴選公正明達士紳，組立自治籌辦公所。宣統二年（1910）下半年，各城區的議事會、董事會，都依靠所定的等級，先後成立。到宣統三年（1911）八月間，凡繁盛、中等城市及各鎮，調查造冊手續均已完畢，正在準備選舉，限年底各自治組織全部成全。

黑龍江省到宣統三年（1911）八月，龍江、呼蘭、綏化、嫩江、黑河五府和大通、蘭西二縣城鎮鄉自治全部成立。海倫府、呼倫廳、本蘭縣城議事會、董事會均成立。大賚、璦琿、肇州、巴彥、餘慶、拜泉各廳州縣，鄉議事會已成立大半，青岡、湯原二縣和臚臏府鄉自治組織正在籌辦。上級自治在迅速接辦。

第二，城鎮鄉自治。光緒三十四年七月二十八日（1908 年 8 月 24 日）民

〔註92〕《自治》，《奉天通志》卷 142，民治志，民治 1，第 3261～3262 頁。
〔註93〕中國科學院歷史研究所第三所主編：《錫良遺稿‧奏稿》第 2 冊，第 1278 頁。

政部上奏《城鎮鄉地方自治章程》和《城鎮鄉地方自治選舉章程》，同年十二月，經清政府覆議，允准實行。《城鎮鄉地方自治暨章程》：共九章一百二十條。明示自治名義，劃清自治範圍，慎重自治經費，責重自治監督。總綱中明確地方自治以轉變地方公益事宜，輔佐官治為主。按照定章，由地方公選合格紳民，在地方官監督下辦理。並劃定城鎮鄉區域和自治範圍及相關權限，規定城鎮鄉的居民及選民應具備的條件。其他各章則就城鎮鄉議事會、城鎮董事會、鄉董、自治經費、自治監督及相關懲罰規則、文書程序和附加條件做了規定。遵照部章，東北城鎮鄉地方自治開始興辦。

到宣統二年（1910），奉天城鎮鄉自治會先後成立二十四處，正在創辦的有承德、鐵嶺、遼陽、海城、開原、蓋平、營口、昌圖、西安、寧遠、鳳凰等十一處，即將創辦的有撫順、本溪、遼中、法庫、復州、康平、海龍、東平、錦縣、磐山、義州、安東、莊河等十三處。〔註94〕城鎮鄉籌備自治區域，已經大半完成。後因為各屬議院多半來自鄉間，對自治思想不一定完全理解，於是特設自治職員研究會，隨時將議決各案，呈自治籌辦處人員逐項評論，刊發月報。到宣統三年（1911），下級城鎮鄉議事會、董事會、鄉董、鄉佐等機關也廣泛設立。

吉林仿照城鎮鄉自治辦法，提出「地方等級之宜略事變通」、「籌辦次第之宜預定限期」、「選舉機關之宜另行組織」〔註95〕的建議，分別繁盛、中等、偏僻三等區域，先後籌辦城鎮鄉選舉機關，城鎮由總董、鄉由鄉董管理，到宣統二年（1910）下半年，各城區的議事會、董事會均已成立。八月間，上下兩級自治並舉，凡繁盛、中等城市及各鎮，調查造冊手續均已完畢，正在準備選舉，限年底各自治組織全部成立。

黑龍江省籌辦自治之前，民智尚未開化，各府廳縣偶有買到新書，雖然也飭令各士紳民眾講求自治原理，但既無統一的辦法，又不能普遍施行。宣統元年（1909），遵照地方自治章程，在省會設立研究所，選派教習，認真講習，等到學員畢業後，分派到各屬設宣講所宣傳講習。另外飭令各地先行劃定區域，預備設立自治公所作為自治機關。另外從省城及呼蘭、綏化、海倫等處入手，開始調查人戶總數，以與逐年籌備的秩序相適應。至宣統三年

〔註94〕　《恭報籌辦憲政第三年成績折》，中國科學院歷史研究所第三所主編：《錫良遺稿·奏稿》，第 1278 頁。

〔註95〕　《吉林巡撫陳昭常奏吉林籌辦府廳州縣地方自治情形折》，故宮博物院明清檔案部編：《清末籌備立憲檔案史料》下冊，第 754 頁。

（1911），龍江、呼蘭、綏化、嫩江、黑河五府和大通、蘭西二縣城鎮鄉自治全部成立。海倫府、呼倫廳、本蘭縣城議事會、董事會均成立。大賚、璦琿、肇州、巴彥、餘慶、拜泉各廳州縣，鄉議事會已成立大半，青岡、湯原二縣和臚朠府鄉自治組織正在籌辦。上級自治在迅速接辦。

二、東北自治機關的活動

（一）宣傳自治思想

第一，設立宣傳機構宣傳自治思想。東北新政期間，隨著自治籌辦機構的相繼成立，專門宣傳憲政自治思想的機構也開始出現。主要有調查員養成會、地方自治研究所、憲政講演員養成所等機構。這些機構通過培訓調查人員，並派學成人員深入各屬進行調查和宣傳活動，推動了憲政自治思想的宣傳。

地方自治研究所。奉天自治研究所成立後，從諮議局調查員中考選或由各府州縣保送來局後考選學員。學員學習年限是一年，教授課目分本科和講演二種，主要講授地方自治制度及各國憲法、議院法、選舉法、法學通論、自治制度、經濟學、財政學、農工商政策、殖民政策等學科，考試分畢業、學期、臨時三種，考試方法分筆試、口試二種，考試不合格者准其重考，另外對學員所享受的假期和研究所職員及教員的數額也作了具體規定。學員學成後各回原籍推廣、傳播憲政思想，在諮議局籌辦處調查選舉資格等事宜中發揮輔助作用。另外，奉天自治局內附設調查員養成會，學員畢業後分赴各屬進行調查。歷時半年多，共得各項表冊地圖等共五千九百五十件。〔註96〕

吉林的自治機構也進行了憲政思想的宣傳。光緒三十二年十一月二十二日（1907年1月6日），達桂尊士紳松毓等人之請，創設吉林自治會，「以預備立憲、養成公民爲宗旨」〔註97〕，後重新釐定自治會的宗旨爲「準備本省地方自治」〔註98〕，會中設研究所，對吉林自治會學員及各府縣選送的士紳

〔註96〕《奉省諮議局改爲諮議局籌辦處並設自治研究所折》，徐世昌《退耕堂政書》卷21，第1098頁。

〔註97〕《自治會移民政司吉林省地方自治會沿革錄》，吉林省檔案館、吉林省社會科學院歷史所編《清代吉林檔案史料選編·辛亥革命》，第106頁。

〔註98〕《試辦吉林地方自治研究所暫行章程》、《吉林省自治會第二次簡章》，吉林省檔案館、吉林省社會科學院歷史所編《清代吉林檔案史料選編·辛亥革命》，第110、118頁。

進行培訓，「這些獲得近代資產階級憲政知識的士紳一回到原籍，就把地方自治的信息帶到那裏，讓資產階級思想滲入到了封建統治最穩固的農村，使各階層群眾受到感染，成為一大批鄉鎮以下士紳和平民走上地方自治的起點。」〔註99〕並創辦自治報，加強對自治的研究和宣傳。

　　東三省不僅在省城設立了自治研究所，各府廳州縣也相應成立自治研究所。例如黑龍江省城自治研究所於宣統元年（1909）成立後，第二年五月自治學員畢業，分派到各屬參與到自治的研究及宣傳中。不久，蘭西縣自治研究所也成立，一切規則「悉照省城自治研究所原定章程辦理，每日酌定八小時，輪班講授。並另設旁聽席，凡紳商士民均准入所聽講。」學員畢業後，分配到各區，籌辦公所，「俾個人具有自治知識，庶於籌備憲政期內不致貽誤」〔註100〕。該所的設立促進了風氣開化和自治的推行。

　　第二，頒布自治章程及通過報刊雜誌進行宣傳。光緒三十四年（1908）十二月，清政府覈議，民政部下發《城鎮鄉地方自治章程》和《城鎮鄉地方自治選舉章程》。《城鎮鄉地方自治暨章程》明示自治名義，劃清自治範圍，深重自治經費，責重自治監督。總綱中明確地方自治以轉變地方公益事宜，輔佐官治為主。由地方公選合格紳民，受地方官監督辦理。劃定城鎮鄉區域和自治範圍及相關權限，並對城鎮鄉的居民及選民應具備的條件做具體規定。其他各章則就城鎮鄉議事會、城鎮董事會、鄉董、自治經費、自治監督及相關懲罰規則、文書程序和附加條件做了規定。東北當局參照部頒章程，在籌辦地方自治過程中制定並頒發了《地方自治研究所章程》，規定了地方自治研究所的宗旨、學員、學期、學科以及考試、休假、職員、教員以及研究範圍等相關內容。該章程宣傳了憲政思想，開化了社會風氣與民智。

　　除頒布相關章程外，還通過創辦報紙宣傳自治。當時出現的報紙，屬於官辦的主要有《奉天官報》、《奉天教育雜誌》（後來的《奉天教育官報》）、《吉林官報》、《吉林日報》、《黑龍江官報》等報紙。除官辦報紙外，民辦報紙有：《東三省日報》、《奉天民報》、《盛京時報》、《東三省民報》、《吉林自治報》、《長春日報》等〔註101〕報紙，都就東北憲政思想予以宣傳。《盛京時報》連續

〔註99〕曲曉範、馬嵐：《清末東三省地方自治運動述評》，《遼寧大學學報》，1994年4期。

〔註100〕閻毓善《呈報創辦蘭西縣自治研究所由》，李興盛、馬秀娟主編《程德全守江奏稿・龍沙鱗爪》，《黑水叢書》，第1492頁。

〔註101〕史和等編：《中國近代報刊名錄》，福建人民出版社，1991年版。

報導議員的調查、選舉等諮議局籌辦事宜及諮議局成立後對於各項議案的議決的具體情況，並發表《諮議局成立的希望》等宣傳憲政的文章，使籌辦與宣傳並舉，共同推動了東北憲政運動的進步。宣統二年（1910）四月，《黑龍江官報》創辦時也規定「凡諭旨、奏章，暨一切籌備憲政之文牘，經營邊務之法規，苟非事關慎密，靡不甄選綱要，分門採錄」，且「凡載入報中批牘，勿論已否另文行知，一併作爲定案，並咨送京部外省，以備考究邊事之資。」〔註102〕在黑龍江憲政籌備工作發揮重要作用。

第三，採取宣講等手段進行宣傳。爲宣傳自治，東三省還成立宣講所和演講會。早在趙爾巽任盛京將軍時，就在省城設立宣講傳習所，隨著自治的逐步推進，宣講所在東北城鎮鄉普遍建立，由自治會定期派宣講員到所宣講，或者在村鎮集市、廟會、戲院等人員密集的場所進行講演，以宣傳地方自治、興辦學務、改良風俗、強化治安等方面內容爲主。在奉天，「宣講員王汝印等在公署稟請領發憲法書籍，以便設所按日宣講、開通民智。」〔註103〕這一時期，相對閉塞的黑龍江地區也出現類似的宣講機構。在《順天時報》光緒三十三年（1907）的一則報導中，記述了黑龍江設立一處宣講會，每天邀集同志，分講新政、新學及立憲事宜。某日，一位林姓官員到宣講會場向群眾講述黑龍江的鄉土歷史，以及「璦琿庚子之難」的經過，據其所述在這次事件中「江北旗屯五十餘所，男女七千餘人，盡爲俄人驅而投諸黑龍江」，臺下聽眾聽後「莫不嗚咽垂涕，擊胸頓足。」這種講述鄉土歷史爲主要內容的宣講方式，間接向民眾傳達了東北急待變革的思想。〔註104〕

通過設立自治機構和宣講機構，並進行廣泛的宣講和講演活動，在喚醒民眾智識、振興國家方面，發揮了一定的推動作用。

（二）相關議政活動

東三省自治機構從籌辦階段開始，都圍繞著東北的各項自治事宜開展一系列活動。具體涵蓋政治、經濟、文化、軍事、外交等各方面內容，推動了東三省憲政改革的進行。

在諮議局籌辦階段，三省諮議局籌辦處已就東三省自治事宜進行相關準

〔註102〕故宮博物院明清檔案部編：《清末籌備立憲檔案史料》下冊，第1068頁。
〔註103〕《宣講憲法問題》，《盛京時報》光緒三十四年三月初二日。
〔註104〕《順天時報》，1907年3月13日。轉引自李孝悌《清末的下層社會啓蒙運動：1901～1911》，河北教育出版社，2001年版，第84頁。

備工作。如吉林諮議局籌辦處成立後，從總理、參議、參事到各科科員，都參與制定辦事章程及調查司選等各項規則，詳細考察各地實際情況，劃分初選、復選區域，揀派司選員講習所，選派通曉法政的官紳分赴各處管理相關事務。釐定調查方法，酌定選舉經費。諮議局籌辦處還著手籌備諮議局議員選舉事宜，預備議案，籌辦城鎮鄉自治，調查人戶總數和全省歲出入情況，頒布簡易識字課本、資政院章程等各項事宜。

　　光緒三十三年（1907）七月，清政府發布「預備仿行憲政詔書」。九月，要求各省設立諮議局，作為「採取輿論之所，俾其指陳通省利弊，籌計地方治安，並為資政院儲材之階。」〔註105〕奉、吉、黑三省開始著手準備本省諮議局議員的選舉工作。在奉天，光緒三十四年（1908）正月制定《奉天全省諮議局呈准試辦選舉章程》，內中對選舉人和被選舉人應該具備的資格做了明確規定。

　　　對選舉人的規定：（1）年滿 25 歲以上的男性，在省內長期居住，具備下列條件之一者：在省內從事教育或其他公職時間滿三年者；中學堂畢業或在國內外高等學校畢業；具有生員以上的功名；擔任過七品以上的文官或者五品以上的武官；在省內擁有價值五千元以上經營資本或不動產；（2）或者是年滿 25 歲以上，非長期在本省居住的男子，但在本省居住兩年以上並擁有價值一萬元以上經營資本或不動產。對被選舉人的規定：年滿 30 歲以上的男性，在本省久居或在本省居住十年以上者具備選舉人資格。〔註106〕

同年六月二十四日（1908 年 7 月 22 日），清政府頒行《各省諮議局章程》中，進一步釐定各省諮議局議員的選舉資格，並對各省（含東三省）諮議局議員人數加以規定。

　　　「凡屬本省籍貫之男子，年滿二十五歲以上，具左列資格之一者，有選舉諮議局議員之權：一、曾在本省地方辦理學務及其他公益事務，滿三年以上著有成績者，二、曾在本國或外國中學堂及與中學同等或中學以上之學堂畢業得有文憑者，三、有舉貢生以上之出身者，四、曾任實缺職官文七品武五品以上未被參革者，五、在本省

〔註105〕故宮博物院明清檔案部編：《清末籌備立憲檔案史料》下冊，第 667 頁。
〔註106〕《奉天全省諮議局呈准試辦選舉章程》，《盛京時報》光緒三十四年（1908）正月十五日、正月十八日、正月十九日、正月二十日。

地方有五千元以上之營業資本或不動產者。凡非本省籍貫之男子，年滿二十五歲，寄居本省滿十年以上，在寄居地方有一萬元以上之營業資本或不動產者，亦得有選舉諮議局議員之權。」「凡屬本省籍貫，或寄居本省滿十年以上之男子，年滿三十歲以上者，得被選舉為諮議局議員。」〔註107〕

根據部頒章程，全國推行新政地區，先後進入選舉諮議局議員及召開諮議局大會的階段。為推動諮議局的選舉順利完成，三省諮議局籌辦處一方面派調查員分赴各地進行調查，核定選舉人和被選舉人的資格。光緒三十四年（1908）年底，諮議局派司選員、調查員到遼陽城辦理調查人口等事宜，並設立事務所，「劃分區域，城內調查事宜歸自治學員王丙帆、憲政學員李某擔任」。〔註108〕被派到營口的調查員，也針對營口「埠中紳商財產、品行注造底冊，並牒知商務總會協助指導」。據諮議局的調查結果核定選舉人資格後，經過初選，各省進一步統計參加復選人員數額，為最後選舉諮議局議員做好準備。當時奉天全省參加復選人數統計如下：奉天府二萬一千七百六十九人，昌圖府四萬六千五百一十二人，新民府三千四百四十八人，海龍府九千○一十六人，錦州府四千二百九十人，鳳凰廳七千○八十二人，興京廳一千三百七十一人，洮南府四百八十二人，總計九萬三千九百七十人〔註109〕。

另一方面，在專門設立的選舉事務所內設立司選員和監督員，並根據選舉所需訂定相關辦事規則。《奉天諮議局籌辦處擬定投票所辦事細則》就是當時制定的一個文件，主要內容是：

「初選監督按投票之多少分設投票所，每所設投票管理員一名或兩名，凡投票事務之準備及布置，管理員皆任其責，復選監督於復選區內設一投票所，派管理員一名或兩三名；初選復選各區得設一投票檢監察員一名或五六名，協助管理員稽查投票所紀律。」

「選舉當日，管理員及監察員應分擔責任，其發給票紙管理員之監視，簽字及照料寫票投票指出監察員主之；每一投票人只准給投票紙一枚，如投票人因筆誤或墨污請求更換者必須將廢票收回再給一紙，惟一人不准更換票紙三次；投票管理員應將拒絕投票之事項揭

〔註107〕故宮博物院明清檔案部編：《清末籌備立憲檔案史料》下冊，第670～683頁。
〔註108〕《遼陽城內舉行調查》，《盛京時報》宣統元年正月十五日。
〔註109〕《諮議局紀事》，《盛京時報》宣統二年二月三十日。

示於寫票處：（1）未列名於本屬投票所之投票簿上者；（2）投票人非本身親到者；（3）投票人未簽字於投票簿上者；（4）選舉人名冊製造時雖有選舉資格，然至選舉時因犯諮議局章程第六條各項情事已由選舉監督通知本所者；（5）投票人犯諮議局議院選舉章程第一百○三條之罰則不得為選舉人及被選舉人者；投票箱投票紙及選舉人名冊過午後六時由管理員檢查員分別收藏，投票箱之內外鑰匙管理員及檢查員分掌之；投票人關於投票事者有疑問時管理員及檢查員當明白指示；投票人偶有違背定章等事實，出於無心者管理員及監察員應婉言勸阻，至投票人不聽勸阻時，恃強反抗，始得傳喚警察加以干預；選舉當日過午後六時投票入口封閉後，如有後到之投票人欲從出口進門者一律拒絕；投票完畢之翌日，移交投票箱時須將選舉人名冊及投票簿一律移交；移交投票箱時，管理員監察員必有一二人親身護送並得要求檢查沿途保護」。〔註110〕

東北各省諮議局成立後，隨即討論、議決東北各項應行應革事宜。僅奉天諮議局成立後，在為期五十天的日程中，得到討論並被議決通過的議案就有三十四件。議案內容涉及自治、教育、司法、捐稅、官制改革、工商業、警務等相關內容。〔註111〕黑龍江省諮議局如期開會，與會議員對本省關係極重的事件、應行付議事件，擇其重要的草具議案，交議會討論，各議員等也分別針對通省利病、地方治安提出議案。議員遵循議會規則，將各提案討論完畢，於十月初十日（11月22日）閉會。閉會當日，互選資政院議員，並勉勵各議員詳細考察地方情形，預備下屆會議。對於所呈議決各案，「間有情勢未洽，窒礙難行者」〔註112〕，均提出理由，分別駁覆；對於那些經過討論、指陳利弊後確實可以施行的議案，立即通令各屬查照辦理。可見，作為政府採取輿論的機關，黑龍江諮議局設立後，在激發國民參與政事上起到良好的促進作用。各屬議員盡職盡責，相關議案大多切實可行，在議員權限、議事範圍方面，更是能夠遵循規章，社會風氣日益開放。

〔註110〕《奉天諮議局籌辦處擬定投票所辦事細則》，《盛京時報》光緒三十四年十二月二十五日、二十六日。

〔註111〕焦潤明等著：《近代東北社會諸問題研究》，中國社會科學出版社，2004年版，第46頁。

〔註112〕周樹模《諮議局成立並會議情形折》，李興盛、馬秀娟主編：《程德全守江奏稿‧周中丞撫江奏稿》卷2下，第1239頁。

　　諮議局成立後，在議員選舉和議案的議決方面起到重要作用，推動了東北地方自治運動的發展。同樣，東北的各府廳州縣和城鎮鄉的議事會、參事會相繼成立後，也積極參與議案的議決。以承德縣議事會關於「公立質業」一事展開激烈討論的情形為例：

> 二十三日議題公立質業。議長報告此案宗旨，由三十號臨時副議長演說，親切忠告同人固結團結，力圖自治成效，免負重望雲。
>
> 十三號：公立質業有主持捐有主借款或一年或十個月為贖限。
>
> 十八號：質業一項需款甚巨，未若以奢華品加特捐（一）首飾樓（二）古玩玉器鋪所收零款存銀行生息，俟積至二萬元即立一質業。
>
> 三十一號：質業一項餘股，有主借款積股者立成即為公產，餘息備做公益事項。
>
> 十八號：借款雖成，尚有可虞，倘遇意外疏失，將以何擔之。
>
> 三十一號：貯蓄銀行、公立質業二者若皆招股，恐無人齊向，必至一成一敗，自受影響。
>
> 十三號：款萬不能借而從特捐。
>
> 十八號：而實行特捐，然奢華當除利公利民誠所當然。
>
> 十三號：公立質業必要期短利輕，招股特捐，雙方並進，成愈速耳。
>
> 議長謂即從諸君所見，以奢華二項加特捐，可否表決全體贊成得二十二日簽。〔註113〕

　　以上敘述可見，地方議員在議事會開會期間，參與議案討論時能夠充分闡述個人主張，表明清末東北憲政自治運動允許民眾議政的特點。東北籌辦地方自治過程中，設立省諮議局、各府廳州縣議事會和城鎮鄉參事會等自治機構。這些機構都積極參加各項議案的討論和議決，推動了東北憲政運動的發展。

（三）參與、發起國會請願運動

　　西方近代思想在中國廣泛傳播，設立國會的呼聲日益高漲，理由是：「欲澄清官治，則國會不可緩」〔註114〕，「苟不於此二三年中開設國會，合吾國民共負責任，必不足以救之，際此時吾國民尚不力求國會，坐視吾中國國亡，

〔註113〕《承德議事會紀事》，《盛京時報》宣統二年十月初四日。
〔註114〕《請開國會之理由書》，《盛京時報》光緒三十四年正月二十七日。

亡國大罪，集吾國民身，吾國民乃眞程度之不足也？」〔註115〕東北自治機關成立後，不僅通過討論議案等形式參與地方自治事宜，也發起並參與了國會請願運動。

在前三次國會請願運動中，三省諮議局均有代表參加。宣統二年（1910年）一月，第一次國會請願運動爆發，經各省諮議局聯合會推選，奉天諮議局派代表永貞、劉興甲參加，吉林諮議局的代表是李芳。同年五月，國會請願運動再起，以奉天諮議局議員代表喬占九爲首的東北各省諮議局代表參加了第二次請願運動。前兩次國會請願運動都以失敗告終，但請求迅速召開國會的運動並未就此止步。是年八月，在廣大民眾支持下，展開了規模更大的第三次國會請願運動，奉天、吉林、黑龍江三省諮議局都有代表參加，吉林諮議局代表李芳還與東北同盟會代表文耆一起，親自會見那桐，表達請求迅速召開國會的意願。奉天諮議局副議長孫百斛、黑龍江諮議局副議長戰殿臣親自出席諮議局聯合會第一次會議，「議決聯合各省諮議局推動『速開國會』」〔註116〕。九月十八日（10月20日），吉林省諮議局向東三省總督錫良和吉林巡撫陳昭常上書，提出「東省危亡懸於眉睫請即開國會」〔註117〕。經過三省諮議局及各界代表的努力，這次國會請願運動得到錫良、陳昭常等東北主政者的大力支持。九月二十三日（10月25日），東三省總督錫良、吉林巡撫陳昭常、黑龍江巡撫周樹模參與地方督撫聯名上書，請求迅速召開國會。第三次國會請願運動雖然規模很大，但仍未成功。國會請願代表在京師的活動暫告一段落。

宣統二年十一月初五日（1910年12月6日），以奉天諮議局議長吳景濂爲首的社會各界代表，聯合其他省份組織發起萬人請願國會活動，第四次國會請願運動開始。十一月初七日（12月8日），請願運動代表發出「欲請明年即開國會以救三省而保全局」的號召，聯名請東三省總督錫良向朝廷代呈。當時在請願書上簽名的主要是三部分人員組成，首先是以吳景濂、孫百斛、袁金鎧、劉興甲、曾有嚴、永貞、董之威等奉天諮議局代表、各社會團體及各州縣代表。宣統二年十一月十三日（1910年12月14日），《民立報》刊載

〔註115〕《東三省人民宜聯合上書請速開國會公啓》，《盛京時報》光緒三十四年七月二十七日。
〔註116〕王魁喜等編：《近代東北史》，黑龍江人民出版社，1984年版，第367頁。
〔註117〕吉林檔案館、吉林省社會科學院歷史所編：《清代吉林檔案史料選編·辛亥革命》，1983年內部出版，第102頁。

《奉天人之國會哭》一文，詳細記載了當時情形：「十一月五日，奉天八團四十六州縣。各執本團旗幟，共集諮議局，向總督公署請求代奏於明年即開國會。代表六十四人，總數一百有零。……諮議局議長吳景濂被公推爲奉天全省代表，捧請願書前行，各團體次之，各州縣又次之，皆步行。……部署嚴明，人無嘩者，沿途不期而入者約近萬人。」〔註118〕十二月初六日（12月7日），錫良大爲感動，上《奉省紳民呈請明年即開國會折》，認爲「緩圖之即三年未必完全，急圖之雖數月亦可蔵事」，建議第二年八九月召集議院，「以繫人心而維大局」〔註119〕。一方面有錫良的代奏，另一方面有東三省派代表進京呈遞請願書，倍感壓力的清政府在嚴辭拒絕請願代表請求的同時，也不得不允准縮改開設議院的年限。

宣統元年（1910）秋季，東北各省自治機構相繼成立，第二年即參與了前三次國會請願運動及發起第四次國會請願運動，充分說明：東北憲政運動過程中，自治機關作用明顯。

三、地方自治運動之評價

光緒三十四年六月二十四日（1908年7月22日），清政府頒行《各省諮議局章程》，各省憲政自治運動相繼進入實質階段。東三省省府廳州縣的自治也漸具規模。

第一，促進民衆自治意識逐漸覺醒。通過設立調查員養成會、地方自治研究所、憲政講演員養成所等宣傳機構培養了一批投身於自治運動中的人才，這些人才學成後，深入各地進行宣講，傳播了憲政自治思想，爲東北憲政自治運動的推行打下思想基礎。此外，東北地區的憲政思想的宣傳還借助於當時的報刊、雜誌。例如《奉天官報》、《吉林官報》、《黑龍江官報》、《盛京時報》、《東三省民報》等報紙都有關於東北自治運動討論的文章發表。〔註120〕爲宣傳自治，東三省還成立宣講所和演講會。〔註121〕光緒三十三年（1907），吉林自治

〔註118〕轉引自韋慶遠等著：《清末憲政史》，中國人民大學出版社，1993年版，第349頁。

〔註119〕《東三省總督錫良奏奉省紳民呈請明年即開國會折》，故宮博物院明清檔案部編：《清末籌備立憲檔案史料》下冊，第649頁。

〔註120〕史和等編：《中國近代報刊名錄》，福建人民出版社，1991年版。

〔註121〕《奉省諮議局改爲諮議局籌辦處並設自治研究所折》，徐世昌《退耕堂政書》卷21，第1098頁。

講習所開辦，各屬選送士紳入所學習，並聘請通曉法政人員教授，「以期養成自治知識能力」〔註122〕。同年，黑龍江士紳淩瑞也開辦地方自治研究會。這些機構培養的學員畢業後，分赴各地，以宣講或講演等多種形式宣傳憲政思想。通過籌辦選舉機構、利用報刊等宣傳媒介和選派人員進行宣講活動等措施，不僅使憲政思想得以推廣，也喚醒了廣大民眾的智識，為當時的社會變革及以後東北民主進程演進創造了條件。

第二，參與群體隊伍壯大。通過一系列憲政自治思想的宣傳活動，東北各地各階層紛紛行動起來，以立憲派為首的紳商學界積極參加地方自治運動。

東北籌辦自治過程中，一些已接受憲政思想的紳商在調查、研究和宣傳憲政思想方面發揮重要作用。光緒三十二年（1906）冬，奉天自治局內附設調查員養成會，招收各府、旗、州、縣旗、漢士紳員生接受培訓，學員畢業後，選派其中的一百零八名，分赴各屬地進行實地調查。〔註123〕當時的商業團體參與到國會請願運動中，宣統二年（1910）九月，吉林商務總會上呈吉林巡撫，請求「速開國會、以救危亡」〔註124〕。這些紳商的積極參與，促進了東北自治運動的推進。

新型知識分子在諮議局中佔有一定比例，並參與到憲政自治運動中來。據統計，奉天諮議員五十三名議員裏，曾留學日本或到日本考察過的人有六名。在國內受過新式教育的有九名，兩者合計，約占議席的百分之二十八左右。〔註125〕吉林自治會成立時，包括監督、會長、參議、職員在內共二十八名成員，其中曾經留學日本有十二人，學界人員將近半數。〔註126〕光緒三十四年六月二十九日（1908年7月27日），奉天教育總會致電吉林自治會，希望「聯合三省固有團體，共同入京」〔註127〕，請願速開國會。宣統二年十一

〔註122〕《地方自治會申報改自治講習所為自治研究所》，吉林省檔案館、吉林省社會科學院歷史所編《清代吉林檔案史料選編·辛亥革命》，第128頁。

〔註123〕《奉省諮議局改為諮議局籌辦處並設自治研究所折》，徐世昌《退耕堂政書》卷21，第1098頁。

〔註124〕《吉林商務總會詳請速開國會》，吉林省檔案館、吉林省社會科學院歷史所編：《清代吉林檔案史料選編·辛亥革命》，第105頁。

〔註125〕王魁喜等：《近代東北史》，黑龍江人民出版社，1984年版，第365頁。

〔註126〕《奉天教育總會電吉林自治會聯繫東三省代表共同入京》，吉林省檔案館、吉林省社會科學院歷史所編：《清代吉林檔案史料選編·辛亥革命》，第122～123頁。

〔註127〕《奉天教育總會電吉林自治會聯繫東三省代表共同入京》，吉林省檔案館、吉林省社會科學院歷史所編：《清代吉林檔案史料選編·辛亥革命》，第101頁。

月初七日（1910 年 12 月 8 日），遼陽學生金毓黼，泣血上書「至誠感人」，承德學生李法權，持刀割股，血書「請速開國會」〔註 128〕。當時參與憲政自治運動的群體涵蓋之廣，還體現在地域的廣泛性上。在「欲請明年即開國會以救三省而保全局」的聯名請願中，簽名代表除諮議局代表六十人、各界團體代表七千四百六十三人外，還有承德、海城等四十六個府廳州縣代表三千三百六十六人。由此可見，清末東北憲政運動的參與群體較為廣泛。但經濟文化發展水平所限，下層民眾尚未廣泛參與到自治運動中。

　　第三，推動了東北憲政運動的發展。東北籌辦憲政自治過程中，一定程度上借鑒了西方資產階級議會制度和地方自治的一些模式，結合中國傳統的管理模式，根據東北實際情況，建立了一套兼具中西特色的地方自治體系。在省城設立諮議局，府廳州縣設議事會，城鎮鄉設自治會，形成了一套較為健全的自治體系。這些自治機構的運作，基本參照西方資產階級相關機構的運作程序，如議員選舉時首先進行詳實調查，覈定選舉人和被選舉人資格，在選舉時通過投票方式進行初選、復選兩道程序，選出諮議局議員及各地自治機構人員。這些機構組成人員大多數是立憲派或與立憲派有聯繫的人，或是開明士紳和新式知識分子。這些已經接受新式思想的進步人士的加入，給傳統的地方管理體制注入新鮮血液。自治機構開會議事時，代表圍繞本地應興應革事宜進行熱烈討論，地方督撫及其下屬機構派員參加，並對一些相關議題現場解答，紳商學各界也派代表蒞會聆聽。雖然這些自治機關的人員的言行尚未真正左右當時東北政局，但討論議案時的相對熱烈、寬鬆的民主氣氛，仍體現了濃厚的民主色彩，不僅對東北憲政運動的開展起到推動作用，還為以後東北地區政治近代化奠定了基礎。

　　但是，當時東北的自治機關仍屬初設，還存在諸多不足之處。殘留了一些傳統官僚管理體制的弊端。傳統體制的束縛下，所建立的自治機構還沒有完全脫離地方督撫的操控，自治機關所議決的相關議案，最後都要上交督撫裁決。此外，自治機關內部的一些人員也是素質不一，損害了地方自治的民主形象。如宣統二年八月十二日（1910 年 9 月 15 日）發生了黑龍江諮議局常駐議員張大倫用藥酒毒殺區官張樹春父子一案，即是明例。另一方面，社會基礎薄弱。雖然有紳商學各界參與推行自治，但受宣傳力度和廣度所限，占東北地區人口比重較大的下層民眾並未廣泛參與到自治運動中來。在議員選

〔註 128〕《奉天全省人民為請明年即開國會齊赴總督公署呈請代表之實紀》，《盛京時報》宣統二年十一月初七日。

舉時，下層民眾因受選舉資格和參與意識等原因並未參與進來。如宣統元年
（1909），東三省議員選舉選民統計數字如下：奉天人口總數為一千二百一十
三萬三千三百〇三人，選民有五萬二千六百七十九人，所佔比例為百分之零點
四三；吉林人口總數為五百五十八萬〇三十人，選民有一萬五千三百六十二
人，所佔比例為百分之零點二四；黑龍江人口總數為二百〇二萬八千七百七十
六人，選民有四千六百五十二人，所佔比例為百分之零點二三。〔註129〕如轟
轟烈烈的國會請願運動發生時，作為社會主體下層民眾並未積極主動的投身
到請願的行列。自治機構本身即有缺陷，又缺少民眾的廣泛支持，東北自治
運動很難取得預期成效。

小　結

　　關於清末在東北推行政治變革的重大歷史意義，現在已經有越來越多人
予以充分的肯定。有學者曾明確說到：「清代東北的邊疆管理機構，通過晚清
的官制改革，由三將軍體制演變為建行省，設督撫，在行政、立法、司法等
方面表現出近代國家機構的特點，不僅從一個側面反映清朝由盛到衰，而且
也在一定程度上反映了東北地區社會發展中的變化。」〔註130〕東北三省的政
治改革，主要體現在對行政官制的調整、司法官制的獨立、吏治的清肅以及
興辦地方自治幾個方面。這些措施使東三省的地方行政管理體制發生重大的
變化，東三省政治體制開始向近代化邁進，也帶動了中國政治體制的推進。

　　第一，順應了政治近代化的發展趨勢。隨著西方民主政治思想的傳入，
國內要求學習西方、仿行憲政的呼聲日益高漲，東北當局統治者也認識到東
北政治亟待變革。東北官制改革的第一步就是使東北的軍政管理與內地相統
一。新政施行過程中，東北當局廢除旗民雙重管理體制，建立統一的行省制
度，不僅有利於消除滿漢民族隔閡，還實現了對東北邊疆的有效管理。同時，
新政推行時還建立了一套新的官制體系，如地方自治、審判、檢察等機構。
這些機構的設立，不僅在形式上具有西方政治體制的色彩，而且在運作過程
中，也參照西方相關體制的運行模式。這些都說明東北地區的政治改革具有
明顯的近代化傾向，為以後東北政治的進一步變革奠定基礎。

〔註129〕王魁喜等：《近代東北史》，黑龍江人民出版社，1984年版，第365頁。
〔註130〕馬大正主編：《中國邊疆經略史》，中州古籍出版社，2003年版，第432～433
　　　　頁。

第二，具有新式民主思想人才的參與。在政治改革過程中，一些從專門學堂畢業的學生、留學歸來人員、開明士紳等新型知識分子積極參與。例如，吉林地方自治會二十二名職員中，其中有九名留日學生：景芳（日本留學警監畢業生）、衣乃經（日本留學警察畢業生）、恩溥（日本留學警監畢業生）、趙銘新（日本留學師範畢業生）、聶樹清（日本留學師範畢業生）、莊萬銓（日本留學師範畢業生）、巴揚阿（日本留學師範畢業生）、澍霖（日本留學警監畢業生）〔註131〕。統計可得新型知識分子占職員總數的百分之四十點九。這些新型人才的加入，不僅帶來了西方先進的民主政治觀念，並且把這些觀念在具體實踐中付諸實施，推動了東北地區的政治變革。

第三，促進西方近代民主政治思想在東北地區的傳播。爲了順利推行政治改革，東北採取了一系列措施，進行官制改革、地方自治、憲政等方面的宣傳。首先東北地方大員在推行政治改革措施時，頒發了一系列章程、告示，如《試辦吉林地方自治研究所暫行章程》、《東三省職司官制章程》、《奉天各級審判廳試辦章程》、《總督徐世昌、巡撫陳昭常爲吉林自治會歸併諮議局籌辦處，收小規模，改爲吉林府自治局布告》等。這些章程、布告的發布，雖然是從維護封建統治的目的出發，但在客觀上還是起到了傳播西方近代民主思想的作用。此外，一些報刊雜誌也進行了一些相關宣傳，如光緒三十四年正月二十五日，《盛京時報》刊載《論開國會宜擴張民權》：認爲「民權之不伸，實由於國會之不立；國會不立，民權不申，則國權亦因之日削」，「故開國會，即所以擴張民權，即所以施行憲政，亦即所以救中國今日之顚危也！」〔註132〕這些文章的發表，對西方民主政治思想在東北的傳播起到推動作用。此外，一些近代新式機構的運作方式對提高民眾的民主意識起到一種潛移默化的推動作用。

清末東北新政中的諸多措施，推行的出發點和目的是好的，效果卻不盡完全成功。雖然不能全部贊同認爲「清廷打著『立憲』招牌，在東北舉辦『新政』的直接後果，是加重了對廣大人民的封建剝削」〔註133〕的觀點，但作爲封建王朝爲了挽救自身統治的一次變革，自身不能不具有明顯的階級局限性。

〔註131〕吉林檔案館、吉林省社會科學院歷史所編：《清代吉林檔案史料選編·辛亥革命》，1983年內部出版，第123頁。

〔註132〕《論開國會宜擴張民權》，《盛京時報》光緒三十四年正月二十五日。

〔註133〕中國科學院吉林省分院歷史研究所、吉林師範大學歷史系編著：《近代東北人民革命運動史》，吉林人民出版社，1960年版，第160頁。

　　由於政治改革是在地方督撫的直接領導下展開的，因此新政推行過程
中，有著明顯的受地方督撫操控的色彩。司法體制雖然獨立，但還要受地方
督撫的挾制，還不能真正實現獨立審判和裁決。東北各省諮議局開局召開會
議之時，都有各級主政者蒞會監督，諮議局所討論的議案，還要上交地方官
最後裁決。在籌辦憲政自治、核定選舉人和被選舉人資格的時候，能夠被選
為諮議局議員的人，多半是富紳大賈或者是耆老官紳，普通百姓特別是婦女
根本不能被選為議員。在建立新式機構中，往往是具有守舊思想的官員操縱
實權，而新型人才所提出和實行的一些舉措往往窒礙重重。甚至參與制訂改
革方案的人中，有的人為謀一己之私利，培植自己的勢力集團，這在一定程
度上影響了東北政治改革的順利推進。另外，由於東北地區社會環境的限制，
導致東北地區的民眾的思想意識尚未完全開化，加上新政推行者宣傳力度不
足，使得民眾對於政治改革持冷漠、觀望甚至懷疑的態度，大大阻礙了政治
變革進程。

第三章　經濟改革與清末東北經濟近代化

　　清末的東北，襟山帶江，土地廣漠，人口稀少，曾經因物產豐富而一度成為人們嚮往的地方，關內民戶紛紛「闖關東」來到東北避災、淘金。但在封禁時代，自然資源的優勢並沒有得到很好的開發，交通不便，東北的發展相對落後。清代末年，傳統游牧經濟向農業經濟轉變，少數民族聚居，各民族發展程度參差不齊，雖然農林牧副漁工礦商等各部門齊全，但發展程度相對落後於內地省份。相對獨立的經濟發展環境，造就了一個相對獨立的經濟發展形態。

　　鴉片戰爭以後，帝國主義侵略日益加深，資本主義經濟侵略步伐不斷加大，十九世紀末，已由商品輸出為主轉為資本輸出為主，富含各種資源的東北，難逃侵略者魔爪。二十世紀初，俄、日、美、英等國為了自身的殖民利益，展開爭奪，甚至刀槍相見。光緒三十年（1904），日俄戰爭爆發。戰後，日本、俄國等列強國家，加緊政治、軍事、文化侵略，並分占東北的南部和北部，加緊對東北進行經濟侵略。俄國繼續修築中東鐵路，日本修築南滿鐵路，鐵路沿線利權盡失，侵略者以鐵路為依託，憑藉強大的經濟實力，擴大對東北的掠奪，攫取各方面特權。列強的經濟侵略，危及到清政府在東北的有效統治。利權的迅速喪失，迫使統治者必須作出應對。

第一節　發展實業

　　庚子之戰以後，東北地區實業的發展受到極大衝擊，為「維持國本，抵

制外強」〔註1〕，首在振興實業。振興實業主要表現在農林牧副漁業、工礦商貿各業以及鐵路航運電政、郵政等各個方面。

一、農業新政的推行

東北三省土地肥沃，物產豐富，尤其奉天是滿清王朝的發祥地，朝廷更為重視。晚清以來，受所處邊地、落後的農耕技術等不利因素的影響，東三省農業發展相對落後。如吉林地區就由於「耕種之法泥守舊制，耒耜耰鋤，樸拙已甚，糞土肥料，漫無講求」〔註2〕，導致農業呈現荒蕪景象。東北當局為了改變農業發展落後情形，開始從以下幾個方面對農業予以整頓和變革。

（一）新式農業機構的設立

東北新政時期，東北當局成立了一些新式農業機構。這些機構主要包括農業試驗機構、農業研究機構、農業管理機構和農業教育宣講機構。這些機構的設立，推動了東北地區農業的發展。

首先，設立農業試驗機構。奉天農業試驗場創設較早。光緒三十二年（1906）三月，趙爾巽針對「惟是農智未開，亟宜示以新法」〔註3〕的情況，奏請開辦試驗場，以發展農業。「暫分禾稼菜蔬花果牲畜魚鳥六科」，派魏景熊為總辦，「札飭各屬選派殷實略識文字之人來場習業」〔註4〕。農業實驗場隸屬於農工商局，修改章程，添設學堂。設立勸業道後，改隸於勸業道。宣統元年（1909年）五月，留學美國的農科畢業生陳振先任該試驗場主任，採取措施，擴大農業試驗場的規模，進行分區試驗，主要進行種子、肥料、播種三方面的試驗。在勸業道主持下，新民、錦州等十二處分場相繼成立。此後，吉林、黑龍江也成立農業試驗場。光緒三十四年（1908）三月，吉林農業試驗場成立，該場「以啟導知識、改良種植、增殖物產為宗旨」〔註5〕，延聘東洋技師及北洋高等畢業學生，引進先進農具和優良籽種，結合傳統耕作經驗，參考東西洋的先進技術，實地分科試驗。並附以編輯、調查、庶務各科，由淺入深，逐漸傳授農耕經驗。場中附設傳習、測候兩所。吉林農事試

〔註1〕 《實業・述要》，〔清〕徐世昌等編纂：《東三省政略》卷11，第1520頁。
〔註2〕 《吉林省・農業篇》，〔清〕徐世昌等編纂：《東三省政略》卷11，第1619頁。
〔註3〕 〔清〕朱壽朋編：《光緒朝東華錄》第5冊，第5553頁。
〔註4〕 《東方雜誌》3卷8號，實業・各省農桑彙志，第168頁。
〔註5〕 《吉林巡撫陳昭常奏吉省籌辦農林工藝各項要政情形折》，吉林檔案館、吉林省社會科學院歷史所編：《清代吉林檔案史料選編・上諭奏摺》，第164頁。

驗場下轄農安植物園（宣統元年改名爲農安農事試驗分場）和賓州農林試驗
場，附設農產陳列所。光緒三十三年（1907），黑龍江省在省城南路初等小學
堂之下附設農業試驗場。由提學使司掌管，派人選購國內外不同地域的優良
籽種試種。還仿照日本東京植物園的辦法，設一暖室，這在從前的黑龍江是
從沒有過的事情。另在嫩江府、大賚廳、璦琿廳、木蘭縣等地設立了試驗分
場。此外，還有一些其他的試驗機構也先後設立，如奉天種樹公所、黑龍江
木植公司等等。

　　東三省的農業試驗機構，在種植技術的改進、新品種的引進、新式農業
機械的應用以及先進農業技術的推廣方面，起到了開啓新知、改良農業的作
用，便於農民就近傚仿。試驗場的成立，標誌著推進農業的機關初步形成，
以後設立農官、組織農會等，都是在這個基礎上進行的。經過地方主政者的
不斷努力，東三省農業生產有了發展。

　　其次，成立農業研究機構。光緒三十三年（1907）春，徐世昌飭令勸業
道，在奉天開辦植物研究所，試種棉、蔬、麻、果、花木等各類不同作物，
同時研究如何養護植物，以供廣大民眾游覽仿傚。取得成效後，再向各府、
州、縣逐漸推廣，成爲農業發展的基礎。宣統元年（1910 年）春，在吉林、
松花江兩岸農事試驗場中附設農學研究會，「專以聯絡官紳士民熱心農學、留
心農事及富有田地者，互談經驗，交換智識，俾相觀而善，深知改良農業之
實益，確收增進農業之實效。」〔註6〕辦會主旨大致爲開通知識、改良種殖、
聯合社會三個方面。進行化驗土質、購求苗種、培養林木、咨詢農事、研究
農學等方面的研究，在各府、廳、州、縣相繼設立分會。悉心講求開關地力、
灌輸利源的方法，成爲後來吉林農會的預備。農學研究會定期開會，議決本
年農業改良事項，以備農民參觀仿傚。每年十一月，舉行農產品評會，通過
相互品評各自的農產品，鼓舞農民競爭比賽的思想意識，促進農作物改良。
黑龍江農事試驗場成立不久，也設立農學研究所一處，由省提學使司掌管。

　　農業試驗機構和研究機構開辦後，引進優良品種和先進農機器具，研究
地力、土質與作物之間的關係，使東北三省農作物的種植結構得以調整，農
業生產得到改良。隨著新引進農作物種類的增多，烟草、棉麻、藍靛、甜菜
等經濟作物的種植面積不斷擴大，爲東北工業發展提供更多原材料。桑蠶的

〔註6〕 《附農學研究會簡章》，〔清〕徐世昌等編纂：《東三省政略》卷 11，第 1623
　　　 頁。

養殖,則帶動了繅絲業和絲織業等的發展。專門農業試驗和研究機構的設立,表明一貫靠天吃飯的中國傳統的農業生產方式開始發生變化,在地方政府的倡導下,東北的傳統農業生產方式向近代化邁進了一步。

第三,建立農業管理機構。東三省的農務管理機關,在奉天和吉林是農務總會,在黑龍江則是墾務公司。

宣統元年(1901),奉天省設立農務總會,「以演說有關農事各種新理、新法,提倡改良以及振興農業為宗旨」〔註7〕,通過統籌農事的設施,力求達到試驗、教育、調查之成效。以上年設立的農事演說會為省級農會機關,印刷白話報,廣泛宣傳農事活動。附設農產陳列室,方便農民隨意參觀瀏覽。根據情況在洮南府、東平縣、鐵嶺縣、開原縣、康平縣、懷仁縣以及市鎮八面城等地創辦分所,各處根據自身的特點,各有不同側重點,在推廣與傳播農業經驗、進行農學教育等事務上發揮重要作用。到清末,奉天各地農務總會已發展到十八處。

在吉林,原來由將軍衙署下的農工商總局管理相關農事,改設行省後,設立勸業道,裁農工商總局,所屬各事歸入勸業道管轄。為加強管理各項農林事務,吉林當局在光緒三十二年(1906)設立吉江森林公司和吉林全省林業總公司,附設木植陳列所一處,採取官商合辦的形式。三十三年(1907),道員宋春鰲詳細擬訂章程,不僅對山林的採伐加強管理,而且還極為重視對採伐後的木材的銷售問題。宣統二年九月初三日(1910年10月5日),總督錫良、巡撫陳昭常奏請設立農務總會和林業總局,隸屬勸業道,作為農業專管機構。農務總會議訂規則二十八條,著重調查官荒民荒,氣候土質,何處宜於開墾,何處宜於造林,何處宜於蠶桑、畜牧等事宜。吉林還設立了農務公司,宣統三年(1911)四月,吉林商人林鶴皋等人籌備成立官商合辦的長嶺縣天利農林蠶牧有限公司。作為農務總會的輔助機構,天利公司以開闢利源的宗旨,根據不同的土質,種植不同的作物,購買牛羊,試辦牧養。

黑龍江管理農務墾荒事務的機構是瑞豐農務公司和興東墾務公司。光緒三十三年(1907)六月,黑龍江將軍程德全主持成立官商合辦的瑞豐農務公司,在省城設立總公司,在訥謨爾河荒段設立分所。承領官荒,購進火犁。瑞豐農務公司的設立,不僅促進了當地的荒地開墾,而且對東北引進和使用

〔註7〕 《附農事演說會章程》,〔清〕徐世昌等編纂:《東三省政略》卷11,第1549頁。

機械農具起到了示範和倡導的作用。同年八月，廣東新會縣職商陳國圻招集
股本十五六萬元，創辦興東墾務公司。公司兼設行店，附近居住人戶的糧食
器用，都能夠就近從墾務公司購買，轉運方便，價格低廉。此時墾務公司已
使用機器開荒耕割，機器生產逐漸在農業生產中使用。

　　為加強對農業的管理，光緒三十四年十一月十二日（1908年12月5日），
徐世昌奏請「設農官以興地利」〔註8〕。尤其在奉天農業試驗場設立後，鄉民
來參觀的一天多似一天，應增設專門管理人員。徐世昌建議從宗室、覺羅、
八旗滿蒙漢子弟及在籍士紳中選用農官，一方面擴展旗員的任用途徑，另一
方面旗員可以多一條謀生之路，還可以使農事得到更有效的管理，一舉數得。

　　第四，創立農業教育機構。奉天省為培養農業人才，先後創辦森林大學
堂和農業學堂。1.森林大學堂。光緒三十二年（1906）七月，在安東設奉天森
林大學堂，並在松花江、嫩江臨近水邊的地方，預留五十里有林木的山地，
作為森林大學堂試種林木的場地。勸業道設立後，森林大學堂改隸勸業道。
三十四年（1908）正月正式招生開辦，計劃初招六十名學生，以後逐年續招，
以招滿三百人為限，學習年限五年。聘請幾名日本林學專家，分科講授相關
課程。2.農業學堂。光緒三十二年（1906）九月，趙爾巽命農業試驗場招生，
農業學堂創辦後，農場技師兼任教習。創辦之初，為求速成，先招各屬學生
八十名，一年後學生畢業，派往農業試驗場做助手及調查各屬農業狀況。三
十四年（1908）增設預科及本科教學內容，改名為奉天官立中等農業學堂。
3.農事演說會。在奉天還成立了專門農事宣講機構，進行農事宣傳。光緒三十
四年（1908），奉天成立專門宣傳農業知識和經驗的農事演說會，分派農學、
林學畢業生做演說員，輪班講解關於農林、養蠶、放牧、園藝、肥料、害蟲、
獸醫以及農產製造、農業經濟等新的耕作方法，務求達到開通農智、振興農
業的目的，並把當時的演說內容刊印成白話文官報，廣為散佈。

　　吉林省先是在農事試驗場內附設農事傳習所，光緒三十四年（1908）開
始招生，宣統元年（1910）正月開學，共招四十名學生，學習年限為一年。
主要學習作物學、畜產學、蠶桑學、農業經濟學、農政學、森林學、肥料學、
農藝氣象學、理化學、園藝學、土壤學、礦物學、氣象觀測法、動物學、植
物學、算學、國文、體操等科目，學成畢業考試合格發給文憑，大半回原籍

〔註8〕　史寶安等著：《宣統政紀》，沈雲龍主編：《近代中國史料叢刊三編》第18輯，
　　　　　文海出版社，1990年印行，第41頁。

從事農業試驗、調查和宣傳方面的事宜。宣統二年（1910），改設農業學堂，招選聰穎子弟入學，開設普通和專門兩科，培養了大批農學人才。在吉林，農事宣傳主要靠農事試驗場派出人員，舉行巡迴演說、講解，以講習會、農談會、農產物品評會、農事報告會等各種形式傳授農業知識，宣傳農事知識，農事試驗成果也被刊印成冊，發行各州縣。

黑龍江省物產豐富，但農工商各實業學堂，都因為款項支絀而未能很好切實創辦。後來，總督徐世昌為省城的初等小學添購各種儀器標本，增加教授實業的內容，以此倡導各項實業教育，不過各個小學堂所側重的實業內容有所不同。如北路小學注重工業，添加了製鹼、造紙並仿製學校用品等各項內容，為將來興辦工業準備基礎。南路小學，根據自身所佔土地適宜種植的特點，開闢為農業試驗場，演習林藝，作為農學實驗的輔助。西路小學，注重商業，作為日後商船及各項商業的基礎。

（二）牧副漁各業的新發展

第一，牧業。東三省土地遼闊，水草豐美，游牧業一直比較發達。隨著土地日漸開墾，能夠放牧的土地減少，民間經營畜牧也在減少。且傳統游牧業不注重牲畜種類的繁衍優化，所以到清代末年，東北的蓄牧業日漸衰敗。面對這種情況，東北地方官員多方尋求振興農牧業的途徑。

光緒三十二年（1906）九月，趙爾巽在新民府鎮安縣吳家屯，利用原有六萬餘畝官荒地，作為牧養之地，派員設廠，購買牛若干頭，從墾種入手，闢地墾荒，兼耕兼牧，以期達到漸次擴充牧業之效。開始時是由財政局發起開辦，議定公司章程，原意招商興辦，命名為「牧養公司」，後來因為所需款項僅憑商人籌集，難以馬上到位，於是暫時利用官本作為資金。徐世昌就職後，根據農耕需要養牛，編練軍隊需要馬匹，創辦實業時所製造呢、羽、毛毯等所需大量原料等的需求，進一步著力振興牧政。但「惟事既純用官本，與公司體例已屬不同，自應改為官牧場以符名實」，三十四年（1908），由商辦改為官辦，更定名稱為奉天官牧場，添發資本，勸業道「先後調派農業暨獸醫畢業生，分理耕種地畝暨調護牲畜等事項」〔註9〕，訂定《官牧場章程》，以「改良軍馬、補助武備」〔註10〕為目的。附設牧徒傳習所，招取各處高等

〔註9〕 《附奏設立官牧場折》，〔清〕徐世昌等編纂：《東三省政略》卷11，第1552頁。

〔註10〕 《附官牧場章程》，《奉天通志》卷120，實業8，牧畜，第2748頁。

小學畢業生四十名入所授課，擔任各門科目教課任務的是本場獸醫官，學生輪流放牧作爲實地練習。官牧場成爲造就人才，擴充牧政的新政設施。在侯家坨子、獨一處、曹家窩鋪、王家崗子、馬家坨子、達連崗子等處設立分場六所。官牧場在蓄養各種牲畜的同時，還在場中荒地兼營農耕事業，除試種牧草外，招募一定數量佃戶，進行農業耕作，兼牧兼農做法稍見成效後，推行整個東北，成爲移民實邊政策的主要內容。

吉林農事試驗場旁邊，開闢空地，設立種牛牧場、種馬牧場，雇請技師予以指導。牧場參用新法，開通水利，防止牲畜災疫；購買良種，以資繁衍；建築柵欄、栽培飼料。培養成功後，傳布四鄉，擴至縣府。在黑龍江，職商管宗舜向商部呈請並得奏准，開辦呼倫訥爾畜牧公司，「照章收捐報解，以充實國家用度」〔註11〕，由將軍程德全覈查開辦。這些都是成爲開闢農業利源的重要方面。

東三省的各式牧場與畜牧公司，以改良牧政爲宗旨，注意加強畜種的改良，改進馬、牛的優良品種，同時兼有商業營利的特徵，牧業逐漸得到推廣，幾年之後，畜產肥碩，成效頗著。

第二，養蠶。奉天養蠶業原有一定的發展，主要以柞蠶爲主，僅在東邊道一帶，出口就達到幾百萬兩，獲利豐厚。但疏於推廣和提倡養蠶技術，柞蠶之利未能廣爲流傳。要推廣奉天養蠶業的發展與興旺，實現工藝的振興，首先是聯合大公司收買繭絲。同時，地方政府派人員前往南方江浙嘉湖等省份，調查栽桑養蠶方法，在試驗場及植物研究所內試種桑樹，爲飼養家蠶做準備。種桑取得成效後，選購優良蠶種，開設蠶業講習所，研究關於蠶業養殖理論。宣統三年（1911）二月，飭令各屬農商會組織柞蠶公會，研究柞蠶的改良和擴充，並命令地方官對新添山場嚴加保護，不准增收捐項阻撓蠶業的進步，各地柞蠶養殖日見推廣。

吉林養蠶者不多，平常百姓並不懂得飼養家蠶，原有的山蠶又不受重視。光緒三十三年（1907）十月，吉林設立山蠶、桑蠶兩局，隸屬勸業道。吉林地方當局派員赴浙湖一帶採購桑秧、繭種，在採桑試驗場地分割地塊，招攬浙江蠶學館學生到吉林試種桑秧，並尋找本省山桑移栽到附近田地，很快取得成效。在省城附近歡喜嶺、大咳狼及伊通、磐石等地分設山蠶場十六處，在磐石設山蠶分局予以管理。風氣漸次開放後，在農安縣設立植物園（改爲

〔註11〕《東方雜誌》3卷8號，各省農桑彙志，第168頁。

農事試驗場），賓州廳創辦採桑股份有限公司，新城、長春、延吉、榆樹等地先後認領桑秧試種，農桑二業同時得以發展。並附設山蠶研究所，學生畢業做蠶長、蠶工，發揮勸導農桑功用。通過一系列措施，吉林省蠶業得到迅速發展，以西安縣爲例，「邑之有繭，始於光緒三十四年，然不過數戶，宣統元年放繭者二十五戶，二年增至四百八十九戶。」〔註12〕

　　黑龍江地處東北的最北端，不適宜栽桑養蠶。光緒三十四年（1908），徐世昌對黑龍江進行調查得知，黑龍江省有幾處地方適宜養蠶，於是派員試辦，研究養蠶方法。積纍原有經驗，適當經營，並結合天時地利等問題，適應變通以闢利源。爲此，徐世昌在黑龍江創辦蠶業學堂，招攬南方有經驗的人爲技師，教授植柞、養蠶收繭、繅絲的方法。並在蠶業學堂附近設立一個試驗場，長期研究，以促進蠶業發達。爲擴大養蠶業規模，奏請農工商部立案，在綏化府附近設立蠶業公所，研習飼養、繅絲的方法。在柞樹多的地方劃出地段，「專爲放養山蠶區域，仍由公家分別撥款，用資提倡，以興蠶業而利邊氓」。〔註13〕

　　東三省養蠶業經過一番整頓，設立專門管理機構，研究蠶種改良方法，引進優良桑秧和蠶種，培養養蠶人才，蠶業養殖得以擴充。但各省養蠶業發展水平不一，尤其是發展相對落後的黑龍江，只有持久堅持，才能取得可觀的成效。

　　第三，漁業。在東北三省，奉天省海岸線最長，沿海居民以打魚爲生，水產品十分豐富，漁業也最爲發達。但「自旅大二口租借後，海權已與人共，若不力求擴充整頓，必至魚界被侵，海權日蹙」〔註14〕。爲促進漁業發展，奉天設立漁業公司。光緒三十二年（1906）正月，當此「漁學未講，漁政未興」之際，「客軍在境，復出沒無常，沿海居民去城較遠，風鶴驚恐，專業堪虞」〔註15〕，趙爾巽開始注重對海疆的保護。閏四月，飭派知府黃家杰著手籌辦奉天漁業，參照各省成法，擬章創辦漁業公司，「以擴海權而興實業」〔註16〕，官方出資五千元，商家自籌股本三萬元，開辦公司，赴沿海

〔註12〕〔清〕雷飛鵬等修，段盛梓等纂：《西安縣志略》實業篇，宣統三年石印本，第4頁。

〔註13〕《附辦理綏化府等處蠶業折》，〔清〕徐世昌等編纂：《東三省政略》卷11，第1638頁。

〔註14〕《紀漁業公司》，〔清〕徐世昌等編纂：《東三省政略》卷11，第1570頁。

〔註15〕《奏爲奉省設立漁業公司折》，《趙爾巽檔案全宗》，101號。

〔註16〕《東方雜誌》3卷8號，各省漁業彙志，第174頁

一帶調查漁業，廣泛宣傳，招商入股，定名爲官商合辦奉天漁業有限公司。雖然取得一定成效，但畢竟是初創，各項規章並不完備，舞弊貪污事情時有發生。三十三、四年（1907、8），主政者又先後派知府盧懋功、王順存先後接辦，增訂公司章程，續招股份，改名爲官督商辦漁業有限公司，區別營業、保護兩方面事物。公司管理捕魚、售魚一切營業事物，完全改歸商辦，前後招集股本三十萬元，除購置漁輪、運船、機網、電燈並擬仿行捕魚新法外，還著重在各處分設銷場。營口設漁業總局，專門負責保護監督，原蓋復、海營、鳳安、錦州、莊河五分局歸該總局管轄，以此統一事權。所有設局及常年經費，由漁稅項下支付。

　　漁業總局。光緒三十二年（1906）創設，置備炮艦巡船，擇地設立分局，開徵船網保護費，三十四年（1908）徵收稱用。漁業公司和漁業總局之間權限較爲分明，上下相通，表裏爲用。凡是關於練兵、征稅、購買輪船、添置器械以及緝捕、交涉等方面事務，都歸漁業總局辦理。關於漁獵勤務、術業進步、股分集合、營業改良等事務，均歸公司辦理。從此漁業總局與公司權限明晰，「既無牽混之弊，自有振興之機」〔註17〕，奉天省的漁業逐步興旺。

光緒三十四年（1908），漁業總局所屬各分局的漁業生產狀況表：

類　別 各地統計數字	漁　戶	漁　丁	出海船隻	年漁產量（萬斤）
蓋復分局	497	1,933	497	128
莊河分局	604	1,785	604	124
海營分局	624	3,287	629	450
錦州分局	457	1,437	457	201
鳳安分局	282	1,926	472	103.8
合　　計	2446	10,368	2659	1006.8

（上表數字來源於《東三省政略》卷11・實業・奉天省。）

　　由上表可見當時奉天漁業生產規模之大。但漁戶輸納各衙門的陋規、各關卡的需索等種種苛擾依然存在，並成爲漁業發展的障礙。爲加強管理，漁業總局派員到各處分場監察一切，核實徵收秤用。所收款項，七成用來興辦

〔註17〕　《附奏漁業公司改歸商辦另設官局保護折》，〔清〕徐世昌等編纂：《東三省政略》卷11，第1571頁。

水產商船各學校暨研究、製造、陳列各所的所用經費,並擬訂銷售場規則,送交漁業總局覈准。籌設漁業初等小學堂,招募願意就學的漁民子弟入學,學習駕駛、捕獵、製造等各漁業專科。款項稍微充足後,籌設水產講習所,研究各項水產製造技術。漁業興旺,漁界清明,海權得以更加鞏固。

吉林、黑龍江兩省漁業發展,主要依靠境內江河水域。松江流域水產富饒,漁業獲利很大。沿江居民,世代以捕魚為生,江水上漲之時,水產愈加豐富。但傳統捕魚方法陳舊,捕魚器具簡陋,從未進行過改良,魚類腌製方法,更是從不講求,所以產魚雖多,相對來說,獲利卻甚少。黑龍江漁業產區以嫩江流域最多,沿江有大網房十多處,每製一網需費數千金,下一次網就需工二百人,每網獲魚萬斤至二十餘萬斤,當時有「世界第三魚場」〔註18〕之稱。光緒三十三年(1907),松嫩兩江有限公司在哈爾濱成立,第二年十月停辦。三十四(1908),吉林設立漁業公司,派員詳細調查松花江所產魚類的數目種類及漁戶的數目,區分適宜向內地銷售和適宜銷往外埠的不同種類,分類列表,仿照日本先進的腌製方法,變成熟貨販賣各處,以期達到振興漁業、改善人民生計的目的。宣統二年(1910),滿洲里漁業有限公司也成立。

東三省漁業公司相繼成立後,有了專門管理漁業生產的機構,東北漁業生產大幅度增長,沿海利權得到一定程度的維護,內江內河利益也得到開發。

第四,製麻業。製麻業是奉天實業發展的一個重要內容。麻是含纖維豐富的植物,清末時期,麻產品製造業日見精進,如粵東的波羅絹、瀏陽的細夏布等都很受歡迎。但麻的用途尚未完全發揮,需要進一步加強研究,只有實現人工操作到機器生產的轉變,才能使製麻業得到充分發展。當時西方國家對這個方面的研究,已經取得了突出的成就。這些西方國家從中國進口原料——麻,製成成品,又輸出到中國,獲取高額利潤。奉天製麻業雖然相對興盛,但由於工藝不精,原料浪費多,所產麻匹,除編織粗細繩索外,還不懂得用麻織布。清末東北新政期間,推廣麻的種植,加強麻的生產、銷售市場等各方面調查,區分物種和所產麻質的不同,結合地質差異,改良種植方法,調查產地名稱和產出數量以及不同產地所出產麻的價格,並根據本地和外地銷售市場的情況,加強麻製品的製造,改進麻的用途,一系列舉措帶動了麻種植面積的擴大,促進了奉天實業的發展。

新政期間,東北地方當局設立專門管理、研究及宣講機構,籌集資本,

〔註18〕 〔民國〕金梁撰:《黑龍江通志綱要》實業綱,民國十四年本,第44頁。

參用新法改良牧政、植桑養蠶、發展漁業，並注意引進優良動植物品種，選派新式學堂畢業生管理牧業、養蠶、漁業、製麻耕種等相關事宜，還設立牧徒傳習所、山蠶研究所、漁業學堂等專門教育機構，培養發展牧副漁各業所需要的專業人才，使清末東北牧副漁各業的發展專業化趨勢有所增強。這一現象的出現，不僅推動了牧副漁各業的發展，而且因牧副漁各業所生產的產品大量投入市場，也促進了清末時期大豆等農產品商品化趨勢的增強，帶動了清末東北商業貿易的發展。

（三）移民屯墾

日俄戰後，日本和俄國兩個國家大規模向東北移民。尤其是緊鄰東北的俄國，光緒三十三年（1907）的時候，南部發生大災荒，饑民自發「相率移徙至黑龍江岸」〔註 19〕，程德全對此大傷腦筋。日本為了擴大在中國的殖民利益，緩解國內人口過多的狀況，也大規模向東北移民。這些移民，來到東北後，侵佔荒地，形成自己的聚居地。為了維護利權，東三省地方督撫改變原來的封禁政策，開始考慮從關內招募墾民，發展經濟，以此抵制外國勢力的入侵。

徐世昌在《密陳通籌東三省全局折》中提出了移民實邊的思想，他認為「徙民實邊」是「充實內力」的要義，因「有土無人則雖得沃壤無異石田」，所以移民成為「興利殖產」的當務之急。有清以來，傳統封禁政策之下，農林礦產資源封閉，內地移民受到限制，近期雖然得到一定程度開發，但奉天蒙荒仍有很多沒有開墾，吉林山荒面積廣大，黑龍江省荒地開墾比例什不足二三。東北的廣袤土地，蘊藏著無限的尚未開發的地利。只有解除傳統封禁政策，大開例禁，獎勵移民，才能真正實現東北拓殖的目的，而反對移民東北的人，只是單純考慮了旗民的生計利益，「群相熒惑，不知三省危局已如幕巢，外力侵入日新月異，雖欲斤斤自守，恐不旋踵而將無容足之區，狃目前之小利忘將來之大患為計已。」〔註 20〕光緒三十一年（1905）以後，清政府主動推行移民東北事宜。徐世昌來到東北以後，更決心創辦屯墾，廣興地利，鞏固邊防。成效顯著，僅海龍一縣，設治後就丈放小邊外地四千四百○二畝，又清丈浮多八千○五十九畝八分放。〔註 21〕僅光緒三十四年（1908）一年，授

〔註 19〕《俄國移民至黑龍江就食》，《盛京時報》光緒三十三年三月初二日。

〔註 20〕《密陳通籌東三省全局折》，徐世昌《退耕堂政書》卷 7，第 365 頁。

〔註 21〕白永貞等纂修：《海龍縣志》，民國二年石印本，第 31 頁。

予移植東北的漢人的土地，就有六百三十萬畝。東北的人口到這一年，已有一千八百萬人。〔註22〕爲更好的推動移民實邊措施，總督徐世昌先後設立密山府和農墾局，加強管理。

黑龍江省移民墾荒事務的辦理，在東北三省中佔有重要位置。從清初設立官莊，由旗人在各屬莊地耕墾納賦開始，開墾出來的民田日漸增多。新政期間，爲鼓勵移民來黑龍江墾殖，「奏准設立招待所，凡來江墾戶，携有招待所執照者，由烟臺至營口招商輪船，減收船價；由哈爾濱至松花黑龍兩江之官輪及昂昂溪之齊齊哈爾之鐵路一律減收半價，至隨帶眷口概免收費。」〔註23〕宣統元年（1909），徐世昌、周樹模奏《江省沿邊荒務變通辦法並招民墾荒章程》。宣統二年（1910），錫良、周樹模又制定《江省移民墾荒酌定特別辦法》，提出「就賑撫項下撥給川資」，移民來到黑龍江後，一切墾荒費用，由官府墊給，在訥謨爾河官站一帶，設立招墾行局，管理當地墾務，以期「人安其業，樂不思歸，則他省人民，不待招集亦肯自來」。〔註24〕程德全也提出「遷民實邊請免輪路川費以利遄行」〔註25〕的建議，一系列的措施，促進了民眾遷徙到邊地開荒種田，發展生產。據光緒三十三年（1907）數字統計，黑龍江全省已墾地畝是二千〇三十八萬七千七百五十八畝，未墾地二萬三千〇三萬六千二百八十七畝。到宣統三年（1911），黑龍江省已墾地畝達到了三千九百三十八萬〇七百九十六畝，未墾地二萬二千九百〇四萬三千二百四十九畝。〔註26〕由此表明，黑龍江墾荒事務發展很快，而黑龍江省屯田墾荒事務取得的成績。黑龍江移民屯墾事業的成效，一定程度上也表明東北新政期間移民屯墾已經取得較好的成績。

宣統三年（1911），東三省總督趙爾巽奏請，在奉天省城暫且設立屯墾總局，作爲東三省移民開墾的總機關，進一步對東三省移民屯墾事宜加強管理。

移民實邊政策的推行，使東北邊地社會經濟得到，並進一步充實了東北邊防。清末東北，封禁政策破產，尤其是在新政改革期間，更是著意於開墾荒地、充實邊防，爲此加大了移民到東北邊地的力度。發布招民告示，派人

〔註22〕萬良炯：《東北問題》，商務印書館發行，第 81 頁。

〔註23〕《墾務保案覆准》，《盛京時報》光緒三十四年一月二十九日。

〔註24〕沈雲龍主編：《宣統政紀》，第 723～724 頁。

〔註25〕周樹模《遷民實邊請免輪路川費以利遄行折》，李興盛、馬秀娟主編：《程德全守江奏稿》卷 11，第 610 頁。

〔註26〕〔民國〕金梁撰：《黑龍江通志綱要》田制綱，民國十四年本，第 29 頁。

到關內受災嚴重地區招徠災民到東北，地方政府許以減免川資路費、提供農耕器具和資金口糧、安排食宿或減免荒價的優待政策，後來還設置巡防營隊維持社會安定，以吸引更多的移民來到東北，一系列措施的推行促進了東北土地的開發。大量官地、旗地開始向民地轉化，原來的一些圍場、牧場、葦塘等土地逐漸得到開放，改牧爲農，帶動了東北邊地的農業經濟發展，荒價銀和升科稅增加了地方政府的財政收入。同時，在移民墾荒地區，爲安置流民，加強對流民的統治和對地方官的控制，又在各墾區設立村鎮等各級行政單位，使流民得以合法化，一定程度上排斥了日俄等帝國主義國家對邊疆的入侵。

移民實邊措施在推行過程中，也存在諸多困難，如「款項難籌」、「習俗難移」、「安插難周」〔註27〕等問題。徐世昌言「欲移民，苦於乏款」，曾經嘗試請求輪車免費，部議時未獲通過。允許罪犯帶家屬前往的提議，得到允准卻未能實行。於是「先在嫩江沿岸撥退伍兵丁，從事開墾，預算所需，更番推廣。」〔註28〕又根據興東道徐鼎霖的呈請，由黑龍江巡撫籌撥款項，「仿照屯墾辦法，招兵千名以半防邊以半墾地，應用房井犁牛由官墊給，六年升科後照章納租，籌還墊款，其所墾之地作爲己有。」〔註29〕這種既能夠屯田墾荒，又可以實現戍守邊防的舉措，實施幾年後，成效昭著，對國計、民生都起到良好作用。對開發東北邊疆起到了積極作用。無論是兵屯還是民屯，都起到發展經濟、衛護邊防的重要作用。既使東北得到開發，又在一定程度上緩解了東北的財政困難，充實了東北邊防，在一定程度上抵制了日、俄等國家移民中國現象。

總而言之，經過一系列新政舉措的推行，東北三省農林牧副漁各業有了不同程度的發展。耕地面積大幅度增加。奉天省的耕地面積，咸豐元年（1857）是一千一百五十二萬四千二百畝，宣統二年（1910）增至六千八百二十二萬六千六百一十一畝。〔註30〕吉林省的耕地面積，咸豐元年只有一百四十三萬九千六百畝，光緒三十四年（1908）增至四千九百三十二萬四千一百七十九

〔註27〕 閻毓善《論黑龍江省移民》，李興盛、馬秀娟主編：《程德全守江奏稿・龍沙麟爪》，第1467頁。

〔註28〕 《徐世昌年譜》，中國社會科學院近代史研究所　近代史資料編輯室編：《近代史資料》總第69號中國社會科學出版社，1988年，第37頁。

〔註29〕 《興東籌邊政策》，《大公報》宣統二年七月二十日。

〔註30〕 數字原出於《奉天全省農業統計調查報告書》，1910年。轉引自薛虹、李澍田主編：《中國東北通史》，第499頁。

畝。〔註31〕黑龍江省原來耕地面積極少，到光緒三十四年（1904）已擁有耕地二千一百十萬三千九百七十畝。農產品產量大幅度提高。以長春爲例，光緒三十三年（1907）十二月，長春開埠時大豆及其他土特產物品總額不過三十萬石。宣統元年（1909），大豆產量增加到四十萬石。宣統二年（1910），增加到五十萬石。」〔註32〕作物種類增加。這一時期，在改革農業、籌辦牧政、興辦漁業的基礎上，開始試種棉花，擴大養蠶業規模，使農業經濟作物種類增加，商品糧生產形成「南豆北麥」的基本格局。大小糧棧以及農貿集散市場隨之形成，農產品貿易更爲便利。農產品大批量輸出，又使某些地域成爲商品糧產地，農產品流通體系逐漸形成。農業種植結構的這些新變化，表明：清末東北地區已經開始出現農林牧副漁各業同時發展的趨勢，並推動了東北農業近代化的起步。東北農業新政推行時，設立了農業試驗場、種樹公所、官牧場、桑蠶局等新式專門機構管理相關事務，興辦農業學堂、森林大學堂、牧業學堂、山蠶研習所等新式實業學堂，培養了大批興辦實業所需的專業人才，還通過講演等形式宣傳、普及農林牧副漁等各業知識，並注意引進近代西方先進技術，各項措施的施行，使近代東北農業發展的專業化趨勢增強，農業近代化有了一定程度的發展。

二、工業的發展

東北三省地大物博，物產豐富，工業發展所需原材料極其豐富。但一直以來工藝不興，窮苦民眾不熟悉製造技藝，工藝品品質粗劣。封禁時代尚可因陋就簡，但到清末時期，農業生產日益擴大，交通不斷改善，日俄等國商品充塞鄉間，當地民人百姓缺少先進製造技能，所以很大程度上依賴外來貨物。就連布匹、紙張等，都不得不依靠外來輸入。「今則日用之品，南北交馳，大半爲外國製造，一若全球生計競爭之點集此一隅，其涸固可立而待也。」〔註33〕據統計，奉天外國輸入的製造品中，棉織物及火柴、鐵類占比例最大，實際上這些產品所用原料都來自中國本土，製成產品後再銷回中國，轉瞬間就獲利豐厚。民間的因循守舊，導致工業發展水平落後。即使墾務、林業、礦產諸業再發達，如果失去工業的後盾，利源就沒有保障。利權散失，

〔註31〕數字原出於《南滿經濟調查資料》第 5 集。轉引自薛虹、李澍田主編：《中國東北通史》，第 499 頁。
〔註32〕中國銀行總管理處編印：《東三省經濟調查錄》，1919 年版，第 217 頁。
〔註33〕《奉天省‧工業篇》，〔清〕徐世昌等編纂：《東三省政略》卷 11，第 1578 頁。

必將導致國力匱乏。籌辦工藝、振興工業成為清末東北一項急切要辦的事業。

（一）成立工藝試辦機構

為更好發展東北工業，三省都設立工藝試辦機構。

奉天省

光緒三十三年（1907）四月，趙爾巽在銀圓局內附設工藝局，先從金、木兩科開始試辦。後更名為工藝傳習所，併入農工商局，增設縫、木、雕、漆、繡、毯、染、金等共八廠，招官費學生八十名，聘請專門藝師，傳授工藝，並利用夜間功課之後的閒暇時間，仿照半日學堂辦法，聘請教習，兼授國文、測算、繪畫等學科。後轉隸於勸業道。修建新所，釐訂章程，改良工藝，增設織布、刷印、玻璃、鑿井、胰皂、洋燭等工廠，原有縫染各科附入木、毯等廠。三十四年（1908），奏請立案，把提學司以前所設的藝徒學堂的四十九名學生，併入工藝傳習所，學習各科工藝，等到學業有成，分派到各府、州、縣，從事教授學生或者創辦工廠等相關事務，使民間熟悉各項工藝製造方法，以此挽回利權。創辦不久，因公款不足，宣統二年（1910）改組，由教育會長及學界士紳集資，更名為惠工公司。內分織染、木、油、漆、印刷、胰皂等科。工藝傳習所設立後，因為婦女無職業，宣統元年（1909）十月，在奉天省城大南門裏老工部衙門，組織八旗女工傳習所，經費由旗務處撥發。雖然名為「八旗女工傳習所」，但在招工時，並不限於滿族。內部主要分紡織、刺繡、縫紉、造花、編物、育蠶六科。內附初等女生二級，有所長、所員、教員等職，分管經理、教育各項事務。

黑龍江

光緒三十三年（1907），黑龍江省開始改良木器，招募奉天木工及油漆匠仿造西式几案、坐具，一時試辦工藝之風興起。第二年進一步推廣，改為工藝傳習所，所中預備可以製造靴鞋箱篋的原料——牛皮，可以製造氈氈繩索、布袋的原料——羊毛及策麻、線麻，足供實習所用。但為財政所困，傳習所中的學生僅有十個人，況且缺少技術，規模不完備，教育的範圍狹窄，廣泛傳播給民人百姓的作用難以發揮。另在傳習所外附設勸業場，招收自費生研究學理，「搜羅各土貨，比較技藝，以資觀摩，切實講求，兼營並進」，以期實現學習借鑒的效果。同時，派員到天津工藝局學習硝皮方法，以促進黑龍江省皮貨出口。又陸續興辦造紙、造鹼等工廠。呼蘭、綏化等地的工業學堂，

也次第設立。宣統元年（1909），工藝所改為製造局，委派總辦員司擔任不同職務，開辦以來頗著成效，剛開始時只製造木漆、皮張以及醬油、蠟燭、胰皂等的日用品。但因洋貨物美價廉，商民多半喜歡購買，為擴展工藝製造局產品銷路，該局總辦蔡大令專門印刷傳單，在通衢市井廣為張貼，「凡購木器者八折照算，其餘貨物亦大減價」，期望以此推廣銷路，以「達挽回利權之目的」。〔註 34〕宣統二年（1910）十月，黑龍江省創設八旗工廠，工藝製造局歸併入八旗工廠辦理，藝徒增加到二百名，廠內「特設講堂，逐日限定時間講習簡易識字、國文課本與夫體操、珠算等事」〔註 35〕，教授藝徒增長知識與謀生之道。

吉林省

光緒三十四年（1908）七月，勸業道下設實習工廠，從天津、上海等地招來技師，選本省資質聰穎的幼年子弟，入廠分門學習，給學生提供實地練習的機會。廠內除金科、電科、陶科、製糖、製酒、製紙、製革、印刷、應用化學等各科尚待逐漸推廣外，暫時分設織、染、木、料、雜藝五科。

工藝廠和傳習所的創辦，帶動了東三省工藝的發展，成效顯著，一定程度上爭取到一些原為外國商品在中國所佔有的市場。新政推行幾年後，日用品所需在一定程度上可以實現自給，無業的窮苦百姓，也藉此得以謀生。

（二）創辦工廠

東北推行新政期間，東北三省在試辦工藝過程中，雇用外國技師，購入外國機器，以簡易方法教授、傳習。但因成本高，收效又無把握，審財量力之後，開始在容易收效的事業方面著手，興辦工廠。新政期間興辦的工廠主要有以下幾類：

造磚場

奉天原來即有磚瓦製造，但僅只滿足於供應本地所需，俄國佔領南滿後，開通商埠、建築益繁，原有磚瓦廠所產磚料供不應求。於是趙爾巽主持設立造磚場，這成為奉天官辦工業的開始。造磚場創辦一年以後，磚價日漸平穩，公私稱便，也為磚瓦製造業營造了一個良好的發展空間。僅從大連一地磚瓦製造業的發展情況就可以充分說明。到宣統元年（1911），大連所有

〔註34〕《工藝局推廣招徠》，《大公報》宣統二年九月初一日。

〔註35〕周樹模《八旗工廠將工藝製造局歸併辦理折》，李興盛、馬秀娟主編：《程德全守江奏稿·周中丞撫江奏稿》卷 4 上，第 1368 頁。

的四十二家磚廠中，除十六家磚廠是日本人辦的外，中國人自己辦的有二十六家。〔註36〕光緒三十四年（1908），吉林出現了最早的商辦機器造磚公司，吉林的造磚業也已起步。

造紙廠

東三省造紙原料豐富，成為各省發展實業的一個重要來源。奉天省因官府文牘所需用紙張，不能遲誤，於是設立官紙局，批發各項紙張。吉林設立官書印刷局，附設書報觀覽所，添設藝徒半日學堂。三省試辦工藝廠之時，就把教授學員製紙技術作為一項重要內容來辦。光緒三十三年（1907），黑龍江還設立北路工業小學堂，分別造紙、造鹼兩科，實地練習，造紙原料多半來自於當地，製造方法效法於東、西方先進國家。造紙技術經過逐漸改良，就地取材，所產紙張，運費減少，成本降低，「以本地產出最廉之紙，抵抗東西洋遠來騰貴之紙，杜外人壟斷之謀，因以圖江省漏卮之塞」〔註37〕。造紙產業利權所有既不外溢，而百姓知識和技能又可以藉此逐漸開通。

電燈業的發起

光緒三十二年（1907）十月，胡廷儒發起，赴外地調查，引進國外先進的電器設備和人才，準備招商股二十萬元，創辦寶華電燈公司。三十三年（1907）開始運行，三十四年（1908）正式發電。後蔡濟勤接辦，後因商家股款久無著落，於是改商辦為官辦，命名為官辦電燈處，所有街道、衙署、局所、商家都相繼使用電燈，成效顯著。在官辦電燈處的帶動下，哈爾濱、寧古塔、齊齊哈爾及長春等地也陸續開辦公司，如哈爾濱商辦耀華電燈公司，寧古塔火磨公司亦附設電燈，哈爾濱耀濱電燈公司，原來商辦，後改歸官商合辦。齊齊哈爾官辦卜奎電燈廠，宣統元年（1909）建成發電。長春商會也準備合資開辦電燈廠。光緒三十四年（1908年），奉天銀圓總局總辦、郎中舒鴻貽呈請在奉天銀圓總局原址設電燈廠，得到徐世昌批准。錫良到任後，委派道員祈祖彝繼續訂定章程、購料安機、測地豎杆等相關事宜，並派省城巡警加以保護。宣統元年八月二十二日（1909年10月5日），電燈廠正式開辦。幾年時間，奉、吉、黑三省陸續開辦官辦、商辦或者官商合辦的電燈廠，雖然因款項不足，未能充分發展，但在主政者倡導下，確立了一定的發展基礎，

〔註36〕孫毓棠編：《中國近代工業史資料1840～1895》，《中國近代經濟史參考資料叢
　　　　刊》第2種，科學出版社，1957版，第315頁。
〔註37〕《紀造紙工業》，〔清〕徐世昌等編纂《東三省政略》卷11，第1641頁。

邁出重要一步。東北電政事業的發展，一定程度上挽回了利權，抵制了外來勢力的入侵，增強了與帝國主義壟斷電力相抗衡的能力。

榨油業

清末，東三省大豆產量位居農作物產量之首，帶動了以大豆為原料的榨油業的迅速發展。原來奉天省城工業的主要項目——榨油，多用土法，勞民傷財，事倍功半，隨著機器榨油的出現及推廣，榨油業得到發展。尤其是日俄戰爭後，歐美各國對豆油的需求大幅度增加，奉天境內的機器油坊日漸發達。〔註38〕光緒三十三年（1907），安東有榨油廠八家。宣統元年（1909）金州、普蘭店有榨油廠二十家。宣統二年（1901），大連榨油廠增加到三十五所，宣統三年（1911）增加到四十七所。營口機器榨油廠有三十六家。奉天有二三十家油坊，也都採用機器榨油。〔註39〕新政時期吉林榨油業也迅速發展，資料有載：「自一九〇六年雙和棧油坊開設以來，一九〇八年增加到十八所工廠，一九〇九年增至三十五家，逐年呈倍加的盛況。」〔註40〕

製糖廠

糖在東北銷路非常廣，以東三省所有人食用糖的數量計算，每年需白銀四百餘萬兩，此項貿易以前都為俄日兩國所獨占。光緒三十四年（1908），奉天、吉林兩省的官紳募集八十萬元華股，在肇州廳五站地方設立富華製糖有限公司。為保證充足原料，在肇州廳董分防經歷管轄下的昌五城，購買肥沃土地，嘗試招佃種植糖蘿蔔，所產糖蘿蔔每枚約重四、五斤，皮光質脆，味道極其甘甜，以此為原料製糖，足以與外來輸入的產品相媲美。富華公司製造的糖，「就使僅在三省行銷，已足挽回四百餘萬金之利益」〔註41〕。若能逐漸推廣，進一步銷往天津、上海等商埠，並外銷俄國海參崴、伯力、黑河，所獲的財富將成為振興實業，挽回利權的重要來源。

麵粉業

黑龍江盛產小麥，麵粉的食用在日常生活中占相當大比重。清朝末年，俄國商人在哈爾濱設立的機器麵粉廠，所用小麥購自東北，機器生產，汽車

〔註38〕 馬汝珩、成崇德主編：《清代邊疆開發》，山西人民出版社出版 1998 年版，第 440～441 頁。

〔註39〕 張志強：《近代東北的榨油業》，《東北地方史研究》，1984 年第 1 期。

〔註40〕 日本工業化學會滿洲支部編，沈學源譯：《東三省物產資源與化學工業》上冊，第 128～130 頁。

〔註41〕 《紀富華製糖公司》，徐世昌等編纂：《東三省政略》卷 11，第 1642 頁。

運輸，在東三省及蒙古部落一帶銷售，或者船運山東、直隸沿海等地方，轉手間即可獲利數倍。而黑龍江當地商民卻依然固守傳統，坐視利權喪失而不知爭取。光緒末年官紳已經深刻認識到：「商智不開，漏厄何極，非官力爲之提倡，不足以振聳其耳目，鼓舞其精神」〔註42〕，光緒三十三年（1907），程德全委派協領純德在天津、上海訂購火磨等機器，開設火磨麵粉廠，共計前後撥給官股銀四萬。後來又成立裕順德磨面總公司、恒發裕機磨麵粉公司。到宣統三年（1911），哈爾濱已有華商經營的麵粉廠七家。所生產的麵粉因質量優良而暢銷於市，甚至可以與俄日兩國所產的麵粉相抗衡。

此外，還有皮革，本爲土特產品，但除錦州外，皮製品還很少，出口日、俄兩國。新政開始，奉天在省城大東門外籌設硝皮廠，研究硝製方法。

工廠的開辦，帶動了風氣的開化，積攢了一定的財力，工廠的數目有了較快的增加。到宣統三年（1911），奉天有官辦奉天八旗工藝廠、八旗女工傳習所、奉天第一女工廠、貧民習藝所、造瓦廠、官紙局，官商合辦的有惠工公司（原工藝傳習所），商辦的有錦縣第一工廠、鎮安集義公司、彰武東升碱業公司、廣寧工藝局、廣裕實業公司、遼源碱業公司、義州實業工廠、營口等處的機器榨油廠及官辦的錦縣八旗工藝分廠。吉林的實習工場、貧民習藝所、吉林旗務處工廠、工藝教養所（內由習藝所、女教養所、養濟所）。但因當時中央和地方政府財力薄弱，民眾智識不足，工廠創辦本身存在較大難度，收效亦非馬上可見。三省各項工廠的開辦，表明東北工業開始振興。

機器的利用促進了實業的發展。新政中麵粉業率先使用機器，此後機器生產進一步推廣到織布、紡紗等行業，促進了工業發展，商業得以繁盛，就不難抵制外來商品的輸入，從而挽回利權。農業技術方面，作爲黑龍江省經濟發展的重要內容，機器作業的重要性更加明顯。原始的木犁農耕的生產方式和機器耕作的生產方式相比，體現在效率和產出等方面的對比也是顯而易見。在機器的使用與推廣方面，政府的提倡與促進發揮著重要作用。但邊地財政困難，要促進機器生產必須要有相應款項，如果不採取官商合辦方式，難以達到開拓利源而振興國力的本意。於是，東北地方當局以官商合辦的方法來振興東北三省機器製造業的發展，並以之帶動東北三省實業的進步。光緒三十三年（1907）六月間，程德全督飭本省瑞豐農務公司訂購兩具火犁，總計用去白銀兩二萬二千二百五十兩，由政府支付，火犁轉發農務公司。農

〔註42〕《紀火磨麵廠》，〔清〕徐世昌等編纂：《東三省政略》卷11，第1643頁。

務公司招集股本，收價代墾，派東布特哈總管就近管理。等到著有成效後，再將官本分年撥還官府，繼而陸續購置新機器，以期達到「移民實邊」的目的。

三、礦山的開採

東三省礦藏豐富，煤炭含量最多，僅奉天省開始發掘或者已經探知的礦源就不下四百餘處。封禁政策下，豐富的資源難以得到很好的開發和利用，民間私挖濫採現象極為嚴重，資源流失，正常的課稅難得。奸商隱匿，胥吏侵吞，能夠真正到官課稅的僅十者有其一。甲午戰後，礦禁政策才稍有放鬆。政府加力試辦，但收效甚微。光緒二十七年（1901）以後，東清鐵路開通，日俄兩國覬覦東北，鐵路沿線採礦權丟失，不僅僅是關乎地利，更涉及國家利權。徐世昌任職東三省後，遴派合適人員，詳細考察東三省已辦礦產，酌訂章程，籌劃東三省礦藏開發事宜，並設立礦政調查、管理機構，籌集款項，開採礦山，加強礦稅的徵收。

（一）設立礦政調查、管理機構

光緒三十一年（1905），清政府頒布《大清礦物章程》。遵照部章，趙爾巽設商務局兼管礦稅徵收工作，後農工商部上奏，朝廷允准，各省設立礦政調查總局，奉天、吉林礦政調查局相繼設立。是年冬，奉天礦政調查總局設立。改設行省後，隸屬勸業道，由礦政局總辦道員祈祖彝兼署勸業道，從此「礦政有專責，商民報領日眾」。〔註43〕後祈祖彝調任東邊道，道員徐廷爵接辦相應事務。吉林礦政調查局設立於光緒三十四年二月初一日（1908 年 3 月 3 日），統轄全省礦務，歸勸業道管理。此外，吉林還先後設立三姓金礦局、東路礦務調查局、河局等相關機構，對本省金礦、煤礦等各處礦藏的開採、礦稅的徵收等事務加強管理。其他鉛、煤等礦，都是商人勘辦，尚未設局。不久，吉林礦政調查局幫辦曹廷杰向徐世昌提出辦理吉林礦政想法：「竊謂礦政有三要焉：一在厚資本，一在寬時日，一在集人才。三者之中，尤以厚資本為最要。」〔註44〕為此，盡可能鼓勵商民出資出力辦理礦政，不久又擬定吉林礦政調查總局簡章二十二條，以資遵守。黑龍江也於光緒三十四年（1908）

〔註43〕《礦業上》，《奉天通志》卷 116，實業 4，礦業，第 2624 頁。
〔註44〕《嚴立規程開辦礦務》，叢佩遠、趙鳴岐編：《曹廷杰集》（下），《中國近代人物文集叢書》，中華書局，1985 年版，第 491 頁。

成立礦政調查局，籌備全省礦政事宜。

（二）礦藏的開採及礦稅的徵收

新政中，東三省礦藏的開採和礦稅的徵收，主要以煤礦和金礦以及有色金屬礦的開採為主。概述如下：

煤礦的開採以奉天、黑龍江較為集中

1. 本溪湖煤礦。光緒三十三年（1907）二月，有人建議以與日商合資的形式收回本溪湖煤礦，宣統元年（1909），兩國議定兩國分籌股、限期納稅等事宜。其他如五湖嘴、搭連嘴子、龍鳳坎、新屯、牛心臺等煤礦，均以合辦方式解決。一年之間，通過發放礦照和探礦照，所收各項稅款數額增加，補充了政府財政收入。2.尾明山煤礦。原來曾有俄國人私自開採，盛京將軍增祺在任時，奏定專歸中國官辦。日俄戰爭結束，日本借戰勝之機佔領尾明山煤礦，三十一年（1905）多才交還。光緒三十二年（1906）春，趙爾巽飭令歸礦政局管理，以知府熊壽籛為總辦，縣丞尹福海為副辦，兼管遼陽全屬礦稅事務。光緒三十四年（1908），祈祖彝調任東邊道，徐廷爵接辦礦政調查總局事務，查出帳目有問題。飭令整頓尾明山官本煤礦。五月，調整新頒部章中阻礙商業發展的相關規定。令礦務與稅局分別管理，每年照提官利，分年撥還原本，明定帳款，分類報銷，確立售煤三聯單，九月，又請諭旨派商人周從龍勸導海外華僑，組織奉省礦務。十一月，斟酌擬定河金收取稅課。一年之間，通過發放礦照、探礦照，收取大量稅款。3.甘河煤礦，光緒三十二年（1906），由全純德試探。是年八月，撥官款二十萬弔，包給把頭募丁開採，是官辦性質煤礦。到三十四年（1908）底，出煤二萬噸，銷售僅二百五十噸，虧二萬五千弔。〔註45〕宣統元年（1909），向廣信公司借款 20 萬兩，繼續開採。〔註46〕4.札賚諾爾煤礦，開始時由中東鐵路公司開採。光緒三十二年（1906），哈爾濱鐵路交涉局與中東鐵路公司議定合同，每一千斤煤收稅銀一錢二分，設中國煤稅局一處。僅三十四年（1908）一年，即產煤二萬萬餘斤，收稅二萬餘兩白銀〔註47〕，但因中東鐵路公司的參與，所以存在利權外溢之嫌。

〔註45〕《紀甘河煤礦》，〔清〕徐世昌等編纂：《東三省政略》卷 11，第 1644 頁。

〔註46〕原載於《中國官辦礦業史略》，第 32 頁。轉引自孫毓棠編：《中國近代工業史資料 1840～1895》，第 871 頁。

〔註47〕徐曦：《東三省紀略》邊塞紀略上，商務印書館，1915 版，第 195 頁。

金　礦

1. 吉林。三姓金礦是吉林產量最大的金礦，以前就有民間私自開採，後轉歸商辦，光緒三十三年（1907年）地方政府收回，著力整頓，三十四年（1908）以後，頗有起色，「每年產量約 2,000 盎斯，其中十分之七支付工資，餘存十分之三，一半爲辦公費用，另一半黃金 300 昂斯繳納藩庫」〔註48〕。除此以外，三十三年（1907）還收回通懷等處礦產，採取官商合辦形式，訂定合辦通懷二十八處礦務合同、條規、章程、帳略等件。光緒三十四年（1908），勸業道在吉林密山創辦興隆溝金礦，也是官辦性質的礦藏。2. 黑龍江。漠河、奇乾河、庫瑪爾河、餘慶溝、觀音山、都魯河等六大官礦都在黑龍江的沿岸。漠河金礦，金脈豐富，光緒十二年即奏請開辦，以官督商辦形式，後爲俄國侵佔，三十二年（1906）收回。開始經營不善，用人不得力，效果甚差，改設行省後，徐世昌、周樹模特地派遣礦師前去檢查，設民官加強管理收效很大。吉拉林河、都魯河、庫瑪爾河等金礦，都是含量非常豐富的礦藏，開始時都有俄國人越界開採的階段，收回後，地方政府加強管理，改進開採方法，採取官辦和官商合辦形式，逐步訂定金廠稅捐章程，整頓金礦弊政，因地制宜，結合部章及東三省自身實際情況，驅逐俄國人勢力，擴大礦產開發。所收費稅，作爲招集工人開採金礦的資本，也爲籌款實邊的長遠大計作出貢獻。吉拉林金礦，原曾被俄國佔領，收回後商人承辦，光緒三十四年（1908），增設民官，礦產轉歸官辦。這一時期，清政府所辦金礦中，一部分是從俄國收回繼續開辦的，業已經過俄國開採，加之國內地方政府財政跼蹐，商人能力有限，所以這些金礦既便是漸有起色，業已遠遠達不到從前的繁盛了。3. 奉天。宣統二年（1910），錫良採取聯合中外商人組織公司的措施，開辦奉天海龍府屬金礦，經過兩年整頓，奉天金礦已有較大起色。

開採有色金屬礦藏——銅礦

1. 磐石銅礦。光緒三十二年（1906）姚品三稟請試辦，因不能制鍊淨銅，虧折停辦。三十四年（1908），吉林省撥官款三萬兩、錢十五萬弔開始試辦，一年後招商合辦，經吉林巡撫批准，宣統二年（1910）改爲官商合辦，定名爲磐石銅礦有限公司。〔註49〕2. 接梨樹銅礦。趙爾巽時期開始在接梨樹礦地創設公司，試辦開採。後礦政調查局籌集官款，進一步開採，同時還招募中

〔註48〕 孫毓棠編：《中國近代工業史資料 1840～1895》，第 557 頁。
〔註49〕 孫毓棠編：《中國近代工業史資料 1840～1895》，第 523 頁。

國富有商人接辦，「以杜日人覬覦之詭計，保我國固有之利權」〔註50〕，經地方督撫與日方交涉，直至將該礦私採的日人驅逐出境，以堅決衛護中國主權。

以上可見，東三省礦產豐富，採礦公司日益增多，爲工礦商各業的發展準備條件。但仍存在一部分礦藏的開採權爲帝國主義所佔據，尤其是中東鐵路和南滿鐵路沿線的礦山開採問題，長久以來一直令中國東北官民大傷腦筋。資金不足，運道不暢，管理不善等等的因素，決定東北礦政還尚待進一步調整。其實，東三省的主政者也曾著力改善一些相關問題，例如對於煤礦所產煤炭外運的問題，徐世昌派員調查後，得知是因爲「銷場之不廣」，而「實由於運道之不靈」，於是宣統元年（1910）向廣信公司借款二十萬兩，自九峰山煤窰至嫩江西的伯爾建馬拉輕便鐵路，總長一百二十里，民國元年（1912）竣工。又在嫩江添置風船二十隻，運道較便。〔註51〕煤炭外運的道路得到改良，煤礦得以進一步開發。

清代末年，東北地方當局通過設立專門的工藝試辦機構、創辦各種不同類型的工廠，推動了東北近代工業的迅速發展。另外，還設立專門的礦政管理機構——礦政調查總局，負責礦政事務的處理，東北地區的礦政事業逐步發展起來。這一系列舉措的推行，使東北工礦企業有了一定程度的發展。

這一時期開辦的各種工礦企業，已呈現出一定的資本主義色彩。新政時期，東北地方政府創辦了各類工廠、公司，或者鼓勵民間投資興辦一些工礦企業。根據資本來源和不同資本在企業中所佔比重的不同，可以把這些企業劃分爲官辦、官督商辦、官商合辦、商辦等不同形式。在其中的官商合辦、官督商辦及商辦的工礦企業內部，施行了股份制。例如吉林磐石銅礦剛開始創辦時，撥發官款三萬兩、錢十五萬弔，後由上海商人唐鑒章招集股本二十萬元，〔註52〕改爲官商合辦。其他如哈爾濱商辦耀華電燈公司、長春電燈廠等企業也都是採取商人集資或者官商合資開辦的性質，以參股的形式進行辦理。這些企業內部，實行工資制，工人的人身依附關係也較爲鬆弛，不斷掀起反抗鬥爭。光緒三十四年（1908）二月，鐵嶺油酒工人二百五十人爲反對減低工資舉行罷工；宣統二年（1910），在鴨綠江木植公司又發生採木工人要求發給工資的鬥爭；宣統三年五月，吉林造紙廠爆發工人抗議工資過低的罷

〔註50〕《紀接梨樹銅礦》，〔清〕徐世昌等編纂：《東三省政略》卷3，第515頁。

〔註51〕孫毓棠編：《中國近代工業史資料1840～1895》，第536～537頁。

〔註52〕《中國官辦礦業史略》，第33頁。轉引自孫毓棠編：《中國近代工業史資料1840～1895》，第523頁。

工。可見，工人爲爭取工資而進行的這種自發性的鬥爭一直存在，半殖民地半封建社會的歷史條件，決定了東北新政時期創辦的工礦企業帶有封建性、買辦性特點。

清末社會發展相對落後的東北地區，隨著農業的迅速發展，豐富的農產品爲工礦業的發展提供了必需的原材料，方便快捷的交通運輸條件爲工礦企業的發展創造便利條件，外資企業的存在爲東北興辦新式企業提供一定的榜樣和示範作用，外來移民的大量涌入爲設廠辦礦提供了大量廉價勞動力，東北工礦企業逐漸興辦。這些廠礦企業的設立，在東北經濟發展史上不同程度的起到積極推動作用。

但新政期間，因資金不足，相應技術人員缺乏，原料和燃料不能充分供應，所以在很大程度上限制了工業的興辦。東北的大豆榨油、高粱釀酒是屬於東北工業發展的特色之一，但這時的榨油業和釀酒業等基礎加工工業仍有很大一部分是在設備簡陋的作坊裏生產的，大多數是手工操作。新政時期，隨著機器的引進和電力工業的興起，機器和電力開始逐漸應用於工業生產，一定程度上促進了工業的發展，但仍難脫傳統手工作坊的色彩。同時交通設施不完善，作坊生產出來的豆油、燒酒外運困難，也阻滯了東北地區工業生產發展步伐。

四、交通、電訊事業的發展

（一）修建鐵路

東三省幅員廣大，交通運輸自然極其重要。清末東北新政前，交通運輸發展相對落後。俄國和日本爲加大對中國東北的侵略，在東北相繼修築中東、南滿兩大鐵路，不久英美等國也紛紛籌劃投資東北的鐵路建設。清末新政初始，東北的鐵路航運等交通利權大半爲外人掌控。清政府自己修築的鐵路里長屈指可數，如果再不加強交通建設，那麼東北三省的各項利權亦要隨之丟失，且「鐵路之使命，不特供給人民以改良的運輸，且開闢地方以調劑人口，接濟糧食，發展商業。」〔註 53〕爲阻止列強擴張，保護利權，東北三省的主政者開始著手收回外國人修築的鐵路並開始籌款修築自己的鐵路。下面就東北三省幾條主要鐵路的修築以及籌議修築的情況加以簡要介紹。已經築成的

〔註 53〕金士宣編：《中國東北鐵路問題彙論》，天津大公報館發行 1932 年版。第 8～11 頁。

鐵路主要有：

京奉鐵路

日俄戰爭後，日本人在奉天相繼修築了一些小鐵路，徐世昌爲此曾言「宮闕之近，而撫順同江等處之因載煤運兵增築鐵路者，更莫之能過矣。」〔註54〕其中奉天至新民屯的軍用鐵路，總長一百二十里，清政府一直在努力爭取贖回該路，光緒三十三年三月十一日（1907年4月23日），直隸總督袁世凱會同商部與日本談判，贖回該段輕便鐵路，「議定售價日本金元一百六十六萬元，在天津交付」〔註55〕，改設寬軌。再加上三十一年（1905）二月，北京到新民屯間鐵路建成通車，關內外鐵路西起北京，東達奉天，連成一線，光緒三十三年七月初四日（1907年8月12日）全路完成，總長八百四十二公里，改名爲京奉鐵路。京奉鐵路的建成，對於關內外的經濟和軍事意義重大。

新法鐵路

光緒三十三年（1907），郵傳部準備延長奉天至新民府的鐵路到法庫門，以方便與蒙旗的交通。新法鐵路的修築受到日本的干預和阻撓，當時日本提出該路修築違背《中日滿洲善後條約》中關於「中國政府爲保護南滿鐵路利益起見，允許於該路未收回以前，不建設於該路附近或與該路平行之幹線，或建有損害該路利益之支線」〔註56〕的承諾，屢次與中國地方政府聯絡，要求新建鐵路必需「與南滿洲鐵路毫不相涉」〔註57〕，清政府據理力爭，後地方督撫提出借外債修鐵路的建議也未施行，在日本的抗議聲中，清廷與英國保齡公司簽訂築路合同，但由於日本對該公司不予支持，致使新法鐵路無法開工。

吉長鐵路

光緒二十八年（1902）六月，吉林將軍長順奏請修築吉長鐵路，戶部撥款八十萬兩，吉林省自籌及招集商股一百八十萬兩，不久俄國出面干涉，簽訂了一個由中東鐵路公司修築的合同。日俄戰起，原來所議未能施行。日俄

〔註54〕《密陳考查東三省情形折》，徐世昌《退耕堂政書》卷5，第216頁。

〔註55〕《清與日簽訂中國收買日所造新民府至奉天鐵路協定書》，《趙爾巽檔案全宗》，139號。

〔註56〕金士宣編：《中國東北鐵路問題彙論》，天津大公報館發行1932年版，第131頁。

〔註57〕王芸生：《六十年來中國與日本》第5卷，生活・讀書・新知三聯書店，1980年版，第76頁。

戰後，達桂以原合同已過期無效爲由，爭取自辦吉長鐵路。三十一年（1905）十月，準備由官帖、銀元兩局餘利及公款內，先期籌撥購料興築，奏請由前北洋大臣袁世凱爲督辦，但在尙未議定之時，日本提出代替俄國修築吉長鐵路的要求。三十三年（1907），外務部與日本簽訂條款七則，允諾「借日金二百五十萬元，並聘用日人爲技師長」〔註58〕。雖然吉林紳民也掀起集款自辦的抗議，終未能阻止日本插手吉長鐵路。但築路的進程非常緩慢，民國12年10月20日，才竣工全路通車，全長二百四十里。運營過程中，西端與中東、南滿鐵路相連，東端與未來的吉會線相接，但在日本的勢力範圍之下，難以取得較好的經濟效益，民國二年（1913），竟然虧損達五十九萬六千六百九十四元。

　　爲抵制俄國的中東鐵路和日本南滿鐵路，東北地方政府在新政期間除修築這三條主要線路外，還修築了其他一些鐵路，如齊璦鐵路、哈綏鐵路、齊昂鐵路、甘河輕便鐵路等多條鐵路。此外，還有一些曾經議修卻未能付諸實施的線路。如奉延、錦璦、新齊、錦洮西線、錦洮東線、齊璦、蘭海、奉熱等路線，都是曾議修而擱淺的路線。其中，璦琿線的籌議與擱淺很有典型性。

　　修築錦璦鐵路的計劃最開始是由程德全提出來的並得到徐世昌的支持，錫良上任後這一計劃得到進一步的提倡。針對日俄分占東北並憑藉橫貫東北的中東、南滿兩條鐵路不斷加深對東北的侵略情形，爲抵制日俄、扭轉利權外溢狀況，錫良於宣統元年（1909）八月上奏摺，明確提出「非於兩國鐵路線之外，另築一路不足以救危亡」「非借外人之款不足經營東省，尤非藉外人之力，無由牽制日俄，諭旨厚集洋債，互均勢力兩言，實足救東省今日之危迫、日俄相持之局。」〔註59〕可見，錫良籌修錦璦鐵路，其主旨即在抵制日俄的侵略。錦璦鐵路全長二千六百多里，「斜貫滿蒙之間。西南達於遼海，而葫蘆島爲之尾閭，滿州北部一大動脈也」，該鐵路一旦建成，「則東清南滿之利益，必爲此路所吸收，且鐵路既通，移植尤易，生聚日蕃，地利自闢。且錦璦一路於外交國防關係尤巨，不僅趨重於營業一端也，假款美英，以分日俄之勢，則東省外患紓，建輸送機關，以備不虞，則滿蒙氣脈貫，所以聯絡海陸，規運取勢，樹北滿之骨幹、制東清之強權，胥於是乎矣。」

〔註58〕張書翰、馬仲援修，趙述、金毓紱纂：《長春縣志》卷4，民國三十年鉛印本，第46頁。

〔註59〕《清宣統朝外交史料》卷9，《錫良、程德全致樞垣遵旨籌借洋款議築錦璦鐵路電》，第3579～3580頁。

〔註 60〕東北地方當局籌修這樣一條戰略意義如此重要的鐵路，本意即是削弱日俄等國通過鐵路進行殖民滲透和侵佔東北各項利權給東北帶來的危害，維護清政府對東北的有效統治，因此得到朝廷上下眾多贊同與支持。雖然這一計劃在日、俄、法等國的反對聲中不了了之，但東北新政中在鐵路建設方面注意收回利權、維護統治的出發點是值得肯定的。

鐵路的修建，使交通運輸更為便捷，米糧豆、煤等貨物的運輸量大增，促進了農產商品流通，煤炭外銷和糧食調運以及所需用品的運進都較以前更為方便，商業貿易得到促進和發展，捐稅收入也有增加，外來移民便於來到東北，邊遠荒地逐漸得到開墾。但鐵路利權外溢的問題，卻往往因為日俄等國家干預和插手，所採取的政策軟弱，還是缺乏實力。

（二）加強航運

修築鐵路前，水路航運在東北交通運輸中佔有重要地位。「蓋輸運貨物，以水路交通為最便宜，此固世界大商業家之所公認者也」〔註 61〕，當時「東北航運，在北當以黑龍江、松花江、烏蘇里江為三大幹線，在東南當以圖們江、鴨綠江為幹線，在南當以遼河為幹線」〔註 62〕。

清末時期，隨著鐵路修建里程的增加，經常會出現鐵路線與水路航運線路並行的情況，而每當遇到鐵路與航運線路並行之時，「貨物運輸，當然以取道鐵路為便捷」〔註 63〕而北方港口或者內河碼頭，每到冬季至少有三個月的結冰期，經常發生河道淤塞改道等現象，給水路運輸帶來極大不便，從而衍生種種障礙，「若不設法整頓，急起直追，不獨三省商務受無窮之害，其影響及於全國，實非淺鮮」〔註 64〕，水路運輸貨物的途徑大有為鐵路運輸所取代的趨勢。

遼河流域，地處「數大都會之處」，有大量貨物經由遼河轉運，「尤以大豆與豆餅為最火」，「每年計有五十五萬四千七百六十噸之多，約計每日輸送應有一千七百九十四噸。」〔註 65〕由此可見，遼河在東北水路交通方面極為

〔註 60〕徐曦：《東三省紀略》，商務印書館，1915 年版，第 464 頁。
〔註 61〕《附工程司秀思詳查遼河情形說》，〔清〕徐世昌等編纂：《東三省政略》卷 11，第 1587 頁。
〔註 62〕方樂天：《東北問題》，商務印書館發行，第 41 頁。
〔註 63〕方樂天：《東北問題》，第 41 頁。
〔註 64〕《紀開港計劃》，〔清〕徐世昌等編纂：《東三省政略》卷 11，第 1590 頁。
〔註 65〕《左都御史陸宗輿奏東三省各項要政請飭迅速舉行折》，吉林省檔案館、吉林省社會科學院歷史所編：《清代吉林檔案史料選編・上諭奏摺》，第 134 頁。

重要。但遼河時常泥沙淤積、河道變淺變窄，除去每年幾個月的封凍期，眞正能夠航行的時間很短，如果不及早改造，勢必帶來更大不便。爲進一步發揮遼河水路航運的優勢，改善並增強運輸能力，光緒三十二年（1906），趙爾巽飭令農工商總局，籌設濬河公司，準備疏濬遼河、松花江、黑龍江等河道，加強東部航運交通的能力。只是河道修濬工程涉及專業知識，不是僅憑理想的計劃就能夠草率興工的。三十四年（1908）八月，徐世昌專門聘請英國工程師秀思，實地考察遼河河道，結合不同河段的實際情況，制定適宜的辦法，以期保證水量足用，交通便利，進而推動商業發達。並根據秀思的調查結果，開闢葫蘆島爲新港口。

松花江流域四通八達，貫穿吉林、黑兩省，松花江航運作爲吉林水路運輸的主線，與東清鐵路相輔相承，在吉黑兩省佔有重要地位。光緒三十三年（1907）八月，徐世昌派候選縣丞王鴻藻到松花江上下游調查航路、訂購輪船，在哈爾濱設立官輪總局，吉林省城及小城子新城、三姓三處設立分局。三十四年（1908），委派王鴻藻爲局員，隸屬勸業道，這成爲創辦松花江上游航業的開始。後官輪局遷回省城，改名爲吉林上游官輪總局，管理松花江上游航運，原來官輪局內的吉清小輪及吉杭、吉桴兩船，仍留原局，作爲上游載運所用。只是吉清機小力弱，因此又定購拖力較大的小輪二艘，宣統元年（1909）夏，下水駛行，航運能力加強。

光緒三十四年（1908）六七月間，徐世昌派員前往松花江、黑龍江流域詳細調查後。經三省督撫反覆磋商，擬定郵船辦法，決定在哈爾濱設立松黑兩江郵船總局。九月，黑龍江交涉局總辦、候選道於駟興呈請兩江航路由吉、江兩省會商合辦，所需經費由兩省分別承擔。十月，委派候選道王崇文爲郵船局總辦，籌辦各項應辦事宜，哈爾濱原有官輪局改爲郵船總局，這是松黑兩江郵船局創辦的開始。哈爾濱原官轄局下所屬的吉源、吉瀛、吉槃、吉榮、吉森各船，由兩江郵船局接收，下游航運，另派合適人員專職管理。如下幾項，是創辦郵船局的重點所在：「廣籌經費以期機關之完備」「修濬航路，以防灘石之障害」「多購輪舶，以圖商業之發達」「添設水巡，以護行李之往來」〔註66〕。自此，松花江下游航運能力得以加強。

郵船總局與官輪總局各自劃清事權，相互呼應，較爲靈便，江路開通，郵船發達，再籌備歸併到一起的事宜，以統一事權。

〔註66〕 《紀創辦郵船局》，〔清〕徐世昌等編纂：《東三省政略》卷11，第1632頁。

（三）籌辦電訊郵政事業

東北三省幅員遼闊，邊事交涉等各項事宜日益繁多，新設立的一些府、縣，卻連驛站都沒有通達，文報遲滯。原有電報的籌辦，分官辦和商辦兩種性質。商局注重都城市鎮的繁盛，希望獲取更多的報費。官局，注重消息的靈通。光緒三十二年（1906），道員黃開文來到東北，籌辦電報電話線路的修復事宜。當時日本軍隊還沒有撤出東北，修復事宜受到重重阻撓。一年多以後，奉天吉林之間的電報才得以通暢，所用款項由商局墊撥。自此，電報局變為商辦，然而亟待修復之處很多，商局籌措墊款也是越來越難，所以想要回覆到創辦之初時的狀態已是不可能。

為籌辦電訊事業，光緒三十二年（1906）二月，趙爾巽設立奉天文報總局，著手在新民、興京、錦州、營口、遼陽、昌圖、鳳凰城（後移設安東）、遼源、開原等地設立分局，並在鳳凰城設站所一處修復原有總長約一千二百餘里的電報電話線路。奉天省城至營口約三百六十餘里的線路，也即將辦成。後來奉天文報總局附帶辦理吉林、黑龍江兩省的文件事宜，奉天文報總局即改名為東三省文報總局。趙爾巽任職期間，奉天的郵政事業得到進一步發展。光緒三十三年（1907），安東縣郵局始辦郵政業務，當年大東溝郵務局和黃土坎、北井子、紅旗溝、大房身郵寄代辦所及大李家堡子郵務信櫃共發信函約二萬四千件、包裹三百件。翌年四月，大孤山郵務局成立，年末，收平信八萬多件、掛號信六千多件、明信片四千多件；發平信五萬多件、掛號信四千多件、明信片二千多件、包裹一千多件、印刷品千餘件。〔註67〕改設行省後，徐世昌著力籌辦、擴充原來電報線路。東三省電報總局下轄十六個分局、二十八個報房。據光緒三十四年（1908 年）統計，電報局所收款額與需要支出款額對比後，竟出現十六萬七千四百多元入不敷出，僅臨江一地，光緒三十四年（1908），奉天電報局派王憲祖到臨江創設了文報分局，當年全年收入約七千元，支出約九千餘元，不足款項由奉天總局予以補助。〔註68〕

電話也是電訊交通的一個方面。光緒三十二年（1906），趙爾巽飭令電報局在奉天省城辦理電話，電報局內附設電話局，由官府籌款支付相應開銷。因是試辦，所以只是在各官署、局所、軍營、學堂中擇要安設，總共不過三十幾家，並未推廣到各商家。改設行省後，公務日益繁忙，安設電話的用戶增加到一百

〔註67〕許敬文主編：《東溝縣志》，遼寧人民出版社，1996 年版，第 519 頁。
〔註68〕劉維清等修，羅寶書纂：《臨江縣志》卷 5，偽滿康德二年本，第 13 頁。

五、六十處。這期間請求安設電話的商家增多，但當時的電話局還不具備擴展的能力，於是商家紛紛向日本電話局租用電話，一時間日本安設的電話充斥城鄉內外，縱橫交錯，造成利權外溢。於是徐世昌開始考慮仿照京津電話章程，擴展線路，光緒三十四年（1908 年）五月，奏請推廣電話線路。首先派黃開文趕設吉林至延吉廳並黑龍江省的兩路電線，而城外電話，如安東、吉林、長春、黑龍江等處有需要設立的，則由各地方籌款就近交電報局辦理。同時，加強與日方的交涉，加緊收回日本在中國設立電話的利權。並將電話改為通用電話，「准商民一律租用」，設話機一具，收安設費十元，月租六元，宣統二年（1910），長途電話在奉天、營口、遼陽、海城、新民五處得到推廣。〔註69〕

清末東北地區交通、電訊事業的初步發展，使東北地區內部各地之間以及東北與內地各省之間的溝通和聯繫，各方面訊息的交流與溝通更為方便，推動了東北地區經濟、商業和貿易的發展與繁榮。東北地區新式交通、電訊事業創辦後，在一定程度上排斥了在華外國企業對這些行業的壟斷，起到了挽回利權的作用。

第二節　振興商務

清末東北的商業發展仍較為薄弱。帝國主義國家憑藉雄厚資本，利用中國廉價原料，生產的產品銷售到中國來，中國大量利權外失。自給自足的經濟發展模式，導致百姓不會主動思考外來商品的運入和內部豐富資源的外銷問題。隨著交通不斷改善、人口漸次增加、外來先進思想的衝擊和風氣的日漸開化，人們的商業意識也有所增強。但與內地省份相比，仍顯落後，商情渙散，利權外溢，礦產、漁業、航利等各方面都被外國人侵奪，本身農業都沒有能夠很好的開發，工業發展水平滯後，本地生產的商品產量低，商業經營受到很大限制，交通運轉遲滯，不利於商品的快速流通，商業難以有較大幅度的繁榮。新政期間，為振興東北商務，東北地方當局也採取了諸多的變革舉措。

一、設立商務專管機構——商會

奉天商界，原來沒有團體，地方幫會互不維繫，各業行會不相關聯，處

〔註69〕《奉天電報線路長度及十七年度收發數目》，《奉天通志》卷165，交通5，第3860頁。

於渙散境地。只有迅速設立團體，成立商會，才能使各省聯繫、各業互通，以促進商業的發展。

光緒二十九年（1903），商部奏定《商會簡明章程》二十六條，附則六條，以「剔除內弊、考察外情」為宗旨，同時提倡商務往來比較多的行業在京師創設商會。外省商人當時籌辦商會，責成地方官隨時輔助。三十年（1904），又奏定商埠《接見商會董事章程》十八條。三十一年十一月初五日（1905 年 12 月 23 日），趙爾巽奏請設立商務總局，派候補通判馬葆光調查商務，分派人員四處考察，「凡有害於商者必為極力革除，有利於商者必為實力興創」〔註 70〕。三十二年（1906），商部札令各總分商會，設商務分所，頒發各商會表冊式樣，並派員分赴各地勸辦商會。幾月間，奉天就成立商會五十多處。當時奉天、營口、安東三地設立總會，其餘各地設立三十八處分會，十六處分所。徐世昌接任後，進一步振興商務，勸辦商會。商會以確定調查商業之盛衰、研究商學之新理、改良商品以推廣銷場、和協商情以調息商訟四個方面的內容為宗旨。按部章規定，推舉總、協理及議董會員。商會的廣泛設立，振興了農工實業，也奠定了日後商務繁榮的基礎。並通過試行商訟章程，解釋商家詞訟，各級審判廳設立後，又把商法一門加入民事訴訟之列，更充分體現商會保護商業發展的重要作用。總之，商會多一分提倡，商民就多受一分利益。

吉林原來成立的商業公議會或商業公所，均仿西方商業會議所而設，規章職務參差不一，自為風氣，並未真正給吉林商業發展帶來良好契機。日俄戰後，東清、南滿鐵路在東北不斷延展，山林、礦產、漁業、航業等各項利權外溢，有識之士強烈要求設立商會以維護權益、促發國人覺醒。光緒三十二年（1906），吉林、黑龍江兩省代表聯名，請設商會。於是分飭各府廳州縣原有商業議會的地方，酌情改良為商會，原來沒有的則創設商會。遵照定章，投票選舉總、協理暨議員等。設立吉林、長春、哈爾濱三處總會和琿春等七處分會，在烏拉街設分所。三十三年（1907），黑龍江商務總會設立，投票選舉總董一、協董二，五行議董各二，總共十三名會員。常年所需經費在行店賣貨項下酌量收取釐費，以備會中辦公所用。

商務總會作為專門管理商業的機構，促進了商業貿易發展。但當時的商

〔註 70〕《奉天驛巡道等關於民刑事犯罪、案件處理章則、教養工藝局、監獄工場圖說》，《趙爾巽檔案全宗》，112 號。

務總會，畢竟是統治者爲維護統治而設立，和今天的商業組織意義不同，是
與工人相對立的。宣統三年五月二十一日（1911 年 6 月 17 日），吉林省城造
紙工人發生罷工，吉林商務總會出面要求「嚴懲首犯」「飛札地方審判廳，即
日拘獲爲首之紙工，從嚴究懲，以警凶玩〔頑〕而安商業。」〔註71〕

二、興商舉措

第一，設立商品陳列館。商品銷售的暢旺，離不開商場。爲振興奉天商
務，趙爾巽提出設立商品陳列所，他認爲：「國力之盈虛，視乎實業。而實業
之衰旺，操之商場」〔註 72〕，所以準備在省城建設商品陳列所。但商品陳列
館眞正成立是在徐世昌任職時期，設立該機構是爲促使工業家能夠去比較各
自產品的優劣，也爲了激發工業家主動學習模仿先進產品並對自己產品予以
改良的意識。簡言之，是爲「交通國內商品，以保護利權」〔註 73〕起見，奉
天農業試驗場最先設立商品陳列館，並制定了《商品陳列章程》。館內所陳列
的商品大致分爲教育、天產、工藝三類。自陳列館開辦以來，每天前來參觀
的人數以百計，影響很大。

第二，開放商埠。以《中英天津條約》中開牛莊（營口）爲商埠開始，
東北即有對外貿易。甲午戰後，簽訂《馬關條約》，日俄等國加大對東北的侵
略步伐。光緒二十九年（1903），中美《續訂通商航海條約》，開瀋陽與安東
兩地爲商埠地，拉開了「近代東北城市自行開放、開發與建設商埠地的序幕」
〔註 74〕。面對列強國家不斷通過不平等條約強迫清政府在東北開放通商口
岸，爲抵制帝國主義國家在通商口岸的侵略和滲透，曾有「將東三省全行開
放，令地球各國開門任便通商，所有礦務工商雜居各項利益，俱准各國人任
便公享，我收其稅」〔註 75〕的建議出現，主要意圖即是借助於向各國開放東
北以避免日俄獨占東北，但東北地方當局主動開放東北是在日俄戰後。光緒
三十一年（1905），中日簽訂的《會議東三省事宜》條約附約第一款中明確規

〔註71〕 《吉林省城造紙工人罷工》，吉林檔案館、吉林省社會科學院歷史所編：《清
代吉林檔案史料選編‧辛亥革命》，1981 年版，第 1 頁。
〔註72〕 《紀商品陳列》，〔清〕徐世昌等編纂：《東三省政略》卷 11，第 1584 頁。
〔註73〕 《附商品陳列所章程》，《奉天通志》卷 115，實業 3，商業，第 2587 頁。
〔註74〕 曲曉範：《近代東北城市的歷史變遷》，東北師範大學出版社，2001 年版，第
115 頁。
〔註75〕 《張之洞電樞垣》，佚名編：《楊儒庚辛存稿》，《近代史資料叢刊》，中國社會
科學出版社，1980 年版，第 251 頁。

定：日俄兩國撤軍後，「中國自行開埠通商：奉天省內之鳳凰城、遼陽、新民屯、鐵嶺、通子江、法庫門；吉林省內之長春（即寬城子）、吉林省城、哈爾濱、寧古塔、琿春、三姓；黑龍江省內之齊齊哈爾、海拉爾、愛琿、滿洲里」〔註76〕。隨著東北新政的推行，中日《會議東三省事宜》附約中規定的商埠也相繼開埠通商。宣統元年（1909），又開吉林的局子街、龍井村、頭道溝、百草溝，奉天的洮南、鄭家屯、葫蘆島。這些自開商埠與條約口岸有很大差別，不受不平等條約限制，商埠的設置、規模以及商埠內的各項管理及一切行政權限都由商埠自定，具有自主權。另外，被迫開放通商口岸時外國人可以永遠「租借」商埠土地的苛刻條款，在自開商埠地已經取消，商家對商埠土地的承租年限由政府規定。可見，自開商埠減少了利權外溢，一定程度上抵制了日俄等列強國家對東北的侵略和滲透。同時，隨著商埠不斷增多，東北與外界貿易往來的口岸增加，客觀上為東北商業貿易的發展提供一定空間，刺激了清末東北商業貿易的繁榮。

　　第三，改善交通運輸環境。東三省原有的一切交通往來，主要依賴遼河、松花江的航運。因此，帶動了遼河沿岸以營口為中心的商業貿易的繁榮。日俄戰後，俄國和日本分別佔領東北北部和南部，隨著中東鐵路和南滿鐵路的修築，使遼河、松花江的行業受到嚴重衝擊。位於日本經營的南滿鐵路沿線的大連，則取代營口成為東三省商品進出口的中心。營口、大連等交通便利的港口成為自由港後，有利於農產品的出口。新政開始後，地方主政者積極籌措款項，規畫修築東北鐵路，加上中東、南滿鐵路的修建，東北鐵路交通網絡的形成，輔之以內河航運的疏濬，交通的便利推動了農產品的廣泛流通，在東北陸續出現商品集散地，商業貿易隨之繁榮。

　　第四，政府的保護。前面已經提到，東北地方政府通過設立商會，保護商業利權。同時，為保證農產品貿易的發展，保護中國農民在與外商交易過程中免受侵害，宣統二年（1910），東三省總督錫良等奏請在長春設立農產公司，直接出面和外商交易，會同東三省官銀號及吉林官貼局籌集資本，由官府付給農民，定明收穫時交還糧豆，以此免受洋商預購之害。來東三省購買糧食的各國洋商，直接與公司及官銀號接洽，藉此廣泛招徠農民加入該公司，勸導華商團結起來成立自己的公司，等到華商都成立了自己的公司後，官府

〔註76〕《會議東三省條約》，王鐵崖編：《中外舊約章彙編》第2冊，三聯書店，1959年版，第340頁。

的農產公司即行停辦，可見，這也是保護對外貿易發展的一項有力措施。

三、商業繁榮的表現

清代末年，隨著新政的推行，社會發展，商業走向繁榮。通過設立商務管理機構，採取一定的繁榮商業的措施，東北的商業貿易出現繁榮景象。

首先，商業貿易進出口額增加。在一系列興商舉措的推動下，東北地區的商業貿易有了進一步發展，對外貿易額也不斷增加。下面兩個表格就是東三省新政期間大連商業貿易進出口額統計表和東三省清末新政期間歷年貿易狀況統計表，表中足以說明新政期間東北商業貿易的繁榮狀況。

光緒末年至宣統三年（1911）間的貿易額統計表〔註77〕（單位：海關兩）

年　份　＼　貿易額數	輸 出 貿 易	輸 入 貿 易	總　　額
光緒三十四年（1908）	45,143,363	50,669,264	95,812,627
宣統元年（1909）	77,926,613	64,095,842	142,022,455
宣統二年（1910）	86,346,794	73,371,762	159,718,556
宣統三年（1911）	99,855,725	94,629,692	194,485,417

東三省清末新政期間歷年貿易狀況：〔註78〕（單位：海關兩）

年　份	1907	1908	1909	1910	1911
輸出入總額	52,727,475	100,697,157	152,185,349	170,731,362	198,531,338

其次，商戶增多。隨著農產品商品化的發展、東北農產品流通市場逐漸形成，各地商業規模快速增大。光緒三十四年（1908），僅僅新民一地，商業就已發展到二十二個行業，九百七十二個商戶，從業者達六千四百人。〔註79〕宣統三年（1911 年）的時候，寬城子（長春）商號總數已達一千家，約有一百家的大商號在該城貿易中占據重要地位。加入商會的商號按資本多少分為

〔註77〕侯樹彤：《東三省金融概論》，第 13～14 頁。周志驊：《東三省概論》，第 99 頁。

〔註78〕根據趙珍：反日帝國主義叢書之七《東三省的經濟概觀》中的統計數字成表，上海崑崙書店，1932 年版。

〔註79〕王寶善修，張伯惠纂：《新民縣志》第 1 冊，民國十五年鉛印本，第 49～50 頁。

三等。其中七家頭等商號：公盛和、永發和（經營燒鍋、袖坊、當鋪、紡織作坊和磨坊）、余盛慶、王發和、東廣順、富興當、順盛和（經營當鋪和紡織作坊），二等商號六家，三等商號五家。〔註80〕可見，這一時期東北商業得到迅速發展。

　　第三，商品銷售市場擴大。隨著東北地方政府當局逐步開放東北和東北交通運輸業的逐漸發展，東北農產品商品化的步伐加大，農產品銷售市場發生變化，已經從東北走出去，不僅進入關內市場，還逐漸占據了世界市場的份額。市場需求的擴大，促進了清末東北商業貿易的繁榮。光緒三十四年（1908）開始，東北大豆開始遠銷英美，並迅速占據市場地位，非常受歐美市場的廣泛歡迎。市場需求的增長，帶動了糧食價格的提高。農產品價格的提高，又激發了廣大農民把更多的農產品投入到市場中來，形成了農產品的商品化和商業貿易發展的良性循環。例如榨油業的發展，帶動了大豆產品的出口，豆餅主要銷往日本，豆油外銷歐洲，大豆成為在東北占重要地位的商品。為此農民擴大大豆種植面積，大豆產量也在逐年增加。這樣一來，東北則有更多的大豆或豆製品外運，由此帶動了東北商業貿易的進步。據宣統元年（1909）調查，吉林省伊通州每年外運糧食二十五萬石，依蘭府外運大麥及小麥四十五萬七千八百三十二石。黑龍江省呼蘭地區，宣統三年（1911）糧食輸出達二千三百九十九萬普特（約合二百八十八萬九千五百萬萬石）。〔註81〕

　　第四，商品種類增多。隨著新政的推進，風氣漸開，大量的土地得到開墾，耕地面積迅速增加，人們注重農業試驗，改良農業技術，成立農業專門管理機構，加強農業人才的培養，諸多的措施使東三省的農業生產有了很大進步，農產品產量猛增。到宣統三年（1911），吉、黑兩省糧食產量已達一百零一億五千多萬斤，每年剩餘糧食二十二億九千多萬斤。〔註82〕大量農產品在滿足百姓日常生活所需後，剩餘農產品被投入市場，農產品商品化趨勢增強。清季東北很多州縣都有大量餘糧外運，僅鐵嶺一地，每年輸出的豆類就

〔註80〕馬汝珩、成崇德主編：《清代邊疆開發》，山西人民出版社出版1998年版，第446頁。
〔註81〕湯爾和譯：《黑龍江》第189頁。其中1普特約合16.3805公斤。轉引自薛虹、李澍田主編：《中國東北通史》，第500頁。1石約合68公斤。
〔註82〕數字原出於：《中東鐵路特派員報告》，1917年版。轉引自薛虹、李澍田主編：《中國東北通史》，吉林文史出版社，1991年版，第500頁。

達四十萬石。〔註 83〕清末東北商業貿易往來中，農產品占據相當的比重。另外，隨著振興工藝等各項措施的推行，各類工廠中生產出來的各種產品也進入市場，商品種類在不斷增加。

新政時期，清政府通過推行各種措施和章程來保護和獎勵農工商礦各業發展。這個時期頒發的章程主要有：一九○三年《商會簡明章程》、《獎勵公司章程》，一九○四年《公司注冊試辦章程》、《礦務章程》、《試辦銀行章程》，一九○六年《獎給商勛章程》，一九○七年《華商辦理農工商部實業爵賞章程及獎牌章程》、《大清礦務章程》，一九○八年《儲蓄銀行則例》等章程、規則的制定，在這些獎勵章則的保護下，東北當局通過設立商品陳列館、引進外來資金、開放商埠及政府的保護等諸多興商舉措。再加上東北地區商務專管機構的建立、東北地區商業貿易中心從營口轉移到大連。這些舉措都帶來了東北地區商品的種類和數量增多及東北商品貿易的快速增長，從而在東北地區逐漸形成了具有一定規模的商品銷售市場。

第三節　整頓財政　完善金融

十九世紀末二十世紀初，經歷甲午庚子兩次戰禍，本已危機重重的東北地方財政狀況更加惡化。尤其在日俄戰爭後，日本和俄國以鐵路為依託，經濟勢力逐漸滲入中國，當時俄國的盧布和日本的軍用手票充斥東北三省，「是以取民之利，既未忍以瑣尾之餘重為苛困」〔註 84〕，促使東北地方財政進一步惡化。而在新政籌辦過程中，需要大筆款項，財政支出日益增加。地方政府為籌集款項，以諸多名義增收各項捐稅，造成東北財政局面更加混亂，財政入不敷出情形日漸嚴重。以光緒三十四年（1908）為例：奉天省共收入五百三十多萬兩白銀，支出七百八十多萬兩;吉林省收入二百七十多萬兩，支出五百多萬兩;黑龍江收入八十多萬兩.支出一百九十多萬兩。出入相抵，屢現虧空的情形，使改良經濟狀況、增強國力已成為當務之急。〔註 85〕東北三省改設行省後，地方當局為保護領土主權、維持行政機關的運轉，建立度支司等專門機構管理財政，「理財有二義，開源節流盡之矣」〔註 86〕，東北地方政府

〔註83〕數字原出於：遼東兵站監部《滿洲要覽》第 5 章商業。轉引自薛虹、李澍田主編：《中國東北通史》，第 500 頁。
〔註84〕《財政‧述要》，〔清〕徐世昌等編纂《東三省政略》卷 7，第 1087 頁。
〔註85〕《上監國攝政王條議》，徐世昌《退耕堂政書》卷 34，第 1788～1789 頁。
〔註86〕盛宣懷《自強大計折》，宜今室主人編《皇朝經濟文新編》，沈雲龍主編《近

即開始著手從這兩方面進行財政調整。

一、整頓財政，釐定稅收

(一) 調整財政管理機構

趙爾巽奏請裁撤五部和奉天府府尹後，進一步設立財政局、統一事權。財政局設立後，裁撤各項稅捐，改辦統捐，「內分出產、銷場兩稅，出產稅專收本省土產各貨，值百抽一五。銷場稅無論洋土雜貨，值百抽二。並無落地稅名目，惟烟酒土藥燈膏木植鹽釐牲畜車捐各稅，月定專章，不在統捐之內」，經過「整頓稅釐，奏辦清賦稅契等事」，並委派官員設局徵收原有各旗代為徵收的牛馬以及絲繭帖張等稅，稅務有所起色，「入款驟增」，到光緒三十二年（1906 年）全省各項稅收已經增到三百七十二萬餘兩。〔註87〕但新章嚴密，局中官員額外收入減少，因此想方設法搜括，增加了商民的負擔。同一時期，吉林省釐定原來各項稅收，以戶司、各稅捐局以及糧餉處為管理機構。程德全署理黑龍江將軍時，設立善後總局，整頓全省財政，又歸併釐捐、木稅、牲畜稅三項為一局徵收，盡可能開闢利源，節省經費。在呼蘭、綏化各設稅捐局，選派廉潔能幹的官員認真管理。設立行省、改革官制後，奉天設立度支司，財政局歸併入度支司管理，以鹽務局、官銀號、銅圓局作為三省流通的機關。同時對那些必須整頓之處切實整理、調查變通。如劃一錢法，歸併牛馬稅局，飭查安東黃麻，鳳凰城喬布、尺布、套布、清水布等稅，化私為公，改東邊繭絲規制，改良沙河木植稅，禁種罌粟，由稅務處頒布洋土貨布重徵新章，並注意學習內地省分的有效措施。

吉林、黑龍江兩省也開始整頓本省財政，財政收入有所增加。光緒三十三年四月（1907 年 4 月），黑龍江省設立稅務總局，宣統二年（1910），又減「總」字，改為稅局，直接隸屬於民政司。光緒三十四年十月初一日（1908年 10 月 25 日），吉林設立統稅局，並設立稅務處為全省稅捐出納機關，「由此逐漸改良，捐其苛細，而舉其大綱，庶幾上足裕國，而下不病民，斯理財之道焉矣。」〔註88〕

代中國史料叢刊三編》第 29 輯，文海出版社，1988 年版，第 22 頁。
〔註87〕《查明奉省捐稅情形及被參各款折》，徐世昌《退耕堂政書》卷9，第 500 頁。
〔註88〕《歸併奉天府各級審判廳酌改廳名員缺折》，徐世昌《退耕堂政書》卷21，第 1144 頁。

錫良任內，奉天、黑龍江先後成立清理財政局，整頓財政，設正監理官一員（兼管東三省，駐奉天）、副監理官一員，均由部奏派。總辦一員，由民政司使兼任。會辦無定員，駐局會辦一員。分編輯、審核、庶務、核查四科。調查幣制、鹽務、稅務、軍務、蒙務等各項財政事務，調查所得形成報告送財政局。爲節省財政支出，還編製預算表冊。各衙門局所決算所需經費，以期實現東三省財政的合理分配。總之，財政事權統一，有利於調整財政經濟狀況，增加政府收入，有利於促進經濟發展與社會進步。

（二）整頓鹽政，保證稅收

食鹽，是居民日常生活必不可少的一種商品。自古以來食鹽的流通，一直爲官方所控制。但到清末，各地鹽價混亂，鹽法受到嚴重破壞，商民多半自行販運，鹽課銳減，嚴重影響清政府財政收入。盛京將軍增祺曾奏請設立督銷總局，但未實行。

值此東三省推行新政之際，無論是基於居民生活所需，還是爲補充財政收入，加強鹽務管理都顯現突出重要性。光緒三十二年（1906），趙爾巽上折奏請設立督銷總局，由朝廷派史念祖督辦東三省鹽務，規定「奉省鹽釐，以東錢九千合庫平銀一兩，俾昭劃一，其徵收鹽釐經費，統按一成五釐支用。」〔註89〕以期通過調整鹽務管理辦法，籌措更多的款項，用以投入新政。四月，得到允准。六月，奏請設立鹽務總局，「就場征稅，將曬鹽、運鹽、銷鹽聯爲一氣，洵屬正辦。」〔註90〕另在蓋平、復州等地設分局七處，在公主嶺、四平街、大平嶺、田家甸設立緝私分局，加強對鹽務的管理。同時，仿照淮鹽管理辦法，制定鹽票，通用發行，商人領票納稅，對內既避免了食鹽壟斷，又增加財政收入，對外可以保衛利權，取得良好成效。經過整頓，光緒三十二年（1906）僅奉天一省，各分局銷售鹽四十九萬二千九百零五石零四升五分，收庫平銀二十三萬四千六百零六兩五錢三分二釐九毫。〔註91〕

徐世昌任職東三省總督後，奏派四品京堂陸宗輿爲三省鹽務督辦。吉林、黑龍江各設官運局，營口設分局，整剔鹽灘積弊，力挽利權。鹽務總局總責東三省運鹽、銷鹽事務，在產鹽地設灘務局，管理食鹽生產等事宜，一切官

〔註89〕 《鹽法》：《奉天通志》147，財政3，鹽法，第3402頁。
〔註90〕 《户部奏遵旨議復東三省鹽務折》，吉林檔案館、吉林省社會科學院歷史所編：《清代吉林檔案史料選編・上諭奏摺》，第271頁。
〔註91〕 《趙爾巽等關於整頓鹽務、鹽釐稅、派員管理鹽務的奏稿、告示、信札》，《趙爾巽檔案全宗》，167號。

運官銷。同時，各地設立鹽巡隊，以期杜絕偷漏現象。

　　經過不斷調整，東三省食鹽從生產、運輸到銷售，都取得一定成效。到光緒三十四年（1908），各灘產鹽數量將近五十萬石。〔註92〕食鹽官運官銷過程中，各地鹽釐分局的收入大幅提高。據東三省鹽務總局的統計數字顯示，從光緒三十二年（1906）正月到三十三年（1907）夏，一年多一點的時間中，僅徵銀四十八萬餘兩。光緒三十三年七月（1907 年 7 月）以來，銷量大增，徵庫平銀達到九十三萬餘兩。〔註93〕吉林一省，光緒三十四年（1908）下半年，共運銷官鹽二千多萬斤，公家獲利三十多萬元，先後向奉天省上繳鹽課銀十三萬五千兩。〔註94〕黑龍江省，光緒三十四年（1908）十月開辦官運，到宣統元年（1910）九月，整整一年的時間內，共銷鹽四萬二千七百多石，餘利三十萬零五百多兩白銀。〔註95〕上述可知，整頓鹽政獲益斐淺。

（三）丈放田畝，清釐賦稅

　　東三省疆域廣闊，其中以奉天省田地開墾最多，趙爾巽當政期間，與墾務大臣曹廷杰一起籌議錦州官莊等地的田畝清丈事宜。仿照光緒十五年（1889）直隸報領田地的辦法，限期半年，令民間自行首報所有未課稅熟地及各項閒荒，按照地質的不同交納課稅銀兩。凡首報各項熟地，由首報戶承領。光緒三十二年（1906 年）秋間到三十四年（1908）十二月份止，共放熟地十七萬四千八百九十五畝三分四釐零，荒地上中下三等加上沙鹼地放出地畝四十七萬三千三百八十三畝三分二釐零，收地價庫平銀四十七萬零一百二十一兩一錢零三釐。〔註96〕僅看錦州官莊地畝，清丈報領後，即丈出官荒及城鎮上中下三項地一百三十多萬畝。〔註97〕

　　針對佃戶私墾嚴重的情況，吉林將軍長順奏請清查田賦、勘放零荒。先是令全省業戶、佃戶自行舉報，無論租地、黑地，據實上報，選派辦事精細善於測算的人員，分路詳細勘查。到宣統元年（1909）四月底止，從原有地

〔註92〕《紀灘務》，〔清〕徐世昌等編纂：《東三省政略》卷7，第 1277 頁。
〔註93〕《奉省徵收各項鹽釐數目接續彙報折》，〔清〕徐世昌等編纂：《東三省政略》卷7，第 1275 頁。
〔註94〕李澍田主編：《清代吉林鹽政》，長白叢書第 5 集，吉林文史出版社，1991 年版，第 5 頁。
〔註95〕萬福麟監修，張伯英總纂：《黑龍江志稿》卷 20，黑龍江人民出版社，1992年版，第 952 頁。
〔註96〕《附奉天全省清賦一覽表》，徐世昌等編纂：《東三省政略》卷7，第 1104 頁。
〔註97〕《墾務保案覆准》，《盛京時報》宣統二年七月初五日。

畝數額內清出浮多及放出的零荒等地畝，僅每年徵收的大租錢就有二十一萬一千一百二十七弔八百八十二文。〔註98〕黑龍江省海倫廳（原名通肯）一帶新開墾出來的荒地，日見增多，新政之初未及清丈。民間隱藏侵佔現象也越來越多，爭端頻出。宣統元年三月初八日（1909 年 4 月 17 日）黑龍江開始清丈事宜，徐世昌和署理巡撫周樹模，飭令度支司派員進行清丈，同時根據丈放田地的具體情況，按照生熟地畝，擬定價目，釐訂章程。然後從海倫推及綏化、青岡，以求切實清理，租賦的徵收有較大起色。

清理租賦。奉天旗地糧租歸旗倉、旗界和盛京內務府以及三陵官莊等衙門經徵。歷任將軍都曾對旗地糧租予以調整。趙爾巽任職時奏請裁撤原有盛京內倉監督和外城各倉官，改為倉務總局，興京改設倉務分局，由地方官兼辦，寧遠局改歸路紀經徵，但缺漏仍然很多，且積久生蠹，虧蝕現象嚴重。光緒三十二年（1906）四月，趙爾巽進一步擬定清賦章程，規定凡是浮多地畝都要據實首報，繳價升科；如逾期不報，即允許別人報領。設立行省後，消除滿漢界限，徵收銀糧不再有旗署、民署之分，奏請外城旗地統歸民署經徵，裁撤所有四旗界官，一律改徵銀兩。同時整頓民地各項地租，取得一定成效。雖然如此，隱匿不報現象仍然存在。

吉林改設行省後，設度支司管理全省錢糧、租賦。原來就交租民地每年徵大租銀十九萬九千五百一十八兩，小租銀一千一百三十兩，地丁銀八萬五千零二兩四錢三分五釐零五絲，地丁耗羨六千一百八十五兩。原來不納租賦的旗地，因「旗民私自交產，大半歸民墾種」，而佃戶輾轉兌賣，「幾至無可根查」，租賦更是無從徵收，經將軍長順派員查丈，一律升科，到光緒三十四年（1908）旗署額徵及九次升科地，每年徵大租錢三十一萬四千二百四十九弔三百三十六文。〔註99〕宣統二年（1910），總督錫良奏請調整奉天清賦章程，分年免減地價，通飭下屬各縣，「自奏准通行之日起，限一年內由業主報領浮多，免繳荒價給照，至第二年首報者，照清賦舊章繳價一半，第三年首報者繳納全價，均當年升科，逾三年限，准人首報價領」，「清賦之舉，專重升科不重收價，收價之利在一時，升科之利在永久也」。〔註100〕統計顯示，從各屬清釐賦稅開始，截至宣統二年（1910）二月為止，清出荒熟各地八十多萬畝，

〔註98〕《紀清賦》，〔清〕徐世昌等編纂：《東三省政略》卷 7，第 1140 頁。

〔註99〕《紀旗地租》，徐世昌等編纂《東三省政略》卷 7，第 1140 頁。

〔註100〕〔清〕雷飛鵬等修，段盛梓等纂：《西安縣志略》財計篇上，宣統三年石印本，第 5 頁。

共收地價銀六十多萬兩。〔註101〕但當時各屬清賦狀況並不均衡，清丈出的地畝和所收荒價中，僅「西安一邑，實已清出三十八萬餘畝，收價二十餘萬畝，幾占全省清賦之半」。〔註102〕可見，吉林省清丈田畝、釐清賦稅等各項事宜亟待進一步發展。

由於歷任將軍督撫清丈田畝、整頓租賦的各項措施的實行，東北隱藏瞞報土地的情況得到改良，租賦的收入大為增加，一定程度上補充了東北三省的財政收入。

（四）整頓稅契

稅契方面，三省情況各不相同。奉天省的稅契分旗地、民地兩項，凡是旗署在冊地畝以及旗人三園地或民署在冊地畝及民人三園地，每契價銀一兩，收銀五分三釐。非在冊糧地和收價丈放的圍牧荒地，也分旗、民兩項收取地租和更名稅，地租每地一畝徵收銀五錢三分。旗地稅契歸司經徵，民地稅契歸地方官經徵，入款仍然解司。據光緒三十四年（1908）冊報，奉天各項稅契共徵銀二十萬兩多，還有一萬數千兩沒有解到的。〔註103〕此項稅契按升科地畝數徵收，尚未出現侵蝕隱匿的弊端。隨著擴大墾荒、加闢田畝，稅契日增，收入也日漸增多。其餘房契、鋪捐等，劃歸地方行政經費，都納入民政司管轄範圍之內。而旗民地租、旗練餉稅、清賦稅契之類稅務事宜，也都應一一核實釐清。

黑龍江省在程德全和周樹模先後主政期間，加緊制訂相應措施，整頓財政。例如，周樹模在當政期間，經過整頓酒稅，向燒鍋徵收統稅，議定每酒一斛收江平稅銀一分一釐，一年可收銀 15 萬七千兩。〔註104〕改糧捐為糧稅，糧食區分等次，雖然稅率比以前還稍有增加，但因辦法相對公平，商民較為擁護，年收入折合銀 30 萬兩。〔註105〕吉林稅契一項形同虛設，地方官徵收稅銀，隨意批解，向來沒有存根，每年稅收收入有多少無從稽考。光緒三十三年（1907）十二月，吉林度支司成立，整理一切財政，釐定稅契章程，刊發

〔註101〕中國科學院歷史研究所主編：《錫良遺稿‧奏稿》第 2 冊《奉省辦理清賦請分年減免地價酌擬變通章程折》，第 1144 頁。

〔註102〕〔清〕雷飛鵬等修，段盛梓等纂：《西安縣志略》財計篇上，第 7 頁。

〔註103〕《紀稅契》，徐世昌等編纂：《東三省政略》卷 7，第 1106 頁。

〔註104〕周樹模《整頓酒稅並請獎折》，李興盛、馬秀娟主編：《程德全守江奏稿‧周中丞撫江奏稿》卷 2 上，第 1216 頁。

〔註105〕周樹模《江省近年整理財政大概情況折》，李興盛、馬秀娟主編：《程德全守江奏稿‧周中丞撫江奏稿》卷 2 下，第 1228 頁。

三聯票單。官府稅款收入增加，一定程度上杜絕了民間財產紛爭的隱患。

東三省的財政經歷任將軍督撫的共同努力，取得鮮明成效，財政收入增加。以光緒三十四年（1908）東三省財政歲入款額爲例，奉天省增加到七百數十萬，吉林省增加到三百七十餘萬，著名的貧瘠地區黑龍江省也實現年收入九十餘萬。〔註 106〕雖然這些收入不能滿足籌辦新政所需的財政支出，並且籌邊救蒙之類的要政亟待辦理。然而，鼓勵闢荒殖民、振興實業工藝等的理財舉措，爲將來財政好轉、更好的推行新政奠定良好基礎。「苟引其緒而擴充之，斯將來之輸入，必有大越於今者。」〔註 107〕另外，新政中所收入款項，大部分用於籌辦新政，客觀上推動了社會經濟的進步，尤其是創辦實業，使東北地區的經濟向近代化又邁進了一步。

（五）釐定交代之規

清政府原來規定，經管府庫的官員離任時，需要履行交代之規。奉天各府廳州縣交代經手倉庫錢糧，原來由奉天府尹衙門經管，後在驛巡道衙門設立交代局，專管稽覈。經過日俄戰爭，原有交代規程已形同虛設。爲此，趙爾巽稟請裁撤交代局，所有各屬交代事宜統歸奉天財政局總辦核辦。光緒三十二年（1906）四月以前未結各案，一律作爲舊案，飭令財政總局隨時清查；三十二年四月一日（1906 年 4 月 23 日）以後作爲新案，限定期限自動結報，以杜絕先支後報之弊，明確規定：官員卸任必須交代經手款項清結之後才可以稟明離省，既便是病故人員，也不例外。

吉林省的交代事宜，原來也是缺乏管理，改設行省後，予以整頓，「嚴檄督催勒限清結」。各屬交代凡是光緒三十三年（1907）以前的，作爲舊案，趕緊算清，免於扣限。三十四年正月一日（1906 年 4 月 23 日）起作爲新案，限定不同時間，一律覈扣，超過限定日期，即予以加罰。查有虧挪人員，立即專案參辦，以儆效尤。「庶於窮變通久之中，仍寓綜覈名實之意。」〔註 108〕裁撤管理官吏交代事宜的戶司、吉林道等機構，添設度支司總理全省財政事宜。

黑龍江省原來只有呼蘭、綏化二廳，交代之事並不規範，既不報部，也無期限。添設府廳州縣並改建行省後，涉及交代方面的事務增多，但根據黑

〔註 106〕《財政‧述要》，〔清〕徐世昌等編纂：《東三省政略》卷 7，第 1087 頁。

〔註 107〕《歲入篇》，徐世昌等編纂《東三省政略》卷 7，第 1090 頁。

〔註 108〕《吉省交代例限擬請分別變通辦理折》，徐世昌《退耕堂政書》卷 16，第 826 頁。

龍江省的自身情況，具體交代事宜的辦理發生很大變通。宣統元年（1909）開始，黑龍江省各府廳州縣交代各案，暫行免扣例限，一律報部查覈。待幾年後，形成一定規模，再按例依限辦理，光緒三十四年（1908）以前各案交代，免其補報。

　　針對財政秩序混亂、各類款項流失的情況，必需加強官員交代規程。但事實上，整頓效果並不理想，奉天竟然出現「各屬辦理交代但知繩拘墨守，造送款冊往往未能領會，多所舛誤，未結舊案交抵各款混行牽列，尤爲糾葛不清」。尤其戰亂之後，「歷任款項應墊放兵餉，購買賑糧等需，挪移抵撥，互相糾纏，清理爲難，以致無案不煩。」〔註109〕但交代之規的確定，對於爲官之人，畢竟是一個約束，增強了整頓財政、節省各項浮出經費的意識。

（六）清釐財政支出

　　東北邊陲綿延幾千里，內憂外患時時存在，咸豐以來，兵事紛起，各省設立支應局，主要掌管餉胥及協濟各款。改設行省後，先是設立度支司，管理本省財政的收入與支出，但東三省公用款項的支出有的是涉及一省，有的涉及三省，處理相關事務時，頭緒多，款項雜，度支司難以應付。爲合三省財力，統籌規劃，更好的整理東北三省財政，光緒三十三年（1907）六月，徐世昌奏請在奉天省城設行營支應處，三十四年（1908）改爲東三省支應處，作爲支配公用款項的機構，派專門人員負責，內分總務、會計、文牘三科。支應處內的儲款以部撥邊務經費爲基礎，加上三省的財力收入。三省督練處、軍械局、製圖所、講武堂、憲兵測繪學堂、中軍處，轉運局、蒙務局等的行政經費，以及不僅僅涉及一省所辦事務中需動用的款項，都由東三省支應處支發，「如有專款協濟者，自應由該處收放列銷」，不是專門款項的，「由三省合籌，按照各省財力，分成酌攤。」〔註110〕各項收支款項，每季度向三省公署呈報，每年份都要向度支部覈銷，帳目清楚，易於檢查。支應處作爲三省的公用機關，地位極其重要。

二、完善金融機構

　　庚子戰亂以後，東北「官商交困，銀錢奇絀」，難題擺在清朝中央及地

〔註109〕《奉天奏定交代章程》，《趙爾巽檔案全宗》，161號。
〔註110〕《設立東三省支應處折》，徐世昌《退耕堂政書》卷16，第871頁。

方政府面前。從東北新政開始的那一刻起，財政問題即被提及，「幣制爲財政大綱」、「中國財政紊淆，幣制亟宜釐定」﹝註 111﹞。地方政府開始著意對金融界整頓。「執三省金融界之牛耳，操縱三省之圜法，而控制三省國計民生」﹝註 112﹞的機構即是銀行，東三省承擔金融業務的機構，主要有奉天官銀號、吉林永衡官銀錢號和黑龍江廣信公司。奉天官銀號（東三省官銀號）。光緒三十一年（1905）趙爾巽成立奉天官銀號，附屬於財政局。徐世昌任職東三省總督後，採取一系列措施整頓金融機構。徐世昌認爲「銀行既爲三省根本所繫，則籌借洋款尤爲必要之需」﹝註 113﹞，於是先籌借債款四千多萬兩，又在舊日財政局基礎上，成立度支司管理奉天財政。但承擔資本流通的銀號，作爲財政後援，不應該只隸屬於奉天一省，錫良繼任後，深刻認識到「今日東省一切要政，根本上之計劃，尤以速籌大宗資本，開設銀行，急謀抵制，最爲緊要關鍵。」﹝註 114﹞於是改奉天官銀號爲東三省官銀號，資本金增至六十萬兩，統屬大清銀行，東三省官銀號成爲東北三省主要官辦地方金融機構。繼而設立分號七十餘處，除天津、北京、上海三處外，其餘平均分駐東北三省各城市，其中奉天省最多。東三省官銀號成立時所規定的主營業務是：短期折息，買賣荒金荒銀及各國貨幣，匯兌劃撥公私款項，放出款項，經理公私各項存款，發行本省新鑄銀圓、銅圓，發行市面通用銀錢票、銀圓票，傾銷生銀及代理商民鎔鑄銀兩。東三省官銀號設立後的兩年時間，幣制逐漸走向統一，實了內力，奠定實業基礎、抵制外幣壟斷，在不同領域抗拒列強的侵略，意義重大。

　　吉林永衡官貼局。光緒二十四年（1898），吉林將軍延茂奏請以附設於機器局內的銀圓廠爲基礎，設立吉林永衡官帖局，性質爲官督商辦。改設行省後，一切財政錢法改由度支司管理。三十四年（1908），巡撫朱家寶在官帖局內附設發行銀幣處，名爲官錢局，發行銀元、銀兩、鈔票，分立帳冊，與官貼局相輔而行。宣統元年（1909），陳昭常將官帖、官錢兩局合併，改爲吉林永衡官銀錢號。在省城設立總局，城外設四個分局。官帖局發行紙幣，緩解

﹝註111﹞《諭定劃一幣制》，沈桐生輯：《光緒政要》，第 2640 頁。

﹝註112﹞侯樹彤：《東三省金融概論》，太平洋國際學會叢書，太平洋國際學會 1931 年版，第 124 頁。

﹝註113﹞《密陳擬借洋款籌辦實業折》，徐世昌《退耕堂政書》卷 9，第 474 頁。

﹝註114﹞《請撥款開設銀行折》，中國科學院歷史研究所主編：《錫良遺稿・奏稿》第 2 冊，第 891 頁。

了制錢缺乏局面，所收餘利，補充行政經費不足。永衡官銀錢號一成立，就遇到「吉省大水爲災，饑民嗷嗷待哺，無已又由官銀錢號墊付平糶款二百餘萬弔」「二年因防疫及添招陸軍該處又墊出二三百萬弔」「三年閣城大火，商家幾盡付一炬，無力自振，又由該號墊借各商戶官帖五六百萬弔，以資接濟」，「歷年復加以墊用軍民政各費，其發行額計達七千餘萬弔之巨。」〔註115〕足已證明，永衡官銀錢號在代理省庫、墊借官款、發行官帖、接濟商用、控制全省圜法等方面充分發揮重要作用。

廣信公司。光緒三十一年（1905），程德全在黑龍江省城設立廣信商務公司，發行紙幣「以資周轉而振商務」〔註116〕，選商人爲總董，主持公司事務。官府派員督察，所集股本銀官商各半，因此是官商合辦的性質，另在綏蘭巴各地設分公司。廣信商務公司的設立，爲商民提供了便利，收入所得投入到經辦學堂等新政舉措。但因用人不當，營私舞弊，公司款項被挪用，商人欠款越來越多，公司虧累嚴重，岌岌可危。徐世昌任東三省總督後，設稽查員、收支員清理原有積弊、整理款項出入，每天結算，每月報帳，弊端得以減輕，存款日臻富有，實力也得到充實。

以上東三省官銀號、吉林永衡官銀號、黑龍江廣信公司，一方面享有紙幣發行權和省庫代理權，另一方面也要墊借軍政各項費用。且這些銀行在創辦之初，就承擔「調劑金融、接濟商市」或「統一發行、整齊圜法」的特殊使命，因此這些機構的設立，有利於東三省財政的整頓。

三、改革幣制

幣制是財政的根本。清代末期，東三省有現銀、帖銀、過爐銀、大小銀圓、銅圓、制錢、中錢、東錢、過碼錢、屯帖等不同形式的銀錢，種類很多，相互兌換不便等的弊端也日益增多。幣制不統一，貨幣流通複雜，互相排斥現象時有發生，致使貨幣價格變動無常，奸商從中漁利，而奸商操縱越嚴重，貨幣價格變動也就越激烈，金融紊亂益發嚴重。因此，在整頓財政的同時，東北地方當局爲促進經濟發展，還要進行幣制改革。光緒三十二年二月四日（1906 年 2 月 23 日），財政處會同戶部上奏，請求整頓幣制。

〔註115〕中國銀行總管理處編印：《東三省經濟調查錄》，民國七年版，第 184 頁。
〔註116〕程德全《設立廣信公司折》，李興盛、馬秀娟主編：《程德全守江奏稿》卷 4，第 122 頁。

　　徐世昌督東後，提出：「興舉百務，全資財政」，而東三省幣制混亂，「北用俄鈔，南行日幣，以我實貨，易彼虛褚」，政府發行的各種錢貼，「眞僞紛歧，流弊錯出，意在利國，適以病民」，導致財政盡壞，「撰度時勢，必須大加改革」，在用人、行政各主要方面，破除成例。〔註117〕但當時東北「無整齊之金融機關以藉周轉，無統一之幣制規律而憑行用者。」〔註118〕在奉天竟然出現「凡開設銀行者，莫不以發行紙幣爲唯一之主義」〔註119〕的現象。紙幣種類繁多，流通不便，且現存幣種成色低、信用不足、幣制混亂、匯兌阻滯不通。爲此三省地方當局先後設立奉天官銀號（後改名爲東三省官銀號）、吉林永衡官貼局、黑龍江廣信公司後，財政窘困局面稍有緩解。然而，僅僅六十萬兩的有限成本，所產生的作用畢竟有限。繁多的幣種，往往只能在省內通行，根本不能用作資金周轉，更談不上跨省之間的匯兌，日俄所佔地域，廣泛通行的是日、俄的貨幣，影響很大，實際上操控著東三省的財權。「且因禁用過碼錢，各商怨謗繁興，而遼陽又以商出虛帖，市面日壞，補救乏術」〔註120〕，面臨財政踟躇的現狀，只有變通才能轉機。東三省幣制亟待進一步改革。

　　東三省缺乏實際通行的統一貨幣，難以有效抵禦外國經濟勢力的操控，造成東北財政困難。光緒二十四年（1898），盛京將軍依克唐阿奏設機器局，二十九年（1899），在將軍增祺主持下開始鑄造銅圓，這是機器局改銅元局的開始，但銅元局規模、所得盈餘都極爲有限。後趙爾巽添購機器，專鑄銅圓，陸續撥用官本五十七萬多兩白銀，使用中央統一頒行的鋼模，僅鑄當十、當二十兩種，銅元局稍有起色。徐世昌到任後，奏請撥款三百萬兩白銀，作爲東北三省流通機關的行政特別經費，在天津造幣廠鑄造東北三省大小銀圓各若干，作爲儲備金。同時，以銅元補助金融機關。但當時吉林的銀圓局已經停鑄，黑龍江省還沒有自行鑄造銅圓，於是改現有銅圓局爲三省銅元局，又因所鑄銅圓尚不夠奉天省所用，轉運更是諸多不便，於是上奏把寶吉局歸併入吉林省，舊有銀圓局搭鑄銅圓，市面開始顯現繁榮景象。同時，金融管理機構得到進一步整頓，奉天官銀號改爲東三省官銀號，在吉林及黑龍江設立分號。自此，東北三省的儲蓄及匯兌事宜得以統一，貨幣的交易得以通暢。

〔註117〕《密陳考查東三省情形析》，徐世昌《退耕堂政書》卷5，第232頁。
〔註118〕佟燦章：《東三省金融幣制論》，京華印書局民國三年版，第136頁。
〔註119〕中國銀行總管理處編印：《東三省經濟調查錄》，民國七年版，第22頁。
〔註120〕《密陳考查東三省情形折》，徐世昌《退耕堂政書》卷5，第218頁。

進一步緩解了財政危急局面，一定程度上抵制了日俄經濟勢力入侵，東北三省實力增強。同時，派專人與北京、天津、上海等處加強溝通，以尋求與外省貨幣流通的便利。但是，區區三百萬兩白銀，並不能眞正解決東北三省財力空虛、幣制混亂局面。

　　清末東北新政期間，設立專門金融管理機構，對整頓東三省金融幣制、促進三省經濟發展起到重要作用。成立之初也規定了所應辦理的相應業務，如貸款、存款、匯兌等各項業務，但在具體運營過程中，並未完全發揮一個金融機構的全部功用。在與洋商爭利的同時，主要目的是要維護清王朝在東北的有效統治，使財政整頓和幣制改革的效果大大降低。發行紙幣方面，東三省的銀行首要以滿足政治需要爲前提，往往忽略商業的繁榮和金融的運作。從營口開埠開始，對外貿易日益增多，對貨幣的需求也是日益急切，導致繁多幣種的發行，東三省的幣制更加昏亂，徐世昌統一鑄造東三省大小銀元，並以原有銅元做補充，通過幣制改革，整頓了東三省幣制混亂的局面，加快了商品的流通速度，一定程度上推動了商業貿易的發展。

　　東北三省整頓財政後，財政收入有了一定的增長，且這些款項大部分用於籌辦新政，客觀上推動了社會經濟向近代化邁進。以黑龍江財政狀況的變化即可充分說明，改設行省之初，黑龍江每年的財政收入「計部撥練餉、邊防經費及本省捐稅、大租、稅契等項，共約銀八九十萬兩。」到宣統三年（1911），預算收入含田賦、鹽課、正雜各稅、正雜各項、官業收入、雜收入加上荒價以及受協各款，共計白銀四百三十八萬餘兩，又地方歲入銀元九十三萬餘兩，合共五百餘萬兩。〔註121〕財政支出方面，含「行政、司法、外交、旗務、民政、教育、財政、實業、軍隊、交通經費，統計歲需銀二百五十二萬餘兩，又錢一百四十九萬餘串。」到宣統三年（1911），預算歲出：「行政、交涉、民政、財政、典禮、教育、司法、軍政、邊務、交通、移民墾荒，工程建設統計五百一十一萬餘兩。」〔註122〕從歲入、歲出款項數額的變化，可以看出整頓財政後，地方財政收入的增加，成效卓著。但並不證明，清末東北入不敷出的情況已經得到眞正扭轉。

　　新政期間，東北地方政府從整頓鹽政，清丈田畝，清釐賦稅、整頓稅契、稽覈官員、清釐財政支出等各方面入手，整頓財政，增加政府收入，爲新政措施的逐步實施籌集資金。同時還通過設立專門的金融機構，在東北建立了

〔註121〕〔民國〕金梁撰：《黑龍江通志綱要》財賦綱，民國十四年本，第 50 頁。
〔註122〕〔民國〕金梁撰：《黑龍江通志綱要》財賦綱，第 63 頁。

比較完善的金融管理體制，使東北的財政狀況發生很大轉變。另外，通過推行改革幣制的措施，幣制得以統一，東北原來混亂的金融交易市場得到治理，推動了工商礦等各業的發展，爲以後東北地區經濟的進一步發展創造了便利的條件。

小　結

　　光緒末年開始，東北當局遵循清王朝旨令，在東北地區推行經濟新政，通過大力興辦實業，振興商業，整頓財政，完備金融體制等舉措尋求促進經濟發展的良方。經過東北各界人士的多方努力，農業、工業、副業、商業、金融等方面都取得了較爲顯著的成效，從而推動了東北地區經濟的發展。

一、東北新政的經濟改革促進了東北經濟的近代化

　　東北地方當局在推行新政過程中，通過設立新式機構、培養新式人才、引進西方先進技術等一系列措施促進經濟發展，並推動了東北地區的經濟變革。首先是建立了一些具有近代色彩的經濟管理和研究機構。新政推行者在進行東北經濟改革時，爲滿足經濟改革的需要，建立了一系列專門機構，如：農業試驗場、種樹公所、工藝傳習所、農會、商會等研究或管理機構。這些機構在創辦和運作過程中參用新法，並注重理論與實踐相結合的原則，對管理和指導東北農工商礦各業的發展起到了重要的作用。其次，東北當局還注重先進技術的引進。如東北地區的試驗場和實習工廠都能在傳統生產技術的基礎上，注意引進西方先進的理論知識、技術和經驗，優化動植物品種。一些工廠、礦山企業也相繼購入國外先進的機器設備，運用新式技術進行生產，從而推動了東北地區經濟改革向前運行。例如，農業發展方面，宣統三年（1911）農業試驗場運用新技術試驗成功的美利奴羊毛，就獲得南洋勸業會的獎勵。再次是新式人才的培養和引進。在推行新政過程中，東北新政主持者十分注意經濟人才的培養和引進工作。還通過創辦新式實業學堂的形式，著力培養新式專業人才，爲以後新政經濟改革的深入發展儲備了大量人才。一些留學歸國人員或者在國內接受了新式學堂教育的人員在經濟改革過程中得到相應的重視，參與到東北經濟變革的決策和實施過程中。例如，奉天農業試驗場的主任陳振先是留學美國的農科畢業生，在主持該場事務時期，取得較大成效。此外，東北當局還採取報刊雜誌、演講宣傳等方式進行

新式農業知識和技術的宣傳。這些舉措的推行在一定程度上也促進了經濟的發展，推動了東北經濟變革不斷走向近代化。

二、各階層共同努力和先進技術人才的任用有力推進東北經濟變革的發展

在東北地區，從政府官員到下層普通民眾都主動或被動的參與到變革東三省的經濟狀況的行動中來，推動了東北經濟改革的順利進行。趙爾巽、徐世昌、錫良等這些政府大員以及他們任命的負責各項經濟變革事宜的那些官員，作爲地方新政的具體推行者，在東北經濟近代化的發展進程中，作用突出。另外，這一時期東北經濟改革的發展還離不開紳商階層的參與。新政期間，出現了一批由紳商獨立創辦或者和官府合作創辦的企業。這些商辦或者官商合辦企業的出現，成爲東北新政經濟改革的有力補充。東北新政期間開辦的各項農工商礦等的機構中，還聘請曾經接受過新式學堂的新式人才管理生產。如黑龍江在興辦農業的時候，爲廣泛開墾土地，加強黑龍江農業發展，提學使司掌管督飭農業試驗機構大力發展黑龍江省農業以外，還仿照日本東京植物園的辦法，設一處暖室，即使是隆冬時節，也能夠得到新鮮蔬菜，這在從前的黑龍江是從沒有過的事情。在東北各界人士的積極努力下，推動了東北地區經濟新政的順利推行，從而促進了東北經濟的進一步發展，並爲以後東北地區經濟的變革創造了條件。

三、封建色彩濃厚

東北新政經濟上的諸多改良措施，因其主政者多是一些具有守舊思想的保守者，加上經濟發展水平的落後，因此伴隨著經濟改革的進程，各種各樣的局限性也隨之暴露出來。例如，清末東北推行丈放土地的政策，使一些新墾荒地或者私藏瞞報的荒地得到開墾，從而增加了政府的租賦收入。但在丈放過程中也存在嚴重弊端，少數官僚、地主、商人通過包攬荒段，然後再把土地分成小段租售給他人，在短時間內即成爲暴發戶。因爲清末荒地在清丈過程中，只以「方」或「井」〔註123〕爲單位，再計之以每晌應繳荒價銀，普通農民無力購買，壟斷地塊的只能是那些有能力支付荒價銀的地主、商人、官吏。這種情況在新政開始前就已出現。光緒二十九年（1903），札薩克圖旗

〔註123〕方，一方里，合四十五晌。井，三十六方，合一千六百晌。

出放蒙荒時，大地主紛紛認購荒地，即出現了王利侯、陳殿閣、李文萃、於海春等認購荒地幾百上千垧的大地主。這說明東北經濟新政的推行在實質上並沒有解決這一問題。爲了籌措各項款項，清廷官吏勾結劣紳，更加嚴重的剝削和壓榨廣大勞動人民，這在當時稅捐的徵收方面即有有力的證明。光緒三十四年（1908），開始對乾鮮果品徵收稅款，按價每弔收稅錢三十六文，由買主來繳納，買時的價格不足十弔的，免征稅費。宣統二年（1901），改變原訂稅率，加倍徵收，每弔收稅錢七十二文，並隨收雜款錢一百文，以二分之一爲正稅，餘一分撥充審判廳經費。〔註124〕這些弊端的存在說明：由於各種因素的束縛，東北經濟新政並沒有從根本上解決東北地區的經濟問題。

四、東北經濟變革的經驗教訓

經濟發展要走一條農、輕、重三大產業協調發展之路。經濟的發展應該是一個全方位的發展，包括農林工商礦等多方面的協調發展。東北經濟新政實施過程中，主政者受中國傳統的「重農抑商」思想的影響，著重發展農業，這一點從農業新政方面內容就可以看出。東北地區適合農業發展，應該走一條以農業發展爲主帶動其他產業發展的模式。經濟發展應該因地制宜的進行，這本無可厚非，但忽略或輕視其它產業的發展卻是不可取的。東北當局的做法就出現了農業發展較快，輕工業發展較慢，而重工業缺乏的現象，這種不均衡的經濟發展模式帶來的是經濟的畸型發展和經濟發展水平的停滯不前，勢必對以後東北地區經濟的發展帶來嚴重影響。

經濟變革是一項全方位的系統工程，正確的模式、新型的人才、先進的技術、發達的教育、穩定的環境，這些條件都是不可或缺的。只有這些條件都具備了，才能推動經濟變革的順利實現。當時東北地區的經濟文化發展水平比較落後，雖然在新政過程中創辦了一些新式機構，並培養了一些人才，但由於數量和水平的限制，還不能承擔起經濟變革的重任。而變革過程中，那些舊官僚、守舊派、投機分子或占據新式機構中多數職位或把握變革的大權，爲經濟新政的推行蒙上了層層陰影。此外，當時外患、匪患、戰亂、災害等客觀因素的影響造成了東北社會的動蕩不安，人心浮動。在這些因素的影響下，清末東北經濟改革難以順利推行。可見，在經濟文化發展相對落後地區推行經濟變革，既要重視先進技術的應用，又要注意任用掌握新式知識

〔註124〕萬福麟監修，張伯英總纂：《黑龍江志稿》卷18，第761頁。

和技能的人才擔當重任，立足教育培訓人才的始基，維護社會的穩定。在經濟發展中技術是核心，人才是關鍵，教育是基礎，穩定是保障，只有在這些因素綜覈作用下才能實現對經濟的根本變革。

特殊的地域性與東北主政者階級局限性，造就了清末東北經濟新政兼具積極作用與消極影響並存的二元特點，在推動東北經濟近代化發展的同時，也在很大程度上阻礙了東北經濟近代化的進程。尤其是隨著經濟的日益發展，這種阻礙作用就越明顯。如果要實現徹底的經濟變革，東北地區需要進行一場新的經濟變革的風暴。

第四章　籌軍建警與清末東北軍警近代化

　　清末東北原來實行旗民雙重管理體制，盛京兵部衙門和東三省將軍衙門的兵司掌管東三省軍政事宜，但積久弊生，舊制日漸廢弛。軍事和警察制度作爲一個國家或者一個朝代用以衛護疆土、保持社會治安的重要工具，到清末時期業已開始走向近代化。清末東北新政推行之時，「矧三省土地之曠，盜賊之多，凡興實業，衛農礦，分設郡縣，備護蒙藩，無不利賴於兵隊，又不僅靖內備外之爲亟亟也」〔註1〕，必須配備相當數量的軍隊和警察，才能有效地戍邊和維護社會治安。但清末的駐防八旗，已是有名無實，光緒初年開始編練的防軍或練軍，不是器械不精，就是操練方法陳舊混雜，遠不足以抵禦外來強敵的侵犯。

　　庚子戰敗後，滿清朝廷上至中央、下至各個地方政府，更加意識到強化軍事力量、增強國力來抵禦外侮的重要性。光緒二十六年（1900）開始，各省次第編練新軍，或將舊有的練軍、防軍改編，或是對原有軍隊以新法來操練，這就是新練陸軍。光緒三十年（1904），清政府統一軍制，在京師設練兵處，在各省設督練公所，也稱督練處，計劃編練新軍三十六鎮。全國性的整頓軍制的序幕拉開。

　　隨著新政的推行，東北地方當局也把編練新軍納入到了應興應革的日程當中。徐世昌視察東三省和任職東三省總督後，認識到「軍政則制兵一萬二千餘人，不歸營不應操不復行圍，舊制幾同虛設」，賴以防衛地方緝捕盜賊的

〔註1〕　《軍事・述要》，〔清〕徐世昌等編纂《東三省政略》卷4，第630頁。

力量即捕盜隊，也只有一萬五千四百餘人，而且餉械不足，駐防環境艱苦，操練方法陳舊，竟然多半由年老力衰、目不識丁的人來充當協佐領防禦各員，根本不能擔當切實籌練軍隊的職責，「故開辦未久，而逃兵已多，入營五月而尚不習步法」〔註2〕的現象頻繁出現。

面對軍事窳敗、社會治安落後的狀況，東三省的將軍督撫著手對東三省的軍政予以調整，東三省軍政在逐步向近代化邁進，這個變化主要體現在整頓軍制和籌軍練警兩個方面。

第一節　籌建新軍

一、軍隊籌練機構的成立

東三省軍政，原來統歸於盛京兵部衙門和三省將軍衙門的兵司管理。光緒初年，為了適應軍事作戰和剿辦匪賊的需要，在籌辦防軍和練軍時，曾經設立營務處。光緒三十一年（1905）時，日俄戰事吃緊，軍力薄弱，內部叛亂迭生、匪亂嚴重，危急局勢下，將軍趙爾巽奏請裁撤兵部，保存下來的三省兵司，只管理「旗營尺籍」（八旗制兵的文牘檔冊）。此時三省兵司所管轄下的八旗額兵以及巡防營、捕盜營、護墾隊等，人數雖然達到一百幾十營，但餉費虛糜，器械雜亂落後，各營隊兵士來源複雜，沒有統一的操練方法，沒有統一的治軍章程，靖邊防盜的初衷難以實現，剿匪和補充駐防方面往往依賴北洋派出的軍隊。因此，東北地方主政者先後著手籌練新軍。軍隊的編練要有具體的組織機構負責指導和管理，東三省督練處應運而生。

陸軍原有營制規定，各行省在編練新軍過程中，人數達到一協以上，就應該在省會設立督練公所，統轄兵備、參謀、教練暨考校等相關事務，遴派參議、總辦、提調各官。光緒三十二年（1906），吉林將軍達桂對本省各軍進行整頓，從中挑選精壯兵丁編成陸軍步隊一協，設督練處，這是東三省創立督練處的開始，但當時的權責僅限於吉林一省。徐世昌被任命為東三省總督後，認識到「東三省練兵關係重要，現在肅清土匪巡輯地方又倚防軍之力，「擬另設督練處，開練新軍，振興兵學」〔註3〕。隨即，徐世昌遵照清政府已有定章，參考北洋練兵設立督練公所的成案，奏請設立東三省督練處，作為三省

〔註2〕　《密陳考查東三省情形折》，徐世昌《退耕堂政書》卷5，第223頁。
〔註3〕　《附東三省職司官制章程》，徐世昌《退耕堂政書》卷8，第459頁。

軍政統一的機關，統籌編練新軍，振興兵學，整頓巡防事務，管理新舊各軍事宜。吉林省裁撤原設的督練處。東三省督練處以總督爲督辦，督辦兼管三省營務事宜，總督駐地爲督練處所在地。以三省巡撫爲會辦，會辦輔助督辦管理本省軍隊的籌備、調遣事宜，由督練處派員輪流駐紮，遇到相關事務稟承會辦就近辦理。設總參議一員，輔佐督、撫，綜理一切軍政事務。添設海軍參議官一員，整頓安海、綏遠兩炮艦及遼河、松花江舊有水師，保護松花江、黑龍江的航運利權。督練處下設兵備處、參謀處、教練處。

在督練處下，設立其他軍備軍政輔助機關，主要有東三省陸軍糧餉總局、測量總局、軍械總局、軍醫局等等。

東三省陸軍糧餉總局。陸軍原有定制，凡是軍鎭駐紮地方，都應該設立糧餉局，專門處理軍隊糧餉的供應以及一切衣裝的儲備等相關事務。遇到行軍打仗，或者是一軍一鎭單獨行軍作戰，糧餉局都要派出人員隨同軍鎭前往，作爲行軍糧餉分局。光緖三十三年（1907），因爲加上奏調來東北的陸軍一鎭、兩混成協，在東北駐紮軍隊數量已經達到兩鎭，於是遵照部章，徐世昌在奉天省城設立東三省糧餉總局，在長春府設立糧餉分局。糧餉總局內的編制爲總辦官、司餉官、司糧官、製造官、書記官、司事生等職位，各負其責。

東三省陸地測量總局。行軍作戰、邊界勘查都離不開地圖，因此陸軍部奏定測繪全國軍用地圖。東三省邊地遼闊，人烟稀少，邊界荒蕪，「開屯置堠，設治通郵」，無一不需要實地勘查地勢，只有詳細測量，才能形成較精確的地圖，也才能知道「何處爲扼要之區」、「何處爲適宜之地」〔註4〕，可見測繪工作是繪製輿圖的首要事項。爲此，光緖三十二年（1906），吉林將軍達桂設立測繪學堂。三十三年（1907），徐世昌令各駐紮地的陸軍鎭協，繪製附近的山川形勢，並在奉天設測繪學堂，從各鎭協中選擇曾是學兵的人進入測繪學堂授課。奉、吉兩學堂第一班畢業的測繪學生一百八十餘人，暫時編成測量隊一隊。並仿照日本測量部的辦法，設立東三省陸地測量總局，由參謀處兼管，統籌測繪東三省軍用地圖等一切事宜，局內設總辦官、幫辦官、提調、稽查官、俄日文翻譯官、差遣委員、二等書記官、收支發委員、司書生等各員。東三省測量隊分三角、地形兩科，每科各設相關員司等，分別掌管相關測量事務。

東三省軍械總局。東三省所有軍械，一向歸營務處兼管。光緖三十一年（1905），在奉天南關外小河沿，趙爾巽創設奉天全省軍需總局，經辦所有巡

〔註4〕　《籌設東三省陸地測量總局折》，徐世昌《退耕堂政書》卷23，第1217頁。

營、捕盜暨各營隊所需的槍械彈藥，局內附設修械所和火藥庫。光緒三十三年（1907），徐世昌遵照陸軍章程，改奉天軍需總局為東三省軍械總局，在局內空地建軍械庫，進一步改建整修附設的修械所和火藥庫。在吉林、黑龍江分別設立軍械分局，由總局分別派員輪流駐紮。東三省軍械總局設總辦官、提調官、查械官、總收發官、司庫官、火藥庫專員、轉運差遣等員。吉林和黑龍江兩地軍械分局各設幫辦、查械官、司庫官、書記官、司書生、護目、護兵等員，管理軍械火藥等各項事務。因軍隊人數眾多，在操練、剿捕過程中，槍械時有損傷，便需要經常修理。修械所舊有工匠不能聘用，陸續添募工匠四十二名，藝徒十五名。軍械總局購買所有槍炮、彈藥時，悉心研究槍械的檢查保養方法。修械所設總管、司事生、司書生、匠目、修械匠等員，以承擔軍械的修理等事宜，維持修械所的正常運轉。

東三省陸軍軍醫局。陸軍已定章程規定，凡是有一軍兩鎮之地，都要設立軍醫局，綜合管理各軍醫藥、稽查各營醫院衛生等事務。光緒末年的東三省，陸軍數量將近三鎮，又有一百多營由八旗制兵改編的巡防隊，醫療衛生事務不容忽視。光緒三十三年（1907）秋，徐世昌在奉天省城西關外日本人退還的子藥庫舊址，遴選精通中西醫理人員，設立東三省陸軍軍醫局，作為陸防各軍醫療處所。同時，軍醫局附設醫學研究所，廣泛購買醫學書籍以及理化實習等的器械、人體解剖模型，令醫官、醫生、馬醫、司藥、醫兵等認真研究中西醫治療內外各科的醫方醫術、藥料的採擇配製和平時衛生、戰時衛生、戰陣外傷的救急法和止血法、急險症的救護法、人工呼吸法、馬醫醫治法等。各營醫院醫治病案與所辦衛生事務，均製成表冊，按月上報軍醫局，軍醫局也按月派員下去考察。藥料由軍醫局採購，各營所需由軍醫局轉發。軍醫局設立之初，徐世昌曾準備把軍醫局改為軍醫學堂，並另設馬醫學堂，但因為經費不足，未能施行，暫時以醫學研究所作為基礎。局內設總辦官、正副軍醫官、軍醫長、軍醫生、正馬醫官、馬醫長、司藥生、書記官、司書生等官職，職能明晰，官兵或者騾馬的治療、藥料的管理以及本局往來文牘管理等各方面的事宜都有專人負責。

二、軍事人才的培養

若改革軍事，則「各省操法宜變通也」〔註5〕，這就需要培養新式軍事人

〔註5〕 陶模《培養人才疏》，宜今室主人編《皇朝經濟文新編》，沈雲龍主編《近代

才，奉天、吉林、黑龍江三省的主政者也開始創辦軍事學校，先後成立東三省講武堂、陸軍小學堂、測繪學堂、憲兵學堂等各種兵科學校，專門培養將士人才。

東三省陸軍講武堂。東三省最早開始創辦軍事學校，始於奉天將軍依克唐阿設立的武備學堂。後因庚子戰亂，武備學堂不復存在。不久奉天、吉林兩省又設立速成將弁學堂，但學員不過百名，規模較小，產生的社會影響有限。光緒三十三年（1907）春，吉林將軍達桂奏請在吉林設立講武堂，作爲軍官研習學術的地方。同年八月，遵照陸軍部既定章程，徐世昌在奉天創立東三省講武堂，調三省陸防各營將校入堂學習，裁撤吉林原有的講武堂。創辦之初，僅設普通科，到三十四年（1908）九月，總計有八十名畢業生。後來增加了二百多名新班學員，分新軍官弁和防軍官弁兩科。東三省陸軍講武堂以普及教育、廣儲人才爲宗旨，教授的課目有學科和術科。學科主要教授戰術、軍制、兵器、地形、建築、交通、衛生、馬學、服務制要、軍用文牘。術科講述兵科操練、野操、劍術、馬術、射擊。講武堂內設總辦、監督、教練官、總教習、分科教習、分科助教習、執事官、軍醫官、馬醫官、軍需官、書記官、司藥官等員，分別管理各項專門事宜。

東三省陸軍小學堂。培養陸軍將校要從基礎做起，練兵處、兵部奏定章程中規定：京師及以下各省、各駐防八旗營隊，都設立陸軍小學堂一所，無論宗室、滿、漢官民子弟都允准入學。光緒三十二年（1906），奉天、吉林、黑龍江的陸軍小學堂相繼設立。頭班學生奉天招收七十五名，吉林招收一百名，黑龍江招收七十名。三十四年（1908）九月和宣統元年（1909）閏二月，東北三省又相繼招錄兩班學生。根據黑龍江、吉林兩地所招學生的教育程度，編成不同班次進行授課。學堂內所設各科課程，以三年爲學習期限，各項講義及每星期的課程由本科教員編纂，呈送總辦、監督覈定後使用。課本則飭令教員在各項課目中選擇重要的課目進行精心編輯。東三省陸軍小學堂主要教授國文、修身、歷史、東文、德文、算學、地理、格致、繪圖、步兵操法、軍事初階、軍隊內務條例、步兵偵探、步兵前哨、三十年式槍學、步隊行軍編、操練、體操等課目。三省陸軍小學堂的編制爲總辦、監督、提調、教員、學長、醫官、文案、收支、支應司事、管庫司事、司書等職，分別承擔相關教務管理和教學之職。

中國史料叢刊三編》第 29 輯，文海出版社，1988 年版，第 15 頁。

　　東三省陸軍測繪學堂。光緒三十三年（1907），吉林將軍達桂設立吉林測繪學堂。後來徐世昌飭令陸軍各鎮、協、標遴派學兵，在各自駐紮地附近實行測繪，又奏設奉天陸軍測繪學堂一所，從鎮、協各軍中選擇曾當過學兵的人撥調入學堂，教授測繪課程，學習年限爲一年半，學堂內學習十個月，另外八個月在野外演習，通過月考和季考成績的優劣來區分學生的水平。兩所學堂第一批學生都畢業後，經過考試後畢業，編爲測量隊。後來，吉林原設的測繪學堂與奉天測繪學堂合併，命名爲東三省陸軍測繪學堂。學生最初學習算學、幾何學、地形學、測繪學、軍用地理摘要、行軍篇、國文、術科等的課程，到光緒三十四年（1908）各省都設立測繪學堂後，學習內容增加到普通學科、專門學科、術科三種。普通學科包括歷史、理化、國文、外國文、名將事略、國朝掌故、算學、幾何、平三角、平面幾何、幾何畫法。專門學科學習理化、測繪學、經緯儀、繪圖測板、野外測量、地形學、行軍學、軍用地理。術科則指的是場操、體操，沒什麼變化。宣統元年（1909 年）二月，學員考試畢業，編爲測量隊。東三省陸軍測繪學堂內部編制爲總辦、提調、總教習、各科教習、醫官等員，負責相關教務、教學事務。

　　東三省憲兵學堂。「練兵之道，固貴乎紀律之嚴明，尤貴有隨時之糾察。蓋無紀律則威令無自而申，無糾察則紀律亦有時而墜」。〔註 6〕而主要負責維持軍紀的軍兵種，即是憲兵。憲兵是軍隊或某級軍事指揮機構內的重要組成部分，主要是在士兵和那些隸屬於該部隊的人員中間行使警察的職權，包括逮捕逃兵以及看管犯人，保障軍隊命令的執行，組織軍事法庭等，是名副其實的軍事警察，兼而輔助地方警察。清末中國新編練的各種軍隊，新式教育尚未普及，士兵素質參差不齊，缺少相應約束，自然容易逞匹夫之勇，但軍人這個特殊身份群體的管轄又不在普通警察職權範圍之內。爲嚴肅軍容、整肅軍紀，徐世昌來到東北後，於光緒三十三年（1907）十月，借鑒北洋成規，在奉天設立東三省憲兵學堂，以舊有奉天的練兵公所房屋爲學堂地址，遴選監督、教習、執事等員，從奉天各鎮、協、標中遴選下級軍官和優秀士兵，分正副兩課培養，正課定額二十名，選取下級軍官入學，名爲學員。副課定額二百名，選取優秀士兵入學，名爲學兵。各帶原薪原餉入學堂學習，學習年限暫定一年。主要學習內容有陸海軍刑法、治罪法、野外勤務等科目，教科書都由北洋憲兵學堂日本翻譯官金政廳編輯，翻譯員石雯翻譯，在不斷的

〔註 6〕　《擬設東三省憲兵學堂折》，徐世昌《退耕堂政書》卷 16，第 837～838 頁。

參酌修改中，力求文字簡明，義理通達，教者易於講解，學者易於領會。後來又補充加入外事警察、刑事偵探等的課程。教師在授課過程中能夠注重理論和實踐相結合，不偏重某一學科，還結合具體案例，就檢察報告、逮捕裁判等事宜，展開討論，最終達到使學生接受和掌握知識的目的。學生畢業後編為憲兵隊。東三省憲兵學堂設監督、隊官、正副教官、各科教習、醫生等員，負責具體管理和教授的事務。

　　各營教練暨隨營學堂。陸軍各鎮、協、標、營都設有講堂，兵丁早晚兩次習操，按三分之一早晚輪班上堂聽講。演習的內容除了械擊、技擊、攻守、援應外，還講述軍事作戰中的戰術方法、軍隊士氣的調動等方面的內容。講授的內容，除了常規的槍械、地圖、戰略、戰術外，凡古今中外的名臣、名將也歸入不同門類，設立專門課程講述，隨營學堂成為專門培養下級將領的場所，主要由提調綜合管理相關事務。從鎮、協、標、營遴選優秀的學兵入堂後，通過考試分列不同等級，設甲乙兩班，學習期限為二年。所有的陸軍鎮、協、標、營及巡防隊，都一律照此辦法辦理。所學課目可以因材制宜、因地制宜，根據各自情況來確定。

　　以上不同性質和類別的軍隊學堂創辦後，東北地方政府注意嚴格管理，所聘請的教習能夠悉心教授，加上平時「詳定考察教育章程，按時由教練處呈請派員，分往各軍隊詳細考察」〔註7〕，區別優劣，不合格的予以懲罰，所以這些學堂確實培養了大批優秀軍事人才。作為清末中國軍事教育史的一個重要組成部分，為中國軍事教育發展史填上了濃重的一筆，也是中國東北軍事近代化進程中的重要一環。這主要是因為，這一時期所創辦的學堂，教學內容極為豐富，開始傳播西方近代科學知識，法律、格致、方言成為各種軍事學堂重點開設的學科，其他的自然科學、社會科學知識也大量向學生傳授，而且當時有的學堂還聘請洋教習，向西方國家派遣留學生，注重直接接受西方的知識與思想。所以說，軍事學堂的創辦，推動了中國軍事近代化的發展。

　　但當時創辦的學堂仍然帶有明顯的傳統色彩，派學生出外學習軍事、法政等相關知識，都是為了滿足清末東北新政對人才的需求，學生在國外所學內容和專業較單一，例如，留學人員在國外多半學習法政、警察和師範，仍然帶有一種鮮明的體用思想。而且這個時期所創辦的軍事學堂，存在的時間

〔註7〕《紀考察軍隊教育》，〔清〕徐世昌等編纂《東三省政略》卷4，第748頁。

較短，所發揮的作用也是有限的。

三、陸軍編組建制

東三省原有軍隊種類「有八旗額兵，有巡防營，有捕盜營，有護墾隊，總計馬步一百數十營，土客並收，操法不一」。〔註8〕清末東北新政推行之初，即開始對軍制予以調整和變革。當時軍事上的調整主要體現在兩個方面，一方面是籌練新式陸軍；另一方面是地方官員對清廷原有軍隊地改編。在二十世紀初，籌建新式軍隊的兵種成爲清末東北新政中軍事改革的一項重要內容。東北新式陸軍編制，相繼形成。

（一）新軍建制

奉天省。結合自身地域特色，對調派來的軍隊予以整編，把新招募的兵丁充實進去，奉天省先後編成一鎭兩協兩標。

光緒三十一年（1905），將軍趙爾巽向清政府奏請調撥軍隊剿滅遼西匪患，得到朝廷允准，於是直隸總督遵旨派陸軍第三鎭大約一個混成協的兵力，由保定移駐錦州。三十三年（1907），徐世昌任東三省總督後，奏調該鎭全軍開拔東北。徐世昌根據「東省多山，異於平陸」〔註9〕的特點，在該鎭營制中增加一營過山炮、減少一營陸路炮，與直隸總督協商後，把該鎭原領的十八尊克虜卜陸路炮暫存保定軍械局，另換爲十八尊格魯森過山炮，完成了陸軍第三鎭的編練、完善工作。全鎭軍隊分駐在吉林省城、長春府、磐石縣、額木索、寧古塔等處。三十四年（1908）夏，調駐錦州各營隊改駐長春、昌圖。宣統元年（1909）春，調寧古塔、磐石縣、額木索所駐零星隊伍，各回本部，歸標訓練。同年六月起，錫良又著手將奉天省陸軍第一混成協的兩標人馬，總計有步隊十一營，馬隊一營，炮隊一營，工程輜重各一隊，軍樂隊半隊，遵照陸軍部已定章程，編成一鎭，即後來的陸軍第二十鎭。〔註10〕

陸軍第一、第二混成協。光緒三十三年（1907）六月，第五、六兩鎭中部分營隊，在徐世昌的奏調下，先後開赴東北。按照清軍營制，設官編練，

〔註8〕 《東三省總督兼管三省將軍事務徐世昌等奏議設東三省督練處試辦章程折》，吉林省檔案館、吉林省社會科學院歷史所編：《清代吉林檔案史料選編·上諭奏摺》，第31頁。

〔註9〕 《紀陸軍第三鎭》，徐世昌等纂《東三省政略》卷4，第640頁。

〔註10〕 《奉省編練陸軍第二十鎭成鎭日期並改編籌餉辦法折》，中國科學院歷史研究所主編：《錫良遺稿·奏稿》第2冊，第1055～1057頁。

為第一混成協。全協軍隊分駐新民府鎮安、遼中兩縣，由步隊、馬隊、炮隊、工程隊、輜重隊、軍樂隊組成。第一混成協抽編組成後，徐世昌又從第二鎮和第四鎮的各標抽調步馬炮工程輜重等營隊，總計共由步馬炮八營和工程、輜重二隊組成陸軍第二混成協。光緒三十三年（1907）五月先後開拔到奉天駐扎，主要承擔衛護省城的任務，編制與第一混成協相同。

光緒三十二年（1906），奉天將軍趙爾巽奏請募練協巡營、炮隊各一營作為衛隊，採取新法操練，這是奉天最早使用新法編練的新軍。第二年，徐世昌又奏請民政部調撥協巡隊六百多名，與趙爾巽編練的協巡等營隊合併，編為步隊一標，炮隊一營。按照陸軍部奏定成案，設立員缺，增設稽查官、參謀官各一員，命名為奉天陸軍第一標，駐扎在奉天省城西關外，編制含有步隊三營、炮隊一營。徐世昌遵照部章，將奉天舊有制兵即奉軍、新安軍、盛軍改編為巡防隊，另從奉天舊中路、舊前路兩軍中抽撥精壯兵丁一千六百名，能嫻習新軍操法的官佐七十八員，另編成奉天陸軍第二標。營制餉章與第一標相同，設稽查官、軍醫長各一員。最初駐扎在省城，三十四年（1908）六月，調駐錦州府城東八家子。

吉林省。吉林將軍達桂於光緒三十二年（1906）主持編練吉林陸軍步隊第一協，使用新法進行操練。士兵選自本省十旗、五城前鋒披甲各軍，官佐選自各旗協、佐、防、校及世職各官，由陸軍部調撥各鎮目兵二十餘人充當隊官排長，這是首選旗兵編練新軍的開始。後來徐世昌又奏請從北洋調取陸軍將弁，分別派任兩標統帶及參謀、督隊等官，並派東三省督練處總參議總兵田中玉駐吉，督飭訓練，使新軍的訓練更為得法，士兵素質日見進步。到宣統二年（1910）二月間，吉林編練的新軍隊伍有了擴大，在吉林省原有陸軍、巡撫隊、練兵的基礎上，編成新軍第二十三鎮。經錫良奏請，任命在吉林督辦防緝事宜的記名提督孟恩遠暫時充任統制，協統以下官佐各員，由現在任防營及原有陸軍一協的將領暫時充任，在以後的駐防中，官員輪防，士兵輪巡，以整肅軍紀、增強實力為目的。所有官兵薪餉，在吉省舊有陸防各軍常年經費項下移用，酌情添購軍械，就地籌劃銀兩。〔註11〕

黑龍江省。光緒三十二年（1906），黑龍江將軍程德全奏請，將黑龍江等城的所有制兵改練巡防八成隊伍營，根據各地具體情況酌量分配兵力駐扎，

〔註11〕《統籌吉省邊防兵備情形請將舊有陸防各軍先行改編陸軍一鎮折》，中國科學院歷史研究所主編：《錫良遺稿・奏稿》第 2 冊，第 1105～1107 頁。

並將省城、呼蘭、通墾舊有制兵的餉款用來改練常備陸軍，雖然不能馬上達到足夠編成鎮協的數量，但畢竟爲日後黑龍江省籌練新軍打下良好基礎。第二年十月，徐世昌等奏請將黑龍江省原有駐紮省城的馬隊、步隊各一營，按照新章法，改並爲馬、步、炮各一隊，作爲省城衛隊。宣統元年（1909）開始，因「江省地方遼闊，控引鄰疆，籌防備邊，練軍尤不容緩」，籌餉和儲才兩個方面的條件又尚未具備，於是決定先在黑龍江省創設教練處，以光緒三十二年（1906）將軍程德全奏請添設的速成將弁學堂的課程爲基礎，稍加變通，派熟悉陸軍的人員做教授，「以激發忠義固結人心爲體，以嫻熟技術增進才能爲用」〔註12〕，招募了步隊一營作爲陸軍模範隊，所有入伍弁兵，一律學習新法，八個月畢業。宣統二年（1910），因黑龍江省地面遼闊、兵備空虛、內憂外患嚴重，繼任巡撫周樹模再次強調組建一隻得力軍隊的重要性。但因爲財力限制和辛亥革命的爆發，周樹模在任期間，黑龍江只徵募了步隊二營，過山炮隊一隊，並添練馬隊一營，分別訓練。

招募弁兵進行新法操練、編練成軍的措施，推動了東北軍事的近代化。

（二）巡防隊

新軍的編練需要時間，而在舊有營隊基礎上進行調整，則不失爲一個捷徑。在東三省匪亂蔓延、外敵乘隙入侵的危急情況下，以原有巡防營隊爲基礎，三省都調整組建了各路巡防隊。

奉天五路巡防隊。徐世昌根據陸軍部巡防隊暫行章程，將盛京將軍趙爾巽組建的奉軍（共計馬步四十營）改編成奉天五路巡防隊。將原來的八路改編爲五路，共計馬步四十五營。按奉天省的地勢劃分編制，按陸軍新法進行操練，統一命名爲奉天巡防隊。作爲新軍的輔助力量，撥一部分駐黑龍江、呼蘭府，其餘都駐紮在奉天省各郡邑，承擔巡防緝捕的職責。

吉林五路巡防隊。「吉以治盜爲先，盜源未清，民治何由著手。雖四鄉捕務均責成巡警分防，然非由官設立兵隊，彼此逡巡，何能聲氣靈通互相援助。」〔註13〕所以，光緒二十六年（1900），吉林將軍長順任上開始編募巡防隊，當時總數已達到一萬三千人。〔註14〕三十二年（1906）將軍達桂奏請「由捕盜

〔註12〕周樹模《籌練陸軍未能依限成鎮情形折》，李興盛、馬秀娟主編：《程德全守江奏稿‧周中丞撫江奏稿》卷3上，第1257頁。

〔註13〕《清朝續文獻通考》卷223，兵22，兵考22，巡防隊，浙江古籍出版社，1988年版，第9695頁。

〔註14〕劉爽，遼東編譯社：《吉林新志》，益智書店康德元年版，第476頁。

隊內抽調改練常備軍一協，練習新操，以作士氣而符新章。」〔註15〕三十四
年（1908）春，徐世昌和巡撫朱家寶根據《陸軍部巡防隊暫行章程》，改編、
裁留吉林舊軍，編成五路巡防隊，營制、教練方法都與奉軍相同。吉林還設
立了備補隊一營，完全遵照陸軍規制進行教育和訓練，一旦各營兵丁缺額，
可以隨時增補。

　　黑龍江五路巡防隊。光緒初年，黑龍江始有練軍、防軍。二十七年（1901），
將軍薩保整編制兵。三十年（1904），將軍達桂、署副都統程德全增練護墾馬
步隊，分紮各要隘，專門用來緝捕盜賊。三十一年（1905），又添練八成步隊
一營及中軍統領吉祥新收馬隊一營。三十二年（1906）七月，署理將軍程德
全遵練兵處飭令，改巡警軍八成馬步隊及護墾隊爲巡防隊，分中左右三軍。
並酌量裁併舊有制兵，改爲巡防隊七營一哨。呼倫貝爾、墨爾根、呼蘭、通
墾、鐵山包、東西布特哈、路記營並省城十一城，陸續增練馬隊四營三哨，
步隊二營三哨，都仿傚中左右三軍之制。宣統元年（1909）十月，陸軍部咨
行奏定巡防隊劃一章程下達到東北，徐世昌飭令巡防營務處將此項馬步隊與
中左右各軍一律改編，分爲五路。

　　巡防隊改編建成後，補充了東三省的軍事力量，在固衛邊防、剿除匪亂
方面發揮了重要作用。但巡撫隊畢竟是在舊式軍隊的基礎上改編而成，雖然
是用新法來操練，但將領多是接受舊式思想的人，對先進的軍事知識並不瞭
解，因此這樣的巡防營隊，不可避免的帶有舊式軍隊的積習。

（三）營務處的設立

奉　天

　　營務處在奉天出現較早，光緒二年（1875）將軍崇實開始設立營務處，
二十二年（1899）將軍依克唐阿改爲督轅營務處，三十二年（1906），將軍趙
爾巽又分設督操營務處，用以教練新軍，改督轅營務處爲奉天巡防營務處，
負責保衛奉天的社會治安。徐世昌改編巡防隊時，保留巡防營務處，加以整
頓，綜合管理操防命令等事務。巡防營務處附設的行營發審處，原來隸屬於
軍隊，依克唐阿任將軍時期將其改爲督轅發審處，趙爾巽又將奉天行營發審
處，歸併入驛巡道來管理，仍然命名爲奉天行營發審處，主要負責審判盜匪
的事宜。營務處總辦、會辦均繫兼差，不發薪餉。幫辦以下員役應領薪餉，按

〔註15〕《吉林將軍達桂奏爲裁挑甲兵起練常備軍折》，吉林檔案館、吉林省社會科學
　　　　院歷史所編：《清代吉林檔案史料選編·上諭奏摺》，第 362 頁。

同舊制。發審處的罪犯支銷費用，列作不固定開支，每次由度支司發一千銀元備用，款項用完予以覈銷，然後繼續發放。在奉軍中，因將領官員薪餉較少，生活拮据所以滋生了吃空餉的積弊。巡防營改編後，所領公薪，餉額增加一倍，目的就是杜絕積弊。後來河防營也撥歸中路巡防營兼管，餉額不變。

吉　林

光緒二十六年（1900）將軍長順裁撤全省練軍翼長後，成立了捕盜練軍營務處。三十三年（1907），徐世昌改編舊軍爲巡防隊，捕盜練軍營務處改名爲吉林巡防營務處。三十四年（1908年），根據東三省督練處總參議田中玉的建議，吉林巡防營務處隸屬於督練處，與兵備、參謀、教練三處並列，分設軍需、防務、訓練、文報四科。有關於兵備、參謀、教練等方面的事情，與駐吉督練分處酌商辦理。營務處併入督練處管轄後，因地處邊荒，防剿事宜繁多，於是檄派提督孟恩遠專職督辦吉林全省防剿事宜，主管調遣隊伍、布置防務、整頓軍紀、保安地方等事宜。營務處主管章程制度、校閱營隊、籌備裝械、教育人才、考覈將領官弁功過賞罰等的事宜。吉林巡防隊編立成軍即設立了防軍行營發審處，負責審理勘查盜賊匪亂等事，專管拘拿審訊事宜。營務處改隸於督練處後，防軍行營發審處改爲陸防各軍執法處，由東三省督練處遴派執法官，統一辦理陸防各軍、懲治罪犯等事宜。

黑龍江

光緒三十年（1904），開始設立營務處。三十三年（1907）改建行省後，又設立行營營務處。三十四年（1908），遵照部章將旗練各軍逐漸改編爲巡防隊，奏派試署民政司使倪嗣沖爲黑龍江省各軍行營翼長，併兼領巡防營務處事宜，負責整頓全省營務。不久，徐世昌又飭令將舊有營務處改爲巡防營務處，舊有的營務處以及徐世昌設立的行營營務處、兵司所轄軍政等所有事務，都歸併到巡防營務處職權範圍內，規制大致和奉天、吉林相似。營務處設正承審官一員，發審委員二員，負責審決盜匪、勘辦逃兵游勇等事宜，不另設發審處，以求機構簡易。

以上三省編練各軍，在進入宣統年間，均各有不同的發展。以奉天爲例：宣統元年（1909）十二月，錫良奏請將奉天陸軍第一、第二標和陸軍第一混成協，共有步隊十一營，馬隊一營，炮隊二營，工輜各一隊，軍樂隊半隊，集結整編、擴充爲陸軍第二十鎮。〔註16〕

〔註16〕《奉省編練陸軍第二十鎮成鎮日期並改編籌餉辦法折》，中國科學院歷史研究

（四）水師營隊

軍制調整過程中，還有一支不可忽視的力量，那就是水師部隊。清末時期，東北的水師主要指奉天河防營和松花江水師以及安海、綏遼兩兵艦。

橫貫奉天的遼河航運里程達七百里，船舶運輸極為便利。光緒二十七年（1901）時，將軍增祺撥設河防馬隊一營，當時主要是為保護奉天境內商旅的貨物運輸安全。三十二年（1906）十月，將軍趙爾巽奏設巡船十隻，添配官弁兵夫一百二十五名，專責巡緝。三十四年（1908），徐世昌把河防編入巡防隊中路，巡船員弁即歸為中路管帶官兼轄，這就是奉天河防營，營內設稽查、司事、艙長、水勇、船夫等員缺。而在吉林和黑龍江，主要的內河運輸則是依靠松花江。松花江橫貫吉、黑兩省，與嫩江、黑龍江等河流交彙，蜿蜒數千里，戰略意義重大。松花江水師設立較早，但船械窳敗，已是名存實亡。後來哈爾濱郵船局接管松花江水師，仿照浙江內河水師章程對松花江水師進行整頓，主要擔當「清查江面盜賊以衛行旅」〔註17〕，添設舢板船，分配弁兵，負責巡緝等事務。為聲援海軍、輔助陸軍，徐世昌進一步在松花江、黑龍江、嫩江等各流域多置淺水兵輪，分路設防。而安海、綏遼兩艘兵艦，是光緒三十三年（1907），盛京將軍趙爾巽為補充受損嚴重的海軍建制，飭令巡防營務處道員雷振春，通過天津禮和、信義兩洋行訂購的上洋船廠製造的兩艘鋼甲巡洋艦。三十四年（1908）春，徐世昌派道員王崇文點收，並派守備林高升、千總周克盛充當兩艦的管帶官，駐營口，保護過往商船。每艦設管帶、幫帶、正副管輪、文案、醫生等員司，額設官弁兵夫五十八名。

四、軍隊內部建設

（一）嚴肅軍紀

軍隊只有整肅有序，才能夠真正起到守衛疆土、保護社會穩定的作用。清末東三省的地方政府在編練新軍、改革舊軍的時候，也注意到了嚴格紀律、獎罰分明的問題。軍隊中，擔當整肅軍紀的是憲兵隊。憲兵，即軍事警察，平時維持軍隊紀律、戰時參加作戰。東三省陸軍將近三鎮的數量，分別駐紮，如果不能注意糾察並嚴格整頓紀律，就難以保證軍隊的實力。光緒三十三年（1907），徐世昌奏請在奉天設立憲兵學堂，第二年第一批學生畢業，遵照部

所主編《錫良遺稿·奏稿》第 2 冊，第 1057 頁。
〔註17〕《吉林議於松花江添設水師》，《盛京時報》光緒三十四年二月十五日。

定陸軍警察隊章程，編爲憲兵隊四隊，分別駐紮在奉天和吉林兩省，宣統元年（1909）三月，設憲兵處統一管理，作爲兵備處的附屬機構。憲兵處設參軍官、書記官、司書生等員。憲兵隊設管帶官、執事官、隊官、排長、司務長、軍需長、書記長、軍醫長、司書生、正兵、副兵等，總計二百二十八人。設立憲兵，使東北新政期間籌練的新軍紀律得以整頓，輔之以新法操練，調動了軍隊士氣，增強了軍事實力。

（二）軍隊薪金及內部獎懲

東三省各軍的駐紮地環境非常艱苦，如果不對表現優異的將士予以獎賞，難以真正做到鼓舞士氣。於是在督撫大員的督飭下，制定了臨陣傷亡恤賞條例，有功者予以銀兩、酒食服物等獎賞，違紀者罰。駐紮遙遠邊地的官兵兵丁，在應領正餉數目的基礎上，加給津貼銀兩。各鎮、協被選派到講武堂學習的將領，仍按照原營原薪支付。而營中遺缺的代理人員，則按官職撥給津貼銀兩。各營出外繪圖官兵，除應領餉銀之外，也按照官職不同給予津貼銀兩。整理梳櫛軍風士氣的同時，更加嚴格防營規度，尤其是對各軍將領以嚴格紀律來約束，這樣才能真正做好防務事宜。宣統元年（1909）六月，東三省行營參議翼長張勛率軍駐防昌圖一帶時，在營日少，動輒赴京，一住就是幾個月，實屬擅離職守、無視軍紀，錫良奏請對其予以撤職查辦，得到朝廷允准。對勞瘁而亡且不能歸葬本鄉的兵丁予以厚葬，並擇地建造勸忠祠，既可以收攏那些尚在邊地戍守的將士的軍心，客觀上也增強了戍邊的力量。

（三）設立調查、偵探

徐世昌在籌練新軍時，爲了對東三省的軍事布局、各駐紮軍所在地的自然地理概況、物產資源以及人口的分佈等情況有一個切實的調查和瞭解，也爲了行軍作戰時糧草馬匹等軍備必需品方便籌集，派東三省民政司調查水草、畜牧等地方情形，在督練處及兩混成協，設立調查、偵探各員。調查時力求詳細，偵查時必須秘密。調查、探訪各員的設立，也間接起到震懾軍風紀的作用。

（四）新法操練

編練新軍就要按時操練，而且要以新法進行操練。徐世昌開始籌建新式陸軍，極爲重視兵法的操練，每年在秋高氣爽之時，都要調集幾省軍隊進行

會操，結合東北三省地處邊疆的特點，進行實戰演習，注意加強軍隊的整體協調和支配、統一作戰的能力。加強操練，使東北新籌練軍隊的作戰實力和防禦能力都大爲增加。

五、軍隊附屬機關建立

整頓後的陸軍各營隊，還設立了一些附屬機關，以作爲軍隊的輔助設施。

（一）營　市

陸軍各鎮協標駐紮地往往地處曠野，遠離城市，購買日用品極爲不便。各營內士兵常常藉口購物出營閒游，稽查起來很困難。如果遇到雨雪等惡劣天氣，日常用品的運銷更爲困難。既不便於整肅軍紀，又不足以收穫商業利益。在這種情況下，徐世昌規定，各行營附近購買幾十畝或上百畝不等的荒地，開作街衢，建造房屋，招商租賃，開設店鋪，稱之爲營市。購地所用款項，由公家墊撥，日後收取商店地租抵繳。對商家租地建屋或者租屋經商以及所售賣的日用品的種類，都予以嚴格管理。甚至食物等的商品，必須經過軍醫的檢查，衛生合格，才准許買賣。兵丁則不准賒欠帳目，店鋪也不能夠爲討好士兵，私自賒給士兵貨物。另外在所闢街市上設立稽查所，由各營派兵丁常駐，主要負責稽查街市中出入人員以及兵丁購物滋事的現象。營市和稽查所的設立，既便利了駐軍營隊的日用品的購買，也間接帶動了當地的商品交易。

（二）醫　院

陸軍營制，要求每隊均要有醫官、醫兵，以備療傷治病。每營有養病室，每鎮有養病院。獨立的協，標，也設病院，還有隨營醫院。東三省陸軍多半外省調撥而來，因環境的不適應而感染疾病的現象很多，所以醫院的設立尤爲必要。醫院中的執事員司兵夫，是從各營醫官、醫兵中選那些精通醫理且能吃苦耐勞的人兼任。每月正醫官給飯食銀八兩，副醫官給飯食銀六兩，司藥生、司事生各給飯食銀三兩，醫目每月給茶銀二兩，醫兵、護兵每月給茶銀五錢，火夫每月給茶銀三錢，其餘不再另外支發薪餉。住院病人，每日交飯食銀一錢五分，其中公家給予補助一錢，在病患本人的薪餉內扣銀五分。凡是送醫院診治的，均由本營隊開具姓名、營隊、號次的清單以及疾病症狀，派人護送到醫院。病人是在醫院調養還是回本營養病室，都由醫生根據具體

病症來決定。也接納附近營隊送來的就診者。醫院所需中西藥品，都由各該營按月到陸軍軍醫局領取備用。用過數目，按月列表連同醫治病案，送陸軍軍醫局備覈。另外從醫兵中挑選文理稍通、資質靈敏的人編爲衛生隊，統歸陸軍軍醫局考查，主要負責住院學習療治以及臨陣救護、裹傷繃帶等事務。

六、充實軍備

　　清末東三省財力困乏，新政改良過程中一切要政的推行都難以取得原想的效果，而諸多措施中耗費資財最多的一個方面，就是練兵。練兵，就必須要配給相應的軍備。東北三省幅員廣大，駐兵數量至少達到六鎮，才能夠滿足所需。徐世昌在幾次考察東三省後，發現東北邊防一直都是苦於衛戌兵力不足。現有的有限兵力，也因槍械窳敗，導致實力薄弱，添練新軍又需要更多的槍械。軍隊中槍械不夠精足，民間卻因爲匪患增加擁有武器的人日漸增多，軍械的管理極其混亂。隨著編練新軍、籌辦警政措施開始推行，已有的問題迅速暴露，「無餉無械實爲最大之病根」。〔註18〕

　　整軍經武，利器爲先。籌軍辦警，首先要解決的就是餉械問題。徐世昌曾奏請扣留德商私運的軍械撥給新編練的軍隊使用。錫良上任後，與德商禮和、信義洋行、瑞記洋行訂購步槍及子彈，以裝備已編練的陸軍和各廳州縣巡警。並於宣統二年（1910）九月，飭令兵部擇地籌設兵工製造廠，由陸軍部尚書蔭昌主持辦理。對於軍營急需的馬匹，徐世昌也注意添購。光緒三十三年（1907）奉軍中路添購馬騾一次，總計添購二百四十六匹（頭）。三十四年（1908）陸軍鎮、協再次添購馬騾一千三百匹（頭）。

　　爲整肅軍容，適應東北塞外嚴寒的氣候，宣統二年（1910年），錫良委派陸軍糧餉局製造官分省補用知府王九成籌集股銀十五萬兩作爲資本，在奉天省城設立軍裝製造局，王九成任總辦，吉林候補道曹廷杰爲該局督辦，選擇精於材木、鐵革、紡織、縫染等的專門人員負責，研求製造方法，專門供應奉天、吉林、黑龍江三省軍隊、學堂、巡警的服裝製造。並將原設硝皮廠歸併入該局一併辦理，以此統一事權。

　　經過整頓，東三省軍事力量有了大幅度提高，東北軍事近代化向前邁進了一大步，在維護統治和保衛邊防方面做出了巨大貢獻。

〔註18〕 《密陳通籌東三省全局折》，徐世昌《退耕堂政書》卷7，第370頁。

第二節　創設警政

　　警政是治理內政的重要方面，一個國家或者地區社會秩序和社會公共安全的維持，離不開警察這個重要的國家機器。警察為「保護地方公安，維持公共秩序，助長內務行政最關重要」〔註19〕，「保護地方安寧，維持社會秩序，端賴警察」。〔註20〕十九世紀九十年代前期，早期改良派有關警察制度的設想和論斷，是我國最早的、比較系統的警政理論。〔註21〕很快，創設警察的主張也被清政府所接受。光緒二十七年（1901）七月三十日，清政府發布上諭：「著各省將軍、督撫將原有各營嚴行裁汰，精選若干營，分為常備、續備、巡警等軍，一律操習新式槍炮，認真訓練以成勁旅，仍隨時嚴切考校，如有沿染舊習，惰窳廢弛，即行嚴參懲辦，朝廷振興戎政，在此一舉。各該將軍、督撫務當實力整頓，加意修明，以期日有起色，無負諄諄告誡之至意。」〔註22〕

　　趙爾巽任職盛京將軍之時，屢次上折奏請改革吏治、籌辦學務、振工商、告人民書及整頓圜法、開礦、兵政等方面，其中也提及警察的職務，認為「防護妨害人民之事」「看護平安之事」是警察的首要職責。〔註23〕徐世昌在奏摺中也一再強調，「各國警政，精密整齊，所以保全國之治安，定人民之秩序。」〔註24〕

　　奉天省幅員遼闊，但民智未開，民氣不暢，更沒有社會組織。庚子戰禍後，外敵侵略和內亂蜂起的局勢下，各州、縣、城鎮、屯堡等處開始籌款購置槍械，成立保甲、巡警、鄉團、堡防等名稱不同的地方武裝力量，以保護商旅往來，因全靠民捐民辦，各自為政，力量分散，所以多半為當地刁紳劣董所把持。光緒二十八年（1902），奉天省城初設巡警總局。同時，新民府也創設巡警局，這是奉天警政的開始。將軍趙爾巽來到奉天之初，曾有限制兵隊之舉。然而轄地面積廣闊，必須要有保護社會治安的組織，才能維持穩定，從而促進各方面新政措施的推行。於是趙爾巽採取「寓兵於警」的方法，從

〔註19〕《警察》，《奉天通志》卷143，民治2，警察，第3264頁。
〔註20〕〔偽滿〕高芝秀修，潘鴻燾纂：《安達縣志》，偽滿康德三年本，第124頁。
〔註21〕韓延龍、蘇亦工等：《中國近代警察史》上卷，社會科學文獻出版社，2000年版，第12頁。
〔註22〕〔清〕朱壽朋編：《光緒朝東華錄》第4冊，第4718～4719頁。
〔註23〕《關於改革吏治、籌學務、振工商、告人民書及整頓圜法、開礦、兵政等方面的條陳》，《趙爾巽檔案全宗》，212號。
〔註24〕《擬巡警部暨內外城警察廳官制折》，徐世昌《退耕堂政書》卷3，第133頁。

省城到通邑商埠，更遍及鄉鎮，奉天省警察體系初步編集形成，所需辦警費用則出自於畝捐項下。在四鄉巡防緝捕，社會治安相對有了保障，但也加重了百姓的負擔。而且，東北剛剛經歷庚子兵燹，所受的戰爭禍患尚未恢復，倉猝中創辦警察，教練未備，形式不全，尚有諸多的不足有待改善。

吉林、黑龍江警政的推行落後於奉天。吉林各鄉曾經設有練會，以維持社會穩定，但各地所辦練會往往紀律散漫，反倒給社會帶來更多滋擾，行旅往來安全難以保證。幾經戰火蹂躪的邊地，財政狀況受到嚴重破壞，籌集新政所需的款項有相當一部分來自於各項稅捐，而保證稅捐正常徵收的一個重要前提，就是民眾的生產生活安定有保障。密山、濛江、樺甸、長嶺等處剛剛設治，曠漠無垠，鄉鎮零落，社會治安尤顯重要。為培養警務人員，吉林先在省城設立了巡警學堂，並飭令各轄地設巡警教練所，但創辦時間短，緩不濟急。黑龍江原來的八旗駐防體制百弊叢生，鬍匪不靖，盜賊公行，幾乎沒有安寧可言。關內移民日見增多，良莠雜處。庚子之亂後，對外交涉日漸繁雜，外來干預增多，急需完備的警察體制來維持此時的社會治安。以上諸多因素決定，巡警的設立事關社會秩序的穩定，在東北已是大勢所趨。

一、警察管理機構的設立

盛京將軍趙爾巽在任時，採取「寓兵於警」的措施，從省城到通邑商埠，甚至鄉鎮，都設立了警察，並設警務總局管理警務，在四鄉巡防緝捕。徐世昌督東後，設民政司兼理東三省警政事宜，當時奉天巡警雖已初具規模，但還是缺乏專門的管理，光緒三十三年（1907）七月初，徐世昌奏請設立巡警道，內分行政、司法、衛生三科，裁撤原有警務總局，設巡警道員一人，歸督撫統屬，專門管理全省巡警、衛生、醫院、探訪等事宜。

巡警道員主要負責調查全屬警察，謀求警政改良，制定各項規章制度，並裁革保甲、巡捕、鄉團、堡防以及總會辦、提調等的名稱，各屬設警務長一員，辦理本職相關事務，主要權責範圍涉及：擬定章程、任用屬員、布置巡警、收發經費、課程教練、清查戶口、行政警察、保安警察、衛生警察、消防警察、司法警察、外事警察十二項。以巡警道所轄的省城巡警總局為基礎，設立全省警務公所，下設總務、行政、司法、衛生四股。各屬警務長，歸地方官指揮監督。各地巡警以維持地方秩序，預防危害，保護治安為宗旨。所需辦警經費，由畝捐項下劃撥。作為各省警察的專門管理機構，「巡警道

的設置，是清末地方警政逐步走入正規並漸趨一體化、正規化的重要一環。」
〔註25〕。但當時清政府准許各省設立巡警道的前提是民政司尚未設立，在
巡警事務無以管理的情況下，可以設立巡警道，但奉天民政司很快設立，所
以奉天省的巡警道隨即奏請裁撤。

二、各級警察的設立

東三省警察的設立，從省城開始，逐漸推廣到地方各屬。三省分別設有
巡警總局，下轄各處分局，並附設相關設施，以保證警政的完善。在改設行
省後，三省設立的民政司又對本省的警政事務予以監督和管轄。

（一）省城的警政建設

奉 天

光緒二十七年（1901），盛京將軍增祺設保甲局，這是奉天及至東北三省
創辦巡警的基礎。二十八年（1902）三月，改保甲局爲警察總局。三十一年
（1905），將軍趙爾巽又把興修馬路的事宜歸併入警察局管理範圍內，警察局
改名爲工巡局，責成統領朱慶瀾認眞整頓，以捍衛地方平安。不久，因爲京
城工巡局改爲巡警部，三十二年（1906），奉天工巡局也改爲巡警總局，派道
員張錫鑾總理相關事務，經過切實整頓，奉天省城的巡警初具規模。同年四
月，局址遷到大東門外舊軍糧廳。六月，經道員姜恩治釐定章程，設立執行、
司法、衛生、教練、工程五科，以完善內部職能。光緒三十三年（1907），奉
天設立行省，進行官制改革，設立民政司，警務歸其管轄，民政司內添設警
政科。民政司附設的巡警教練所、省城巡警總局、鄉鎮巡警局、濟良所、探
訪局、衛生醫院等機構，都發揮著具體執行警務事宜的功能。同年五月，徐
世昌任命道員王治馨管理巡警總局事務，參考東西洋法制，變通總局章程，
改設總務、行政、司法、衛生、捐務五科，各專其責。

在省城，各警察總局下轄分局。光緒二十八年（1902），巡警總局下分別
設立了城內、大小東關、大小南關、大小西關、大小北關五處警察分局。三
十年（1904），改爲六分局。城內設左右兩翼分局，城外則刪去大小之名，改
爲東、西、南、北關警察分局。三十一年（1905）三月，改爲一、二、三、
四、五、六分局。一、二分局專轄城內，三、四、五、六局分巡各關。三十

〔註25〕韓延龍、蘇亦工等：《中國近代警察史》上卷，第 133～134 頁。

一年四月，趙爾巽籌辦奉天巡警，當時是在「城內設總局，四鄉設分局五，又分五局爲四十二區，每區參練馬巡二十名，益以巡弁」，「無事則操練，有事則就應」。〔註26〕一年後，又添設商埠巡警分局。宣統元年（1909）二月，經當時的巡警道員申保亨稟定，添設第八分局。三十三年（1907）六月設馬巡隊、消防隊，七月設立警衛隊。奉天警政至此初具規模。

吉 林

光緒三十一年（1905），將軍達桂奏請從原來省城的捕盜隊內抽調人員，改編爲巡警隊，分別設立五處巡警分局，仍隸屬於營務處。第二年，設立了巡警總局，內分行政、司法、衛生、消防、工程、戶籍、國際、考績、會計、警學十科。城外設三個分局，另外編成馬巡、步巡、暗巡、消防、工程五隊，共計警兵一千二百人。三十三年（1907年）五月吉林改建行省後，又對警務局進行裁減，定爲六科。同時添設第九、第十兩局，共十個分局。十二月，奏設民政司，監督全省警務事宜。後來民政司又對總局和分局的編制及職員的權責職掌，做了幾次的調整，嚴肅警紀，充分發揮消防隊、衛生隊、警衛隊和偵探隊的作用，並通過教練所培養了更多的警務人員，警政的創辦日益得到吉林民眾的接受和認可。

黑龍江

光緒三十一年（1905），僅有巡警八成、馬步隊十營，〔註27〕經署理黑龍江將軍程德全奏請，省城設立巡警，以巡警總局統轄全省警務，將原來交涉管界處、街道廳歸入巡警總局管轄。從巡防中軍中，遴選隊兵作爲警兵，再加上一部分招募的巡警，黑龍江省的警政初具規模。三十三年（1907）春，在行省制度下，全省警務俱歸新設立的民政司管轄。省巡警總局改爲省垣巡警局，省局管理權限縮小，專門辦理省垣城廂巡警、添練馬巡警、購買消防器具。四鄉警務，由黑水廳管理。爲創辦警察、開通風氣，還設立了巡警學堂和警務傳習所，後改爲高等巡警學堂和教練所，培養和訓練了更多的警務人才，黑龍江省城警政不斷完善。一年時間，即已成立局區二百一十五所，得官弁四百七十四員，長警四千三百五十二名。省城、呼蘭、綏化三地的衛生、消防設施也次第設立。社會治安得到好轉，商賈居民有了保護，在對外

〔註26〕《奏爲籌辦奉省鄉鎮巡警情形折》，《趙爾巽檔案全宗》，106號
〔註27〕程德全《創辦警察折》，李興盛、馬秀娟主編：《程德全守江奏稿》卷 8，第275頁。

貿易往來等交涉中，也少了許多的麻煩。只是爲經費所限，仍有很多地方相應警務設施未能建立，亟待進一步解決。

（二）地方各級警察組織

省城的警政只能統轄一方，土地遼闊的東北三省，省城之外地方各級警察的設立，同樣不容忽視。

奉天地方警務的創設

趙爾巽就任盛京將軍後，先是對原有保甲局、巡警隊予以整頓，革除苛斂弊症，裁汰貪劣甲長，審查現有警察隊伍，充實新生力量。同時，又組織團練，增強保衛地方治安的力量。作爲「救時之善政」的團練，主要負責清內盜、捕外盜的任務，而且在辦理團練過程中，注意「賞罰宜明」、「私派宜禁」、「私仇宜禁」、「路徑宜清」、「防範宜周」、「夜巡宜勤」〔註28〕。奉天地方警務體系，正是在這些舊有團練的基礎上成立的。趙爾巽隨即奏調浙江補用道陳希賢專辦鄉鎮巡警，先從承德、興仁兩縣入手，仿照直隸總督袁世凱奏定的章程，參照奉天情形妥籌辦理。開始時鄉鎮巡警局僅有兩處，後調整爲五處，辦警經費依賴畝捐收入。光緒三十四年（1908），道員申保亨奏陳各委員辦公權限章程，四鄉巡警總局下設總務、行政、司法三科。以前的五路稽查分局所屬各員，由總局統一差遣，又設偵探馬巡隊，擔當調查搜索的職能。到宣統三年（1910）初，全省警區共計二百一十八處，分所六百八十七處，巡警一萬九千一百九十七名。另外在鴨綠江、渾江兩江流域，添設水上巡警總局一處，分局十五處。奉天警政日見完備，地方治安體系漸具規模。

吉林地方警政的開始

光緒三十二年（1906）秋，吉林府西南路創辦了鄉巡，招募當地民人百姓，充當員弁警兵，兩年之間，取得很大成效，這也是吉林地方警政的開始。三十三年（1907）九月，重訂簡章十條。三十四年（1908）四月，民政司督飭下，未辦鄉巡的地方一律開辦。制定章程籌措款項，參考西路已辦成例，設立吉林府四鄉巡警總局一處、分局五處、分區十九個、分所二十九個，吉林省的地方警政初見端倪。但各地情況不同，有的地處市井通衢，注重交涉，有的距離省城較遠，附屬邊務，有的疆界未定，還有的設治未久，警務的創辦時間也有先後，規畫的情形亦大相徑庭。署理民政司使謝汝欽對各處巡警

〔註28〕《警察局員請訂對待學界權限手折》，《趙爾巽檔案全宗》，106號。

進行嚴格整肅，更訂章程，加強了吉林警務的實力。辦警經費以商捐、餉捐兩項爲大宗，繁盛地域，勉強可以支付，貧瘠的地方則是竭蹶，無以支付，這也在一定程度上束縛了吉林警政的發展。

黑龍江地方警政的辦理

從光緒三十一年（1905）開始，在黑龍江省城之外的各府廳州縣，也設立了巡警，當時主要指綏化、呼蘭二府，黑水、海倫、大賚、安達、肇州五廳，巴彥州、餘慶、木蘭、蘭西、青岡、拜泉、大通、湯原七縣，呼倫、璦琿、墨爾根三個尙存的副都統以及東西布特哈總管二處，總計二十處。光緒三十三年（1907 年）以後，遵照部章，各自根據本地的情況，分區設衛。由地方行政長官總轄該處城鄉警務，下設警務長具體執行命令，警政員管理行政警察，警法員管理司法警察。偵查報告、支配區官、督率馬步巡隊及清道衛生等事務，各有專門人員管理。在新設治而未辦警的地方，暫切遵照舊制進行管理。但鄉鎮警察因清政府滅亡而未能眞正創辦。

以上敘述可見，清末東北新政中設立了專門的警務管理機構，也注意到機構內部職務權責的劃分，並盡可能從省城推及各府廳州縣及各城鎮鄉，一個初具規模的警務體系在不斷形成和完善。爲使巡警的權責專一，東三省還部分裁撤了原有的一些防營隊伍。例如，奉天各地原設禦敵捕盜的捕盜營，沿襲日久，暴露了諸多弊端，在巡警設立後巡撫緝捕等的事務已不再需要捕盜營，度支司、巡警道會商後一律裁併。從裁撤的捕盜營中選擇優秀人員併入巡警，以補充警力。捕兵的任務也由巡警完成。這一做法，既節省了公家的餉糈，又可以預防盜匪的侵擾。

爲更好的推行警政改革，東三省還設立了預備巡警。宣統元年（1909），吉林、黑龍江都創設了預備巡警，「寓警於農」、「聞警則聚而捕盜，無事則散而歸農」，到宣統二年（1910），吉林預備巡警總計是城局二十三處、鄉局二十四處、分區二百四十五處、分所三百十四處。〔註29〕宣統三年（1911），東三省總督趙爾巽飭令奉天省城「籌設預警，補正警之不足」〔註30〕，省城內設預警辦事處，設總長一名，四鄉設三十處分駐所，每所設區董一名。從各

〔註29〕《清朝續文獻通考》卷 120，職官 6，職官考 6，浙江古籍出版社，1988 年版，第 8805 頁。

〔註30〕趙恭寅、曾有翼纂：《瀋陽縣志》，《中國方志叢書・東北地方》第 10 號，成文出版社有限公司 1918 年印行，第 244 頁。

村中挑選精壯壯丁，「防捕盜賊，保衛閭閻，補助行政巡警」爲宗旨〔註31〕。預備巡警的設立，既可以節省餉需，還能夠輔助警力，並且成爲將來挑選正規巡警的預備隊。是奉天創辦警政的重要一環，也是其他省分辦警的一個良好借鑒。

三、其他警務設施的設立

創辦一個完善的警務體系，既要有堅實的巡警隊伍，又要有相應的配套設施。東三省在開辦巡警的同時，也注意到設立了其他的輔助機構。

（一）成立醫療衛生機構

原來東北三省氣候寒冷，民眾生存條件有限，文化發展落後，衛生事務一直不被重視，醫療技術未能眞正發展。光緒三十一、二年（1905、6）間，奉天先後創辦衛生醫院、防疫病院，附設看護醫學堂，開始隸屬於巡警總局，巡警道設立後，遵照部定章程，內設衛生專科，醫院才從巡警總局中獨立出來，附屬於巡警道，由衛生科科員管理醫院的事務。聘請中西著名醫士和日、德醫學專科畢業生爲病人診治。光緒三十四年（1908），吉林地方當局開始討論創立官醫院。以「注重地方人民公共衛生」〔註32〕。而建設醫院的前提，則是精心研究醫學理論。於是借三江會館，成立醫學研究會，分科講習，以六個月爲學習期限。從學員中擇優選錄爲官醫生，其餘學員根據各自所學程度，六十分以上的人發給文憑，准許爲人診治。醫學研究會內還附設了中醫診所。後來勘定已經充公的三義廟田產，建造官醫院。官醫院力求更多的倣仿西方，兼設中醫、西醫及引種牛痘等事宜，「以研究生理之奧義，發明衛生之方法，務使廣濟貧乏，保護健康爲宗旨」〔註33〕，官醫院內設門類較爲齊全的診室，專門研究學理與考察診治，並隨時對相應理論與研製方法進行臨床印證。醫學研究會仍附設於官醫院，常年經費，都由度支司協撥，統一命名爲吉林官醫院。

（二）設立探訪總局和偵探學習館

巡警的職責在於制止犯罪，更重在防患於未然。清末的奉天省，商埠初

〔註31〕 閻毓善《呈復偵緝盜賊並籌辦預備巡警各請形請查核示遵由》，李興盛、馬秀娟主編：《程德全守江奏稿・龍沙麟爪》，第1499頁。

〔註32〕 《奉天醫院》，《奉天通志》卷144，民治3，衛生，第3287頁。

〔註33〕 《紀官醫院章程》，徐世昌等編纂《東三省政略》卷6，第1064頁。

開，外商雲集，地面遼闊，盜匪易於藏匿，行踪不定。要想使巡警更好的發揮作用，眞正保衛社會治安，就要注重探訪，奉天探訪總局隨即在省城設立，編練六十名探兵。成立的第一年，即已獲取多方面的情報，對一些不穩定因素能夠做到事先預防，保障了政治民生的穩定發展。光緒三十二年，程德全曾經奏請在黑龍江省城設立了偵探學習館，聘請外國人當教習，選擇候補投效人員及本地曾經進入過中學的二十歲以上的聰穎子弟入館學習，主要研究各國偵探各屬所載的案情，翻譯醫學、化學等相關法醫方面的理論書籍，學期三年。但因為此時巡警已經開始創辦，巡警學堂也開始籌辦，於是偵探學習館沒有立即開辦，而是在巡警學堂內部，加入了偵探一科。

四、警務人才的培養

要振興警務，首先就要有人才，而人才的造就，必須依賴教育。

（一）東北地區的主政者在東三省設立巡警學堂

奉 天

光緒三十一年（1905），奉天省城創立了警務學堂。但當時風氣未開，招考不易，僅設立了初等科訓練警兵學生，以三個月爲一個學期。正科學習三年，簡易科學習一年。學員畢業後，擇優錄用。三十二年（1906），畢業了三百多人，但所學功課淺、程度低，並不適合錄用爲警。同年九月，改警務學堂爲高等巡警學堂，以教育官吏、培養巡警官弁人員爲宗旨，仿照京師辦法，設立高等、簡易、專科三科，設一名監督，總理學堂事務，分設教務、齋務、庶務長、文案、收支、庶務、稽查、醫官各員，管理相應事務。後因經費不足，暫時先開設高等、簡易兩科，總計學生一百五十名，學生自備伙食費用，官費僅僅補充操衣、筆墨、紙張等費用。又根據光緒三十四年（1908）民政部奏章，改定職員名稱，詳細釐定課程課目和學生應該遵守的各項規則、禮節等內容，學生畢業發給畢業或者修業憑照。奉天巡警學堂的成立，帶動了吉林、黑龍江兩省警務學堂的創辦。

吉 林

光緒三十二年（1906）八月，吉林將軍達桂奏請設立巡警學堂，三十三年（1907）正月落成。以剛從日本學習警務回國的同知李樹恩、知縣李達春監督巡警學堂事務。爲求速成，先開簡易科。定學員名額爲五十名，學生一

百六十名。學生由各府、廳、州、縣選送，學員由巡警總局選送，分別入堂學習。學員以六個月為畢業期限，學生以四個月為畢業期限。期滿考試發給文憑，交巡警總局試用後，或回本籍辦理巡警，或留巡警總局聽候差遣。當時設立巡警學堂的地方是賓州、綏芬、農安等處，後來遵部章所定，改巡警學堂為高等巡警學堂，設監督、教務提調、庶務提調書記官、醫官、教員、督操、幫操等各員，管理相關事務。所教授的課程主要有：中國現行法制大要、憲法綱要、地方自治章程、大清違警律、法學通論等諸多法學方面的內容。學生來源以本省舉、貢、生員及曾在中學以上畢業的人為主。並在原有完全科學生的基礎上，改為高等科，增訂課程，延長學習期限為一年，以力求完善。

黑龍江

光緒三十二年（1906），黑龍江省城巡警學堂創立，招士民入堂學習，警學知識才逐漸得到傳播。同一年，黑龍江將軍程德全請求在省城添設偵探學習館，得到徐世昌的同意，開始培養偵探人才。到三十四年（1908）九月，省城巡警學堂共有五批總計二百多名警兵畢業，學員三次總計三十多人畢業，隨時分撥進入省城總局，充當各局官弁、巡長、巡丁。清廷宣布預備立憲後，巡警學堂監督稟請改良變通的辦法，設高等、簡易二科，仿照天津各省已定規制，三年畢業，由民政司飭派各地方官各自考送幾個人，等將來學成之後，發派到各地。

（二）巡警教練所的設立

除了通過辦巡警學堂培養的警務人員之外，普通巡警也應該廣泛的接受教育和訓練，因此東三省設立巡警教練所，以期通過這種對在職警務人員進行培養和教育的方式，增強維持社會治安的實力。

奉天巡警教練所成立於光緒三十三年（1907）九月。教練所學額二百名，分甲乙兩班，一律住所學習。三十四年（1908），遵照部章，設所長一員，由巡警學堂齋務長兼任，綜合管理教練所的事務。為節省經費，其餘教務、庶務各員，也多半由堂員兼任。學期以一年為限。所學課目有國文、大清違警律、警察要旨、政治淺義、地方自治大意、奉天地理、操法等。其他規則，大體與巡警學堂相同。

吉林巡警教練所成立於三十四年（1908）正月。入所學員嚴格招考，分

班教授，巡警局抽調各分局巡警，實行教練。巡警學堂中的簡易科學生，與各地方已辦的傳習所學堂，此時一律改並爲教練所。所有培養出來的人才，都充實到警務所需中去。在吉林先後設立警務傳習所的有省城、長春兩總局和濱江、伊通、盤山等處。而審判講習所、憲政研究所，也都附設於高等巡警學堂之下。

奉、吉、黑三省巡警學堂和巡警教練所相繼創辦，爲東三省籌辦警政培養和輸送了大量人才，同時也爲清末東北教育的改革補充了一個重要的內容。另外官辦學堂和警員培訓學校的並立，各儘其能，培養了更多的警務人才，促進東北近代警政的形成與發展。

小 結

清末東北新政中，東北地方政府採取一系列措施，進行整頓軍隊、籌辦警政，推動了東北軍警的近代化的發展。

一、清末東北新政軍事變革的影響

整頓軍制、籌練新軍。東北地方當局設立了軍事籌練機構，按照新法編練新軍，對舊式軍制進行改革，購置國外先進武器，建立學堂培養新式軍事人才。這些措施的實施，改變了東三省原有舊式軍制，調整了「名目複雜、器械參差、操法亦未一律，統率不一，散漫無紀」〔註34〕的現象也得到一定程度的改觀，至此東北地區出現了具有近代化性質的軍隊，對於以後東北地區軍事變革產生較大影響。

衛護邊防、剿除匪亂。新式陸軍的編練，對於鞏固邊防、消除匪患起到重要作用。原來奉天省的馬賊極爲猖獗，官軍剿匪屢屢不利，但新軍整頓後，搜剿盜匪方面發揮了顯著作用。如在副右路後營耿管帶抽調左右兩哨，親自督軍搜剿松樹溝大青山等處張敏等賊匪，槍斃匪首張合、閻慶山、海沙子等三名，並生擒李寶、李傻子等二名。〔註35〕對剿匪有力的各巡防隊，地方官員則上折請旨嘉獎，以資鼓勵。同時，編練新軍在一定程度上也起到抵禦帝國主義國家的侵略、鞏固邊防的作用，有力的維護滿清政權對東北地區的統治。

〔註34〕《附考查奉天省情形折》，徐世昌《退耕堂政書》卷5，第258頁。
〔註35〕《東方雜誌》3卷8號，各省軍事紀要，第146頁。

　　東三省軍制的改良過程中，由於人才和資金的缺乏，導致新軍在編練過程中，使新法操練不能廣泛推行，一些相應機構也不能設立，對舊式軍隊進行改編時，舊式軍隊的陳規陋習也保留下來，這些都影響了東北地區軍事變革的順利推進。

二、清末東北新政籌辦警察的影響

　　清代末年，東北地方當局爲維護社會治安，創辦新式警察制度。警察體系的確立與發展，在當時封建社會行將結束的東北地區，不能不說是代表著一種社會進步。隨著各級各類警察組織的設立，打擊了盜賊、罪犯的囂張氣焰，一定程度上使社會秩序得以穩定，保護了商旅的貿易往來活動，促進了東北地區經濟的發展。同時，這些警察還在戒烟、禁娼、衛生、改良社會風俗等方面發揮重要作用，在一定程度上推動了東北社會風俗的變化。

　　各級各類警察大多是在原有保甲、團練、捕盜隊、巡防軍的基礎上創辦的，舊式軍隊傳習下來的各種弊端，短時間內不可能完全消除。雖然東三省的將軍督撫在著力辦警，但相對於轄地廣闊的東三省來說，各廳州縣及鄉鎮等各級警察的普及仍然有限，新政幾年中所創辦的警察，其實力、規模還遠遠不夠滿足社會所需，各級巡警漸次成立後，鬍匪並未因此完全禁絕，也難以顧及所有的村屯民戶。另外，各項新政的創辦需要巨額款項，對於財政收入匱乏困難重重的東北地方當局來說，能夠撥劃用作的辦警的經費更是少之又少，這自然影響到警政的進一步完善。

第五章　教育改革與清末東北教育近代化

　　任何一個歷史事件，其發生、發展過程中，都直接或間接地與人產生密切聯繫。人智識的開發、素質的高下，直接影響歷史實踐本身的得與失。同樣，清末東北新政的推行者、新政措施影響所及的廣大民眾的智識等的因素，亦與清末東北新政關係重大。尤其是在社會歷史變遷時期發生的改良，更突顯具有先進思想的新式人才的重大作用。對新式人才的需求量日益增大，改良教育、培養人才自然成為東北地區新政變革的一個重要內容。

　　清末時期，中國文化教育的發展遠遠落後於西方資本主義國家。而在清王朝保護國語騎射思想主導下，東三省文化教育事業的發展又相對落後於內地其他省份。東北地區原有的官辦學校以官學、義學和社學為主，此外作為各類官學補充的私學（即倡辦不受官府控制的教育設施或「私館」〔註 1〕）。另外，自行設立進行講學的書院，也是一種教育形式，但開辦較晚、且數量較少。鴉片戰爭以後，西方教育思想相繼傳入，尤其是戊戌變法以後，變革思想為更多有識之士所接受。戊戌變法時期的教育改革思想的宣傳，也波及到了東北地區。

　　光緒三十一年（1905），清政府廢除科舉制度，推行新學制。新的學制「第一次全面引進了西方教育制度」、「推動了新式學校教育的發展」、「改變了晚清以來教育發展的重點」、「促進了教育內容的改革」。〔註 2〕但沿襲已久的教

〔註 1〕　王鴻斌、向南、孫孝恩主編：《東北教育通史》，遼寧教育出版社，1992 年版。
〔註 2〕　參見錢曼倩、金林祥主編：《中國近代學制比較研究》，第 124～127 頁

育體制和思想傳統不可能馬上退出歷史舞臺，只有在以後的歷次變革和調整中才逐漸完成最後的蛻變。

清代末年的東北地區，危機四伏，爲挽救危亡時局，興辦新學、開啓民智成爲社會思想文化進步的新任務。中國東北地區教育的近代化，就在這樣的歷史背景下起步。

第一節　清末東北新政時期教育機構的設立及運作

舊學體制下，只有奉天設立了學政，兼管吉林每年各項科考事宜，而黑龍江生童多半就近參加考試。清代末年，舊有儒學逐漸興復，書院、義學、社學出現在新設郡縣，爲專門教授旗丁，還在奉天、寧古塔、伯都訥、三姓、阿勒楚喀、拉林、琿春、烏拉、額穆赫索羅，墨爾根、齊齊哈爾等地設立八旗官學，並且「頒內版經籍於黌宮（古代稱學校），以資研討，准習滿文者考試翻譯出身，以宏造就」，〔註3〕東北文化教育事業有了一定程度的發展。光緒二十八年（1902），東北開始設立學堂。三十一年（1905），政務處奏請在中央特設學部，研究教育行政方法，總管全國學務諸事。而在東北，原以學務處管理相關學務，三十二年（1906），學部奏陳各省裁撤學政，改設提學使統轄全省學務。科舉制度在全國廢止後，在郡縣設立中小學堂的內容被寫入預備仿行憲政的條文中，並限期成立。隨著清末東北新政各項改革步伐的推進，東三省文化教育事業開始走向近代化。爲促進教育發展，首先就要設立相應的教育管理機構。

一、調整教育行政管理機構

（一）學務處

清末，上至朝廷大員、下至普通地方士紳，都深刻認識到：「兵戰、商戰、實業戰，要皆根本於學戰。國勢強弱，視學務盛衰爲轉移」〔註4〕，極爲重視教育的發展。光緒二十九年（1903）十一月，張百熙、榮慶、張之洞等在奏定的《學務綱要》中指出：「至各省府州縣遍設學堂，亦須有一總匯之處以資

〔註3〕　《學務・述要》，〔清〕徐世昌等編纂：《東三省政略》卷9，第1384頁。
〔註4〕　《林祖涵等稟復開辦勸學總所兼宣講所情形折》，吉林省檔案館、吉林省社會科學院歷史所編：《清代吉林檔案史料選編》，第67頁。

管轄，宜於省城各設學務處一所，由督撫選派通曉教育之員總理全省學務，並派教育之正紳參議學務。」〔註5〕不久，吉林、奉天、黑龍江三省學務處相繼成立。光緒三十年（1904）十二月，吉林省城設立學務處，籌劃全省教育事宜，這是吉林設立教育行政機構的開始，內設總辦，下設監督、教務提調、文案、圖書、儀器、衛生等職。光緒三十一年（1905），奉天設立學務處，同年十一月，學政李家駒在學務處內分設教務、書記、庶務、編輯、調查、會計、收掌、游學八科，學務逐漸得以擴充。黑龍江省最開始的學官，是光緒五年（1879）在呼蘭設立的學政。東三省興辦學務以來，黑龍江省於光緒三十一年（1905）也依例設立學務處，最初附屬於軍署文案處內。光緒三十二年（1906），由分巡道獨立管理學務處，設教務、庶務兩提調，這是黑龍江省學務統一的開始。

（二）省級教育行政機構——學務公所

　　光緒三十二年（1906），學部奏請裁撤學政，各省改設提學使管理教育。「奉天提學使著張鶴齡補授。吉林提學使著吳魯署理。黑龍江提學使著張建勛補授。」〔註6〕提學使蒞任後，在督撫節制下統轄全省學務，稽覈學校規程，調整學制，成為教育管理的專官。在提學使下，設立各級學務公所，主要處理具體學務事宜。奉天提學使司張鶴齡到任後，在奉天設立學務公所，並「於學務公所內，分設各課，先後派省視學分赴各校巡視，以督促其進行，以專門課事務較簡，暫不設置，歸普通課兼辦。選議紳四人。」〔註7〕吉林提學使吳魯到任後，改學務處為學務公所，僅設總務、普通、圖書、會計四課。黑龍江省提學使是在光緒三十三年（1907）設立，同年學務公所成立。

　　徐世昌任職後，對三省學務公所進行變通和整理。調整後的奉天學務公所，設總務、學政案牘、普通、實業、圖書、會計六科，設編校員、譯員等負責教科書的編校、以及往來公文、書報的翻譯等事務。光緒三十四年（1908）十二月，署理提學使孟錫珏呈請，把學政案牘歸併入總務科辦理。學務公所遴選省視學員巡視各府廳州縣，督促各地學務的籌辦，調查、監督奉天學務

〔註5〕　朱有瓛、戚名琇、錢曼倩、霍益萍編：《中國近代教育史資料彙編　教育行政機構及教育團體》，上海教育出版社，1993年版，第6頁。
〔註6〕　〔清〕朱壽朋編：《光緒朝東華錄》第5冊，第5514頁。
〔註7〕　王樹楠等編：《奉天通志》151卷，教育3，東北文史叢書編輯委員會1983年版，第3495頁。

推行情況。吉林學務公所增設僉事員，設置專門、實業兩科，分別選任議紳、省視學及統計、編輯等員。後又仿照奉天教育官練習所的辦法，在學務公所內開辦學術研究會，刊發教育官報，「風教所敷，漸開盲塞，提綱挈領，學子前途，胥有攸賴矣。」〔註8〕黑龍江學務公所分總務、專門、實業、普通、圖書、會計六課，設置咨詢、管理職員，後改課爲科。任命科長、科員、譯員、視學員、查學員、勸學員等管理相關事務。

在學務公所的組織下，東三省學堂和在學學生都有大幅度增加，各省學務漸具規模。以奉天爲例，光緒三十一年（1905）全省學堂僅四十九處，三十四年（1908）增加到二千一百二十二處。在學堂學習的學生總數三十一年（1905）統計有二千四百六十九人，三十四年（1908）增加到八萬五千四百三十七人。畢業學生總數三十一年（1905）僅七十八人，三十四年（1908）增加到六百五十一人。〔註9〕

（三）府廳州縣教育行政機構──勸學所

光緒三十二年（1906）三月，學部奏定《勸學所章程》，令「各廳州縣，應各於本城擇地特設公所一處，爲全境學務之總匯，即名曰某處勸學所。」〔註10〕勸學所以本地方官爲監督，設總董一員，綜覈各區學務事宜，每區設勸學員一人，總董由縣視學員兼任，勸學員由總董從本地品行端莊、熱心學務的士紳中選派。遵照部章，奉天、吉林、黑龍江三省各廳、州、縣，都設立了各級勸學所，集中管理勸導各地方學務。

光緒三十三年（1907），奉天提學使張鶴齡飭令各府州縣，照章設立勸學所。「並令各地方官選舉鄉望素著通曉學務之士紳一人，送省考驗」〔註11〕，開會研究後，派回原籍，充任總董。其中除「洮南一府，蒙荒甫開，聲請緩辦外，其餘各屬均於是年一律設齊。」奉天各地勸學所相繼設立。吉林省城勸學總所是在提學使吳魯任內創辦，當時派監督、會辦及勸學員等若干人負責相應事務，「全省學校之盛衰，統視勸學總所措施之得當，推行之遠近爲正比例」〔註12〕，但當時並未劃分各學區。提學使曹廣楨到任後，對勸學總所

〔註8〕 《紀學務公所》，〔清〕徐世昌等編纂：《東三省政略》卷9，第1411頁。

〔註9〕 《紀學務公所》，〔清〕徐世昌等編纂：《東三省政略》卷9，第1388頁。

〔註10〕 朱有瓛、戚名琇、錢曼倩、霍益萍編：《中國近代教育史資料彙編 教育行政機構及教育團體》，上海教育出版社，1993年版，第60頁。

〔註11〕 《紀勸學所》，〔清〕徐世昌等編纂：《東三省政略》卷9，第1391頁。

〔註12〕 《林祖涵等稟復開辦勸學總所兼宣講所情形折》，吉林省檔案館、吉林省社會

予以變通，劃分省城學區，設吉林府勸學所，作為示範，帶動其它地方廣泛設立勸學所。派地方官為監督，內設一名總董，每學區設一名勸學員。凡是各區籌款興學等事宜，都由總董指導勸學員具體辦理。宣統二年（1910）十二月，根據學部所奏，改訂勸學所章程，勸學所的興辦更為成熟。黑龍江省在學務公所設立的同時，各府廳州縣即先後設立勸學所、派勸學員到各地調查相關學務事宜，一兩年時間內即在各地設立呼蘭、肇州等十餘處勸學所，一定程度上促進了學務的發展。三省勸學所內，附設宣講所、接待紳董所、學生父兄懇話會、教育研究會、閱報處等組織，輔助各地勸學所，促進各地學務的發展。

二、設立教育宣講機構

為使廣大民眾智識開通，更快的接受新政變革思想，封建統治階級開始主動採取不同的形式進行宣傳。

趙爾巽認為「奉天學務方興，教育驟難普及」的情況下，以「開通風氣，以使家喻戶曉」〔註13〕為宗旨的宣講，是開通民智、輔助國民教育的一個重要途徑，因此奏請設立奉天宣講所。

光緒三十一年（1905）趙爾巽飭令學務處編輯《白話報》，創辦省內外宣講事宜。同年十月，設立兩處宣講所，並設宣講傳習所作為宣講人員練習之地。三十二年（1906）六月開始，學務處先後派畢業講生分頭到各府廳州縣進行宣講。勸學所成立後，由各地方官監督士紳切實辦理，勸學所總董負責具體宣講事宜。在各村鎮地方，按集市之時派員講演。宣講所需書籍材料，都按照學部頒行的宣講書目購置。

新政方興的東北三省都亟待社會風氣的開通。為此，吉林也設立宣講所，進一步予以改良，淘汰舊有宣講人員，另設講演所，培養宣講人員的普通知識。釐定規章，宣講人員輪流宣講，聽講人分成常聽、暫聽兩班，所講內容是從學部通行的書目中進行取捨。每次宣講結束，都要把演講內容和聽講人數分別填表，每隔十日上報地方官，每月月底詳細考覈，以聽者的多少來評定宣講員是否勤勉，並以此作為該管長官的考覈成績。黑龍江省是在學務公所內設宣講員一人，歸教育總會管理。

科學院歷史所編：《清代吉林檔案史料選編》，第 67 頁。
〔註13〕《奉天學務處設立宣講所章程》，《趙爾巽檔案全宗》，177 號。

　　東三省的將軍督撫都極爲重視通過宣講所、宣講員，普及教育，加強宣傳興辦新式教育和發展學務的重要性。通過三省設立的宣講所和宣講員的系列宣講活動，促使民眾更快的接受新知識、新思想，民智開通，爲學務的肇興和教育的普及奠定良好基礎。但應該注意是，宣講內容是以學部所定的書目爲基礎，在傳播先進思想的同時，受維護封建統治思想的束縛，始終離不開宣傳封建傳統禮教的內容，很大程度上制約著東北教育的進步。

三、建立教育研究機構

　　光緒三十二年六月初八日（1906 年 7 月 28 日），學部奏定各省教育會章程中，提出「補助教育行政，圖教育之普及」〔註 14〕，各省應設立教育會，輔助學務公所及勸學所共同振興本地學務。東北三省在創辦了各級教育行政機構後，也設立了相關教育研究機構。

　　自光緒三十二年（1906）十一月，奉天省城設立教育總會。各府廳州縣教育會也相繼設立分會，「以統籌全省教育、力圖發達爲宗旨。」〔註 15〕促進了奉天學務的發展。三十三年（1907）四月，奉天省城又設立教育研究會所，研究科目先講管理教授，以後再逐漸添設其他科目，聘請日本人講師，以五個月爲學習期限，學堂教員每星期二三六日到會研究，不得臨時不到。教育研究方面，比較突出的是吉林省。爲進一步改良教育、教學方法，尤其是提高小學教育方法，光緒三十四年（1909）九月，吉林省設立小學教育研究會，選派會長一人，評議員四人，「每星期休息日召集各小學堂教員、職員及簡易師範學生到會，提學使親臨會所，公同討論管理教授等法」，參會人員互相提問討論，品評得失，立冊記分，隨時比較，收益很大。〔註 16〕在吉林省各府廳州縣，教育會相繼設立，宣統元年（1909）正月，進一步推廣會章，聘請日本大學文科畢業生充任會長，會同師範學堂教員講演教育學、學堂教授管理法以及理科的算術等相關內容，小學堂堂長、教員均到會聽講，並命令勸學所、宣講所、紳董暨學務公所僉事、科員全部隨提學使到會討論。每次聽講的人數都超過八十人，這對於提高吉林省小學的教育質量，起到了很好的

〔註14〕 朱有瓛、戚名琇、錢曼倩、霍益萍編：《中國近代教育史資料彙編　教育行政機構及教育團體》，上海教育出版社，1993 年版，第 247 頁。

〔註15〕 趙恭寅、曾有翼纂：《瀋陽縣志》，《中國方志叢書·東北地方》第 10 號，成文出版社有限公司 1918 年印行，第 89 頁。

〔註16〕 《紀小學教育研究會》，徐世昌等編纂：《東三省政略》卷 9，第 1412 頁。

作用。宣統二年（1910），黑龍江省教育總會成立，隨即呼蘭、璦琿等縣的教育會也相繼成立。黑龍江省教育總會和各地教育會設立後，著力研討教育，尤其是小學教育，推動了黑龍江省教育的進步。

為更好的興辦教育，作為教育的間接輔助機關，三省相繼設立教育總會和教育研究會。這些教育研究機構的設立，推動了東北教育的近代化。在對教育進行研究和討論中，教育的管理者和從教人員認真思考如何發展教育，使教育管理系統更為完善與成熟。但因當時民力所限，教育總會、教育會和教育研究會很少能夠獨立創辦，而是處處有官府的倡導和參與，自然難以脫離為封建統治階級服務的色彩。

四、新式教育機構的運作

從省城到地方各屬，相繼成立各級教育管理機構，學制得到改變，但學風尚未切實調整。教育行政機關雖已具備，但教育管理人員和教師隊伍素質不齊，教學款項不足所用，難以很好的進行相關學務以及滿足辦學需要。教育機構設立後，即從這些問題著手，推行振興學務的措施。

（一）培養行政及教學人員

教師和教育行政人員是辦學的重要主體，如果這些人員不足使用或者水平不夠，將嚴重影響東三省文化教育事業的發展。為此，東三省的將軍督撫加大了提高教育行政人員素質的力度，加強教師隊伍的充實和培養。

首先，培養教育行政人員素質。教育行政機關主要承擔振興學務的職責，教育官練習所則是輔助教育行政機關、培養教育行政管理人員的場所。清末新政期間，奉天尤其注意對教育行政人員的訓練與培養。光緒三十二年（1906）十二月，提學使張鶴齡呈請在學務公所內設立教育官練習所，選聘外國教師講演教育學，教授管理法及教育行政視學諸制度，督促學務公所職員暨各學堂教員認真聽講，以提高教育行政人員的業務水平，成立後成效很大。宣統元年（1909），擴大接受教育和培養人員的範圍，調集候補人員入所練習，制定練習所的規則，進一步發揮培訓的功能。

其次，加強教師隊伍建設。清末東北教育改革時期，教師隊伍組成主要有兩部分，一是原有私塾塾師承擔教學任務。二是任用接受新式教育的師範畢業生作為教員，傳授知識。

　　新政之初，教育改良剛起步，教師的培養尤顯重要。爲滿足大量教學人員的需求，學部提倡「先就舊有之數百萬私塾而改良之，因勢利導」〔註17〕，以輔助教育的改良。隨著東北教育改良的不斷進步，新式學堂漸次興辦。但在受傳統的封建思想影響已久的中國東北，人們對新學堂還缺乏正確認識，於是改良私塾、培養私塾塾師成爲從傳統教育向近代新式教育過渡的重要一步。

　　清代末年，民間私塾日益增多，但塾師往往在教學管理和知識教授的方法等方面，落後陳舊又不懂變通，不能勝任新式教育工作。針對這種情況，三省督撫及學務官員都非常重視對私塾塾師的改良工作。

　　奉天省以加強對私塾塾師考選的形式，提高塾師教授能力。奉天提學使張鶴齡認爲普及教育「自應先從改良私塾入手，以期逐漸推行」，通過「招集城鄉各塾師至署考試，分兩場，頭場試以國文，二場試以談話」，依據考試結果，區分塾師水平爲最優等者、優等、中等及下等四等。「凡考列最優等者送師範傳習所肄業，列優等及中等者，由司發給執照准其暫充塾師，仍不時派員考查，如果教授合理法，當爲存記，俟此次師範傳習生卒業之後，下屆招生時准其執照報考，其列爲下等者，應即改業不得自誤誤人云。」〔註18〕奉天改良塾師辦法，不僅適應於省城，也推及各府州縣，這一現象通過《盛京時報》中關於遼陽勸學所考試塾師的情況即可得知。遼陽推行改良私塾辦法是在啓化學堂添設塾師夜課，傳習各種教授法，三個月後，由勸學所命題考試，考試結果「詳定甲乙，榜示周知，所有不合格者均勒令改務他業」。〔註19〕

　　吉林提學使吳魯曾製印私塾改良章程，分發勸導，但並未使私塾眞正得以改良，已有初步發展的官立小學也因舊有錮習的影響，難以全面推行。光緒三十四年（1907），吉林府勸學所先行試辦私塾改良會，每區派兩名勸學員，分查城鄉各處，統計家塾、私塾的數量以及塾師、學生的人數。同年二月，先後召集塾師命題考試，合格被錄取的給予憑證，准予開館辦學。爲加強對這些考驗合格的塾師的培養，規定在每年三月至八月的時候，每星期六都要到勸學所聽講，學習教育、國文、算學、格致四門。每月開會一次，研究改良辦法。如果缺席次數超過規定次數，則取消其開館資格，收回所發憑證。

〔註17〕舒新城編：《中國近代教育史資料》上冊，人民教育出版社，1985 年版，第101 頁。

〔註18〕《改良教育》，《盛京時報》宣統元年二月初四日。

〔註19〕《考試塾師揭曉》，《盛京時報》宣統元年正月十五日。

推行幾個月後，原有陋習，得到一定改良。於是進一步推廣，新城、五常、農安等處也先後成立私塾改良會，取得了較好的成績。

黑龍江省一方面進行私塾改良活動，加強基礎教育。光緒三十一年（1905），僅關西縣和呼蘭府城就有改良私塾一百一十多處。〔註20〕改良私塾中的塾師經各地方官統一考試，才能錄用。教學使用小學堂課本，並改變私塾教授方法。另一方面，也通過考試選拔優秀人員充當教師，壯大教師隊伍。

宣統二年（1910），學部頒行《改良私塾章程》，再一次明確「改良私塾以私塾教授期合法並補助地方教育」〔註21〕的宗旨。東三省的私塾改良活動有了明確的章程指導。私塾改良活動，因當時為政者及民眾的智識水平有限，在實際運行過程中，難免流於形式，一些章程措施執行不力，考選塾師時弄虛作假，最終使辦學效果受到影響。但在學務方興的東北，畢竟暫時緩解了新政期間師資力量不足的狀況，促進了東北學務的振興和教育事業的進步。

關於任用師範畢業生充實師資隊伍的問題，將在後面「創辦新式師範學堂」問題中做詳細闡述，在此不再過多贅述。

（二）籌措辦學經費

任何政事的推行，都離不開一定的經費，籌辦文化教育事業自然也不例外。發展較為進步的內地各省，在教育經費的籌措方面，還要時常憂慮支出的不足，新政開始之初的東北三省，經歷了中日甲午戰爭、義和團運動、日俄戰爭後，各項政策都是剛剛開始，百姓生活困苦，改革文化教育事業更是難上加難。東北新政期間教育經費的籌措，從來源上有官款、公款、私款三個方面的區別。

奉吉黑三省都有官款辦學。奉天官款辦學具有一定規模，經費的來源也較多，包括車牌捐、派捐、罰款、生息銀等，主要是通過提學司來直接或間接覈銷支付。吉林官款辦學的經費來源主要是舊時書院和義學的發商生息款、交涉總局提撥徵收木植洋款票費項下發商生息銀、地租、彩票公司按照籌餉章程解交的紅利及度支司隨案撥發的經常臨時性費用。其他四鄉外屬，各項官立學堂都以晌捐、放荒款為經費的主要來源。在黑龍江省，捐稅、租賦項下提撥出一定的款項作為官款來辦學。

〔註20〕《續報江省推廣小學情形折》，徐世昌《退耕堂政書》卷13，第702頁。
〔註21〕《改良私塾章程》，舒新城編：《中國近代教育史資料》，1961年版，第108頁。

官款之外，還有公款辦學。奉天的公款辦學經費的最大來源是歛捐，其次是鄉會籌款，加之以學田租、租息、生息、雜入等各項雜捐等作爲補充。各項廟產的場地或收入，則成爲吉林公款辦學的一個主要內容。黑龍江省地方教育經費的來源大宗出自晌捐，其餘則來自於糧捐、車船捐、牲畜捐、旱獺捐等的收入。另外，清末東北三省的地方政府，除准許旗籍學堂認領閒荒予以開墾外，有些地方幾地集資購置荒地予以開墾，官府免收荒價，土地開墾後所得租稅收入，充作學堂經費，例如，吉林省的五常縣藍彩橋學田，就是吉林、長春、榆樹、扶餘、五常五縣釀資購置荒地一千一百○二晌五畝，宣統三年（1911）經長春府城議事會議決，充作吉、長、扶、榆、五常五縣學務經費。現已墾成熟田五百九十六晌二畝八分八釐，所收租金按五縣均分，輪值經管。文契歸財務處保存。〔註22〕

私人投資辦學成爲東北三省辦學的一個重要補充力量，但個人出資協助公立學校的占較大比例，個人獨立籌建學校的還是寥寥無幾。吉林各屬「中、小學堂統計二千一百餘所，然私立者僅二十有八處，不足百分之二。」〔註23〕爲了節省辦學經費，有些地方甚至出現地方官個人出資、自任山長的情況，光緒三十三年（1907）以後的幾任康平縣令，都因學款不足，於是自出館金，或自任山長，或募款辦學。宣統元年（1909），開原昌圖紳民唐樹德、李萬春等人，捐助學款地畝，籌辦學堂。長春府知府王古愚捐廉銀一萬兩，購置荒地一千五百六十六晌七分。私人報效捐助學款的現象在奉天、吉林的不斷涌現，促進了當地私學的發展。〔註24〕

無論是官款、公款還是社會捐資辦學，從款額的數量上看，以官款和公款占大宗，私人捐助辦學的比重很小。而政府財政危急不斷，用於教育方面的款項極其不足，限制了東北文化教育事業的全面發展。但在有限財力之下，東北地區教育事業還是取得了一定成效，新式教育在東北同時出現。總體看，教育款項的籌措、收入與支出等各項事宜，都離不開教育行政機構直接參與，教育行政機構的完善是推動文化迅速發展的重要一步。

〔註22〕 張書翰、馬仲援修、趙述雲、金毓黼纂：《長春縣志》卷2，民國三十年鉛印本，第4頁。

〔註23〕 《紀私款》，〔清〕徐世昌等編纂：《東三省政略》卷9，第1408頁。

〔註24〕 張書翰、馬仲援修、趙述雲、金毓黼纂：《長春縣志》卷3，民國三十年鉛印本，第3頁。

第二節　清末東北新政時期新式教育的推行

一、創辦新式學堂

科舉制度廢除後，在中國存在了一千三百多年的桎梏解體，直接推動了學堂建設。另外，清政府在推行新政過程中，對各方面人才的需求不斷擴大，辦學堂成為解決這個問題的主要途徑。當時一方面是擴大京師大學堂的規模，另一方面則是命令各省將舊有書院、私塾改為學堂。興辦教育，首推學堂教育。光緒二十九年（1903），清政府發布《奏定小學堂章程》，令各省督撫「設初等小學堂，凡國民七歲以上者入學。小縣城必設初等小學堂二所，大縣城必六所，著名大鎮必設三所」。〔註25〕

新政期間，主政東北的地方官員認為「事關培育人材，不得不並力經營」〔註26〕，「育才興學，尤屬要圖」〔註27〕。必須以興學為首要任務，獎勵勸導不遺餘力，並結合東北特殊的地域性，積極鼓勵興辦各級各類不同性質的學堂。

（一）普通學堂

在奉天最早提出設學堂的是盛京將軍依克唐阿，增祺繼任後也於光緒二十八年（1902）奏請創辦大學堂，招錄學生一百多人，這是東北最早的學堂。二十九年（1903）、三十年（1904）間，奉天的鐵嶺、新民等處，各開辦小學一處。三十一年（1905），趙爾巽在省城創辦兩等小學堂十處。在地方政府的鼓舞勸導下，奉天小學堂的數量日益增多，僅幾個月的時間，成立小學五十處。在吉林，三十四年（1908）全省創辦的小學總數比三十三年（1907）增加了三倍，學生人數增長到九千多人。黑龍江省於光緒三十一年（1905）創辦高等小學兩所。呼蘭、綏化、海倫開辦中學預科，後定名為高等小學堂，各廳州縣設立兩等小學堂、女子學堂，數量不等。同時在省城還成立第一幼女學校一所，按照高等女子小學辦理。籌辦小學教育，為東三省普通教育的發展奠定了良好的基礎。作為教育根本的小學，模範、兩等小學堂進一步整頓，學校數量與規模都快速增長。

〔註25〕朱壽朋：《光緒朝東華錄》，第5冊，中華書局，1958年版，第5411頁。
〔註26〕《吉省籌辦各項學堂情形折》，徐世昌《退耕堂政書》卷18，第941頁。
〔註27〕《奉省辦學人員獎勵並師範生義務年限擬請援案辦理片》，中國科學院歷史研究所主編《錫良遺稿·奏稿》第2冊，第1299～1300頁。

　　除興辦小學以外，各地其他形式的普通學堂也陸續興辦。光緒三十二年（1906），僅奉天一省就有學堂六百多處。三十三年（1907），經過進一步整頓和加力籌辦，各種官、公、私立各學堂總數增加到一千二百多所。三十四年（1908），更達到二千一百○七所，學生八萬二千七百四十五人。〔註28〕吉林省從光緒三十三年（1907）二月開始興辦全省中學堂，到暑期學生人數即已達到一百四十人。長春、雙城設立官立中學堂，學習期限爲四個學期。三十四年（1908）暑假後，附設於省城中學堂的滿蒙文班，另建校舍獨立辦學，學生人數達到八十人。吉林的學堂教育，在有限條件下得到一定程度的發展。

　　光緒三十四年（1908），吉林省城內外共有官立中學堂四所，學生三百五十四人，黑龍江省城設中學堂一處，有各類普通學堂一百四十四處（所），學生六千一百三十三人。下面兩個表格，分別是光緒三十四年（1908）黑龍江省各類普通學堂以及宣統元年（1909）吉林各級普通學堂發展概況的相關數字統計。

黑龍江　光緒三十四年（1908）

門類 ＼ 全省公共學堂	中學堂	小　學　堂			半日學堂	官話字母學堂	女子學堂	總計
		高等	兩等	初等				
數量（所）	1	3	22	106	3	2	7	144
在學人數（人）	105	372	1497	3736	130	49	244	6133

吉林　宣統元年（1909）〔註29〕

門類 ＼ 學堂名稱	師範	中學堂	高　等小　學	兩　等小　學	初　等小　學	女子學堂	總計
數量（所）	1	4	9	57	106	3	188
在學人數（人）	130	355	586	2961	4355	158	9,166

（二）師範學堂

　　經過一個時期的振興學務，民智日漸開通，學生人數日增，但仍存在師

〔註28〕 王鴻斌、向南、孫孝恩主編：《東北教育通史》，第327頁。

〔註29〕 以上數據來源：《附奏吉省各級學堂統計表》、《附吉省各級學堂學生統計表》、《附江省普通學堂統計表》、《附江省普通學堂學生統計表》，〔清〕徐世昌等編纂《東三省政略》卷9，第1414～1415，1429～1430頁。

資缺乏的問題。因此，歷任將軍督撫在創辦學堂的時候，尤其注重師範教育，以塑造師資。在奉天，師範教育從設立師範簡易科、師範傳習所開始。光緒三十一年（1905），趙爾巽選拔中學優秀人員入師範傳習所學習，三個月畢業後任小學教員。徐世昌到任後，督飭提學使認眞考察整頓學務，對一些學堂規模予以擴充，盡量革除已辦學堂弊病，改良師範教育。在省城陸續添辦簡易師範學堂、初級師範學堂、師範簡易科、體操專修科、格致專修班及女師範學堂等各類學校。僅三十三、四兩年（1907、8）間，就設立了師範傳習所十二處，師範簡易科三處，女師範學堂一處，體操專修科一處、格致測算專修科一處。

另外，爲增進知識，省城設立小學教員補習科，專門研究管理和教授等方法。三十三年（1907）春，原有初級師範學堂改爲優級師範選科和初級完全科兩級師範學堂，成爲向中學提供教學人員的場所。遼陽、新民等地師範簡易科也相繼設立。整飭小學，斟酌擬定各屬鄉學簡章及課程規則。後又將師範簡易科和師範傳習所歸併一處，使各鄉初等小學堂私塾教員及各城文理精通的廩、增、附、監、肄業簡易科學生得到培養，學風漸開。

當時正值中國女子教育逐漸興起，光緒三十二年（1906），慈禧太后提出振興女學的諭令。三十三年（1907），學部奏定、朝廷允准頒行《女子小學堂章程》和《女子師範學堂章程》。在這樣的大環境下，奉天設立女子師範學堂和女子美術學堂，任用的監督、教習都是女士，其中還聘請日本、英國女士各一名，來承擔相關教學任務。女子師範學堂的設立，爲女子學堂教育提供了一個良好的空間。〔註30〕

吉林爲滿足師資需求，先是在光緒三十一、二年（1905、6）間，將軍達桂選派士紳赴日本學習速成師範。三十二年（1906）十月，在省城崇文書院、義學的基礎上，創辦全省初級師範學堂及五關、昌邑、白山等各小學堂，招完全科、簡易科學生各一百名，分班學習。附設高等、初等兩等小學，學生八十名，這是吉林開辦學堂的開始。隨著畢業學生的增多，師資隊伍得到一定補充，再加上各級師範學堂不斷改進，各地私塾得以改良，吉林省的師範教育逐步完善。尤其是光緒三十四年（1908）七月，女子師範學堂的設立，充實了吉林師範教育的內容，促進了教育的普及和民智的開化。

黑龍江省則是在省城高等小學內附設速成師範，在客籍學堂內附設師範

〔註30〕《東方雜誌》3 卷 7 號，各省教育彙志，第 175 頁。

傳習所，速成師範和師範傳習所成爲黑龍江省師範教育的開始。三十四年（1908），師範傳習所改爲初級師範學堂，在俄文學堂校舍創辦滿蒙師範學堂，同時籌款興辦女學，黑龍江省師範教育的內容在不斷加強。

到光緒三十四年（1908），奉天省有師範學堂三十一所，學生一千六百三十四人。黑龍江省有師範學堂八所，學生三百五十九人。吉林省到宣統元年（1909）有省城師範學堂一所，學生一百三十人。〔註31〕加上各府廳州縣設立的各項學堂，學堂總數合計一百八十八所，學生一萬多人。〔註32〕統計數字充分反映出當時東北地區師範教育的一般情況，奉天師範教育發展較好，吉林、黑龍江相對緩慢。

（三）專門學堂與職業學堂

實行新政過程中，對法政、語言等專門人才的需求不斷增大，因此奉天、吉林、黑龍江都設立了相關的專門學堂。

法政學堂。在奉天，趙爾巽任盛京將軍時期曾經設立仕學館與旗員仕學館，改設行省後，兩館合併爲法政學堂，作爲培養全省行政法律工作人員的機構。到宣統元年（1909），已有兩期學生畢業，總計畢業學生二百九十名。〔註33〕到宣統三年（1909）三月，學生畢業三次，總計有四百八十多人畢業。〔註34〕在吉林將軍達桂在任時，改課吏局爲法政館，改建行省後，巡撫朱家寶改法政館爲法政學堂。在黑龍江，則是先設立法政肆習所，後歸併入東三省法政學堂。

語言類學堂。蒙文學堂是趙爾巽任職時所設，主要培養處理蒙務的人才。吉林在將軍達桂任內，設立外國語學堂，徐世昌時期改爲方言學堂，選擇中學堂中學習較好的學生，入堂學習日、英、俄各國文字，培養大批英文、日文、俄文三方面的人才，專門教育得以確立。光緒三十四年（1908）正月開學，宣統元年（1909）三月，根據學部奏定章程，徐世昌又奏請將方言學堂

〔註31〕 《附奉省各項學堂學生簡明數目表》、《附奏吉省各級學堂統治表》、《附吉省各級學堂學生統計表》、《附江省師範學堂統計表》、《附江省師範學堂學生統計表》，〔清〕徐世昌等編纂《東三省政略》卷9，第1393～1394、1414～1415、1426～1427頁。

〔註32〕 《吉林省‧學校篇》，〔清〕徐世昌等編纂《東三省政略》卷9，第1413頁。

〔註33〕 《奉天法政學堂各職員遵章請獎折》，中國科學院歷史研究所主編《錫良遺稿‧奏稿》第2冊，第1041頁。

〔註34〕 《法政學堂各職員居滿三年援案請獎折》，中國科學院歷史研究所主編《錫良遺稿‧奏稿》第2冊，第1289頁。

改為奉天高等學堂，招錄中學畢業學生繼續就學，其他德、法等科準備逐漸設立。黑龍江原有俄文學堂，後改為黑水中學預科。後來黑龍江省還設立同文學社學習日本文字，黑龍江省鐵路交涉局設立吉江譯學館。這些都是培養外語人才的場所。

職業教育主要體現在實業學堂的設立與發展方面。光緒三十二年（1906）八月，奉天官立實業學堂、中等農業學堂、中等森林學堂、藝徒學堂、官立中等商業學堂等實業學堂相繼設立。吉林的實業學堂指的是省城的中等實業學堂、農業實習學堂、實習工廠、藝徒學堂等，又在吉林府勸學所內增設博物標本實習科，實業教育漸具規模。提學使蒞任後，吉林全省初級師範學堂、女子師範學堂及保姆班、省城官立中學堂、滿蒙文中學堂也相繼設立。

實業教育中，還要提到的是女子實業教育。宣統元年（1909）八月，奉天開始試辦八旗女工傳習所，定額百名，招集八旗婦女入所學藝，分設栽絨、編物、縫紉、刺繡四科，並附設講堂，教授普通學課。奉天女子美術學堂，以「傳授女子之技藝，必期有益於家庭教育為宗旨」〔註 35〕，成為專門培養女子技藝的一個專門學堂。這些學堂的設立，振興了女子職業教育。

到光緒三十四年（1908），奉天省有專門學堂三所，學生六百零二人，有實業學堂八所，學生五百八十四人。到宣統元年（1909），吉林省有專門學堂二所，學生二百九十九名；實業學堂六所，學生三百六十二名。〔註 36〕

（四）滿蒙學堂

滿族和蒙古族是東北兩個較大的少數民族，游牧狩獵的民族傳統長久流傳，隨著晚清教育變革的深入，傳統旗民教育中的尚武思想已難立足，受日漸增多的新式學堂的影響，專門的旗民學堂在學習內容、教學管理以及學制等各個方面，也都發生較大的調整和變動。

在奉天，將軍趙爾巽為「陶鑄旗籍人員起見」，設立旗員仕學館，「凡內外城旗滿蒙漢實缺候補捐班佐防校世職專官，每項擬取學員二十名，共八十名，以四十名作為內班，以四十名作為外班。」〔註 37〕後來又先後設立八旗

〔註 35〕《奉天女子美術學堂》，《趙爾巽檔案全宗》，177 號。
〔註 36〕此處統計數字來源：《附奏吉省各級學堂統治表》、《附吉省各級學堂學生統計表》、《附奏籌辦吉省各項學堂大概情形折》《附奉省各項學堂學堂簡明數目表》、《附奉省學堂歷年增減比較表》，〔清〕徐世昌等編纂：《東三省政略》卷9，第 1414〜1415 頁，第 1393〜1394 頁。
〔註 37〕《奉天旗員仕學館同館錄章程》，《趙爾巽檔案全宗》，177 號。

農業講習所、滿蒙文講習所，以培養八旗子弟和各蒙王旗的王公子弟處理旗務和蒙務的能力。宣統元年（1909）十二月，八旗滿蒙文中學堂設立，暫時定額二百名，選譯教科書，教授漢文、漢語，主要向蒙古各旗王公、臺吉選送子弟入學，以推廣八旗教育，開啓民智。〔註38〕並擴充維城小學校額，更多宗室、覺羅子弟入學學習。吉林十旗學堂成立於光緒三十三年秋（1907年9月），招錄省城旗人一百名，其他各屬旗、漢兼收六十名。〔註39〕另外，在舊有滿官學、蒙古官學基礎上，歸併成立滿蒙高等小學堂。三十四年秋（1908年10月），又以上述兩所學校爲基礎，成立高等小學一所，以教授滿、蒙文爲主。光緒三十三年（1907），黑龍江省改原有俄文學堂爲滿蒙師範學堂，招錄有滿蒙文基礎並通曉漢文的人入學，學制一年半。滿蒙學堂創辦後，旗人能夠更多的接受新式教育，並保留一定滿蒙民族教育的特色，加速了旗民融合的進程。

經過將軍督撫的不懈努力，創辦以上四類學堂。僅從光緒三十三年（1907）到光緒三十四年（1908），奉天學堂就有了相當的發展，吉林、黑龍江也同時著手開辦各類學堂。只是基於各自的條件所限，吉黑兩省的辦學成效沒有奉天那麼明顯。具體數字如下表：〔註40〕〔註41〕

年　份　＼　省　份	奉　天	吉　林	黑龍江
光緒三十一年	49 所	40 所	34 所
光緒三十四年	2122 餘所	180 餘所	158 餘所

宣統元年（1909），錫良任總督後，對上述各類學堂種類和所學內容又做了一定的調整。主要體現是：

普通學堂中增設半日學堂、簡易識字學堂暨短期補習學堂，以培養更多

〔註38〕《創設八旗滿蒙文中學堂請立案折》、《續譯蒙學教科書繕訂成冊進呈御覽折》，中國科學院歷史研究所第三所主編：《錫良遺稿·奏稿》第2冊，第1044～1045頁。
〔註39〕《擴充維城小學校額折》，中國科學院歷史研究所第三所主編：《錫良遺稿·奏稿》第2冊，第1000～1001頁。
〔註40〕據《附奏陳籌辦奉省學務情形折》、《學務公所》統計，〔清〕徐世昌等編纂：《東三省政略》卷9，第1387～1388頁。
〔註41〕《黑龍江省·學校篇》，〔清〕徐世昌等編纂：《東三省政略》卷9，第1425頁。

的貧民子弟,「務期在地方多一讀書識字之人,即多一明理之人」〔註42〕,奉天法政學堂內附設司法講習科,選派人員學習法律知識,以培養更多的司法審判人才。為保證司法審判的科學性,還籌設了檢驗學習所,招選合格學生培訓法醫檢驗人員,以備將來推廣到各處做為審判檢察之用。為振興滿蒙民族教育,還命人把學部審定的初等小學教科書翻譯成滿蒙文字,作為學堂的刻本,發給奉天、吉林、黑龍江三省的蒙旗各學堂。宣統三年(1911)初,進一步飭令奉天提法司吳鈁將檢驗學習所改辦為高等檢驗學堂,規定學生總數為一百名,酌改教員,量加功課,以三年為學習年限,所需經費,官府承擔。

東北新政期間創辦的各級各類學堂,所開辦的課程已經突破了原來封建傳統禮教的模式,兼之也突破了只重視滿蒙民族教育的限制,增加了普通民眾學習的機會和場所。另外,當時學堂除學習傳統的大清律例、典章制度外,還把西方先進思想文化和各方面先進科學知識充實到課程內容中去,並根據各自學堂的特點,增加西方法學基礎理論、經濟學、實業技術、格致專修等的內容,這一時期的課程設置和教學計劃的安排都已經顯現一定的科學性。例如,東三省陸軍小學堂創辦之初,適應於陸軍學校的特點,開設的課目有:國文、修身、歷史、東文、德文、算學、地理、格致、繪圖、步兵操法、軍事初階、軍隊內務條例、步兵偵探、步兵前哨、三十年式槍學、步隊行軍篇、操練、體操等。同時製定具體的教學計劃,結合各課目的主次程度以及學生已有程度,製定每門課目的具體課程時數。〔註43〕另外,我們再看一下安東縣一所實業補習學校的學習課目:分專門、普通兩類,專門授英語、中語、簿記、商業、算術四科。普通科又分男女二部,男子部教授中語、日語、算術、理科與專門科。夜間教授女子部,授國語、算術、裁縫、家事、唱歌、體操為必須科,手藝、生花、點茶各科為隨意科。〔註44〕以上例證足見當時興辦的學堂,能夠根據自身特點,進行課程的設置和安排,體現了一定的近代辦學的色彩。

在學堂,學生能夠更多的學習西方先進的知識和技術,培養了近代中國

〔註42〕 《考察東省情形整頓內政折》,中國科學院歷史研究所主編:《錫良遺稿・奏稿》第 2 冊,第 927 頁。

〔註43〕 《附三省陸軍小學堂分年課程分配表》,徐世昌等編纂《東三省政略》卷 4,第 738 頁。

〔註44〕 《實業補習學校》,關定保等修,於雲峰等纂:《安東縣志》卷 3 教育,民國二十年鉛印本,第 71 頁。

東北的翻譯和外交人才、軍事人才和科技人才，推進了自然科學知識的廣泛傳播，不能不說是東北教育近代化已經開始。尤其注意婦女教育的興辦，這個變化是一個可喜的跨越。但在封建統治者力圖挽救行將滅亡的統治的前提下，對這些先進科學知識的傳播並未能完全放開，講授這些新設課目的人員本身缺乏正規的教育，加上教科書的不完善，在缺乏教材的時候，甚至要自編教材，新式學科的設置在當時學堂中往往流於形式，統治者真正重視宣傳的還是封建統治的思想。

三省歷任將軍督撫重視學堂教育，大力興辦大、中、小學堂，尤其通過小學教育，使民眾具有普通知識，也可以說當時的小學教育就是國民教育。從相關具體數據的統計，反映出當時的辦學舉措取得了相當的成效。當時的學堂建設雖屬草創，但已粗具規模。這些學堂的創辦，一方面為統治階級補充了統治力量，另一方面客觀上也使西方先進思想更廣泛的在中國、在東北傳播。但東北地廣人稀，難以廣泛推行國民教育。已有的奉天省小學，雖尚屬萌芽時期，卻成為全省小學的模型，地方各屬的小學籌辦情況如何，尚待進一步調查。為此，光緒三十三年（1907）二月提學使張鶴齡在省城設立小學總查所，委派專門官員，考察各小學堂興辦情況，詳細記載所查各項管教情形及其應行改良事項，隨時呈報，督率整理。小學總查所設立後，辦事官員勉力奉行，實事求是，各小學堂逐漸形成整齊劃一的規模。同時辦學需要必須要有充足款項，而當時籌辦新政期間，款項的支出很多，財政匱乏，很大程度上限制了學堂的興辦。辦學時或借用廟舍、或租賃民房以作為校舍，教育設施簡陋，學堂的創辦尚存相當的困難。

二、派遣留學生

中國人出國留學出現較早，但最初外出留學人數少，後來隨著列強叩關，西方近代思想進入中國，國人思想意識逐漸開放，有志到國外學習西方先進知識的人才逐漸增多。光緒二十四年（1898）六月，在朝廷的一份上諭中，提出「惟百聞不如一見，自以派人出洋游學為要」〔註45〕，這是朝廷最早提出留學的主張。東北當局的統治者也紛紛提出派遣學生出國留學的主張，程德全也提出學生「自備斧資，偕同游學，以資歷練」〔註46〕的主張，徐世昌

〔註45〕《軍機處傳知總理各國事務衙門面奉之諭旨片》，《中國近代教育史資料彙編留學教育》，上海教育出版社，1991年版，第3頁。
〔註46〕程德全《學生赴俄游學折》，李興盛、馬秀娟主編：《程德全守江奏稿》，《黑

從「舉行各項新政，需材孔亟，非廣儲通才，不足以資任使」的角度出發，提出「取客籍學生之合格者，給資赴西洋各國肄習高等專門之學，以備異日畢業後，為奉效用」〔註47〕的主張。主政者關於派遣留學生出國游學的主張，直接推動了留學教育的發展。一方面有了維新時期派游學主張的鋪墊，另一方面隨著清末東北新政的起步，各項新政措施對具有新式知識的人才的需求增大，因此必須學習西方先進知識和文化。而國內的新式學堂多半剛剛興辦，所講授的西方先進文化知識畢竟有限，於是派遣優秀生員游學外洋的主張逐漸占據主要地位。正是在這個時期，東北興起出國學習法律、警察、師範等知識的風潮。

光緒三十一年（1905），吉林將軍達桂派李澍恩、李達春赴日本考察政治後，即派本地士紳張松齡等二十餘人留學日本，主要學習師範、警監、法政等方面的知識。學成後先後回到吉林，投入到吉林學務的籌辦中，促進了吉林教育的進一步發展。奉天是從光緒三十二年（1906）開始遴派學生出洋留學的，將軍趙爾巽派七十人赴日本學習師範及法政，從而帶動二百人自費赴日速成學習警監、法政。〔註48〕

徐世昌主政東北，尤其是改設行省以後，加大了在奉天和吉林派游學的力度。不僅繼續派學生赴日學習法政等方面的知識，還派學生到俄國和西洋等其他國家學習。達桂派李垣進入俄國皇家大學校，以及徐世昌先後派六人赴西洋各國學習法政、礦業和商業等知識，即是充分的例證。〔註49〕當時對去西洋留學要求比較高，所需費用多，所以去西洋的人極少。改設行省後，隨著對新式人才需求的增加，才出現留學西洋的人，但也僅只六個人。所有出國游學人員，學成歸國後，把西方先進的科學文化知識帶到國內，對開通民智、促進本地的文化教育事業都做出了不同程度的貢獻。到宣統元年（1909），奉天官私費留日師範、警監、法政速成科學生畢業的學生，已有一百多人從日本回國效力。吉林省官費留學生也有二十五名。〔註50〕

對於派出的留學生，東北地方當局派專人隨時檢查，瞭解留學生在國外

水叢書》，第 385 頁。
〔註47〕《紀游學》，徐世昌等編纂：《東三省政略》卷 9，學務，第 1399 頁。
〔註48〕《東方雜誌》，3 卷 7 號，各省教育彙志，第 179 頁。
〔註49〕《紀游學》，〔清〕徐世昌等編纂：《東三省政略》卷 9，第 1399 頁。
〔註50〕《附奉省東西洋官費游學生一覽表》、《附吉省官費游學生一覽表》，〔清〕徐世昌等編纂：《東三省政略》卷 9，第 1399、1420 頁。

的學習狀況，學生不得「私自改習他科」。〔註 51〕另外，還有一個突出現象就是派女子出國留學。光緒三十三年（1907），東北開始選派女子出國學習。奉天省選派女子師範學堂學生三十七名，前往日本實踐女學學習速成師範科，〔註 52〕掀起女子自費出國留學日本的風潮。對於這些派到日本學習師範等科的女學生，東北地方當局派專官進行管理，即設立留學女子監督一職。據宣統元年（1909）統計，新政期間奉天省派出官費留學生有五十九名，其中三十六名是女生。〔註 53〕

派學生出國留學，主動學習西方先進文化，爲清末東北新政培養了大批急需的人才，對近代中國東北社會發展與進步產生深遠影響，推動了近代東北文化教育的近代化。首先，留學歸國人員帶動了東北新式教育的勃興。到宣統元年（1909），僅奉天就有一百多人從日本回國效力，並把西方近代思想帶入中國，更帶到東北地區，民眾的思想意識日漸開通，社會風氣愈益進化。留學生還參與到清末新政時期教育管理機構的創辦和新式學堂的具體教學中，加強了對近代學務的管理，推動了東北近代新式教育的發展。其次，「派游學」的視野有了突破。當時學生出國游學並不局限於日本一個國家，雖然派往歐美等地的學生人數比較少，但畢竟是一個突破。在所學新知識方面，突破了僅僅學習師範、法政等的內容，增加了礦學、商業等其他學科的內容。尤其能夠派女子出國留學，在一定程度上推動了中國婦女的解放，更爲清末東北文化教育事業的發展和社會進步方面做出巨大貢獻。三，清末東北的留學教育也存在諸多消極影響。派出學生在外學習的科目、知識，既便是後來有了一些變化，但也多是應國內推行新政之需，知識結構單一，所能學到的知識在具體應用時，具有強烈的模仿色彩，這不能不是一大缺憾。但總體說，派學生出國接受西方新式教育，把西方先進的科學知識引進到中國，一定程度上促進了中國東北科技的進步，應該予以充分肯定的一方面。

三、其他教育輔助設施的設立

首先，設立圖書館。隨著東北三省新政措施的推行，作爲學堂教育的輔助設施，三省的圖書館也相繼籌辦。

〔註 51〕 《咨查留學生有無改科》，《盛京時報》光緒三十四年三月十六日。
〔註 52〕 《東方雜誌》4 卷 3 號，各省游學彙志，第 63 頁。
〔註 53〕 《紀游學》、《附奉省東西洋官費游學生一覽表》，〔清〕徐世昌等編纂：《東三省政略》卷 9，第 1399 頁。

　　奉天提學司使張鶴齡提出建議，將軍趙爾巽批准在省城建築圖書館，分存儲、觀覽各室，參照日本成法，廣泛購買各省官私刻本暨東西洋科學圖書。光緒三十三年（1907），擇定省城宗人府胡同同程牛錄官廳為館址，委派主事陳煥煥總理圖書館事務，後來改在大南關提學司署前建築新館。三十四年（1908）四月落成，九月開館，定名為奉天圖書館。開辦之初，因款項不足，除把所撥款項全部購買藏書外，又把前省學堂、前學務處購辦的書籍轉到奉天圖書館保存。還派專員向南方各省的書肆中採購新舊書籍，供人閱覽，並為各類不同學堂儲備各種教科用書。圖書館中還建有發售室，陳列新舊圖書典籍，減價發售。

　　黑龍江省學務處成立後，曾兩次派人購買京滬教科圖書，在墾務局東廂房設館發行。光緒三十三年（1907），開始在學署西南建築館舍，作為發行印刷的場所。並奏請在省城西關外古廟添修藏書樓、檢發室、閱覽室，派人大量購入經史子集以及東西各國圖書譯印精本收藏，其他在京各衙門及各省官書局刻印的各種書籍，則由各處寄送收藏。派專門人員管理，分別收儲，詳細制訂開辦簡章暨藏書規則，籌辦圖書館，供人入館看書學習，並附設古物保存會。

　　新政期間，東北各省圖書館的設立，成為東北文化教育發展的一個有力輔助手段。且當時圖書館兼具發行的功能，便利了士紳購買所需圖書，加上主政者的支持，圖書館所藏圖書更加豐富，尤其在奉天圖書館，開辦學堂所需的各種教科書以及一些內容涉及法治、文史、數理、農工商等各方面的內容的東西洋科學圖書、歐美、日本所翻譯的書籍，一應俱全，這又從另一個側面支持了學堂的興辦。

　　其次，不同類型、性質報館的建立。籌備憲政、維新改良必須貫通上下之情，真正使民智開放。而啟發民智的途徑，除了加強學堂教育之外，就是擴大社會教育的範圍，其中報紙則是進行社會教育的重大輿論機構。清末新政時期，東三省從省城到各府廳州縣都建立了報館，作為「開通民智促進社會文明之一大助力，亦為社會教育之基重機關」〔註 54〕，創辦了「以開通全省官民知識，鼓吹憲政之進行，並提倡實業、開拓利源為宗旨」〔註 55〕的官

〔註54〕桓仁縣公署編，侯錫爵修：《桓仁縣志》，康德四年版，第 4 頁。
〔註55〕《黑龍江歷史大事記 1900〜1911》，黑龍江人民出版社，1984 年版，第 169頁。

方報紙，主要有《白話報》、《教育官報》、《奉天官報》、《奉天教育雜誌》（後來的《奉天教育官報》)、《吉林官報》、《吉林日報》、《吉林司法官報》、《營口官報》、《黑龍江官報》等，啟發民智、開通智識，推動了東北文化事業的進步。

在新政鼓勵辦報的的氛圍中，帶動民間個人出資創辦發行的報紙主要有《東三省日報》、《東三省民報》、《奉天商工日報》、《吉林白話日報》、《吉林自治報》、《東方晚報》、《濱江日報》等〔註 56〕，在開通民智、發展經濟等方面，發揮一定的輿論宣傳的作用。

各類報館設立後，密切結合救亡圖存、維新變革的時代背景進行宣傳，一定程度上傳播了西方先進思想文化，衝破了封建統治者的思想禁錮，推進了東北新式教育的發展，具有更濃厚的近代化特點。另一方面，當時創辦報刊所宣傳的主要內容，只是要求生產技術、生產工具以及教育制度和行政制度等方面的變革，並未涉及對封建君主專制制度的真正革命，這主要是因為當時各階層人們思想認識尚未真正擺脫封建傳統的束縛，所以在退出變革主張時，只是對封建政體做有限度的改良，並未實現根本的變革。

有了專門的教育管理機構，創辦了各式新式學堂，設立教育輔助設施——圖書館、報館，加強對教育的宣講和研究，派留學生出國留學，一系列措施的實行，使東北的文化教育有了一定程度的發展。但這一成就的取得，是逐步實現的。趙爾巽任盛京將軍時期，著手改良東三省學務，但取得成效較為明顯的地域還是集中在省城，且存在很大不足，學生人數較少，所學程度和能夠學到的知識水平尚淺。在吉林，省城師範學堂剛剛竣工，還未開學。蒙小學堂，雖然有十幾處，而程度過低，成效很小。黑龍江學務因為文教未興，旗民只知注重騎射，漢民只知貿易，書塾比較少，雖從省城設立高等官立小學堂、簡易師範科開始，就鼓勵官民興學，但因官民缺乏信心，「視為畏徒，鄙為末務」〔註57〕，學生人數並沒有增多。

隨著新政的進一步發展，東北教育管理機構逐步完善，學堂的規模也在不斷的擴大、種類在增加，教育宣講和研究的範圍擴大、程度加深，派出游學也由單一派往日本變為開始向西洋國家派出留學生，這一切是在徐世昌、錫良相繼任職東北後逐步實現的。可見，東北為推動教育變革的發展，上至

〔註56〕史和等編：《中國近代報刊名錄》，福建人民出版社，1991 年版。
〔註57〕《密陳考查東三省情形折》，徐世昌《退耕堂政書》卷 5，第 218、228 頁。

將軍督撫等政府官員，下至士紳，都投入到其中來。東三省各類官辦學堂的興辦，都是在三省將軍督撫的主持下完成的。除了公款和官款辦學以外，還有社會集資辦學或者個人捐資辦學。這主要體現在官府劃出一些大片土地，允許有能力者認購，免收荒價銀，土地開墾後所得租稅收入，充做學堂經費，如吉林、長春、榆樹、扶餘、五常五縣釀資購置荒地一千一百零五垧五畝，所得租稅收入作為學務經費。在封建王朝統治的末期，這一發展變化，說明變革已經成為不可阻擋的歷史發展潮流。

小　結

　　清代末年，與中原地區相比，東北的教育水平相對落後。這主要是滿族統治者雖然入主中原，也逐漸接受了漢化政策，但在滿清王朝發源的東北邊隅，清末時期仍然重視國語騎射、狩獵講武，「重武輕文」的思想仍然占據重要地位。有意保留民族傳統的做法，雖然保護了民族的特點，客觀上卻桎梏了東北地區各民族的文化素質的提高和思想文化的進步。

　　清末東北新政中，教育事業得到較大發展。新政推行者思想認識的進步，以及東北獨特的地域性，使東北的教育變革帶有自身獨特的特點，並且取得重大成效。

一、東北近代教育體系初現雛形

　　清末新政時期，東北的教育體制發生較大改觀。學務公所、勸學所、宣講所、教育會等正式機構的設立及運作，使教育行政人員和教學人員的素質不斷提高。在開通民眾智識、轉變社會風氣、培養新政所需各項人才的主旨指導下，清末東北教育得到較大改觀。

　　在創辦學堂的過程中，東北地方當局以普通教育為基礎。這一時期東北所建立的各類學堂，已經形成中學、小學的學校體系，並且處於不斷的發展之中。以奉天為例，光緒三十二年（1906）有師範學堂和中學堂二十六所，小學堂八十六所，到三十四年（1908），師範學堂和中學堂已經達到三十二所，小學堂則達到一百五十所之多。〔註58〕教育改革過程中，一些同類學堂內部，

〔註58〕所得數字根據《附奉省學堂歷年增減比較表》統計而得，徐世昌等編纂《東三省政略》卷9，第1394頁。

也有等級的區別，如奉天師範學堂就分優級、初級、傳習所等，小學也有高等、兩等、初等的不同，可見當時學堂建設日漸完善。東北地區的中小學建設，與京師大學堂遙相呼應，共同構成了一個包含大、中、小學校在內的近代學校教育體系，從而奠定了東三省普通教育的基礎，促進民眾智識的開化，也提高了民眾整體素質，從而更容易接受先進思想，推動了社會的進步。

　　一個完整教育體系的構成，既包括學校教育，還包括社會教育、家庭教育等各個方面，東北新政在教育上變革也兼顧了這些方面的調整。為配合新政各項具體措施的推行，結合東北地域特點，東北地方當局創辦法政學堂、警務學堂、農業學堂等各類專業學堂和實業學堂，這些學堂所開課目均予以調整，增加一些體現學堂特色的課程。專門教育與職業教育的發展，為清末東北新政的推行輸送了大量急需的具有專業知識和技術的人才，把西方先進思想引進到中國來。這一時期留學教育和社會教育也逐漸得到重視。留學人員出外游學的人數在不斷增加、學習內容逐漸豐富，清末東北留學教育已漸具規模。女子教育的起步，表明清末東北已開始重視對家庭中女子的素質與能力的培養，為清末東北教育改革重重的寫上了一筆。另外，設立宣講所、創辦報館，加強社會輿論的宣傳，又是社會教育的重要內容。清末東北已初步形成學堂教育為主導，留學教育為補充，兼及社會教育和家庭教育的東北近代教育體系。

　　由清末東北教育機構的設置、辦學主旨以及學堂體系的構成和性質，證明東北教育體系已經顯現雛形。但是，很大程度上，學堂的創辦仍圍繞推行新政這一主線進行。適應政治所需的大背景下創辦的學堂，自然明顯帶有應時性，需要什麼人才，即創辦什麼樣的學堂，必將受到現時條件的限制和束縛，所以在東三省財政經濟不能做到真正調整和改革之前，學堂教育也難以保持持續發展的勢頭。清末教育體系的改革任重道遠。

二、教育改革仍存不足

　　（一）封建傳統思想主導下，清末東北文化教育改革難以實現真正的蛻變。主觀目的影響客觀成效。封建統治者發動教育改良，是從統治者維護統治的主觀願望出發，推行具體改革措施時，也處處體現著培養封建統治需要的人才的目的性，嚴復在他的《論教育書》中即明確說明：「今日所詔設之學堂，乃以求其所本無，非以急其所舊有。中國所本無者，西學也，則西學為

當務之急明矣。」〔註 59〕在教學內容的設置方面，仍未徹底排除傳授封建傳統禮教思想的典章律例等的內容。只是在舊有的學習內容的基礎上，增添一些新式的思想和知識，這樣的辦學舉措，必將嚴重影響所收成效。以女學教育為例，當時的國人已深刻認識到「今日吾國之策，教育者固皆知女學為急矣」，「造成一般完全國民，必自家庭教育，始欲家庭教育之善良，必自振興女學始」〔註 60〕，因此清末東北女學教育不斷涌現，婦女有了更多的學習機會，但受中國舊有傳統「男女之間防閒甚嚴，且重男輕女」〔註 61〕的束縛，舊習難改，「各縣男女小學，仍多分設」，男女不平等的社會現象依然嚴重。私塾改良運動的推行，並沒有使私塾得到徹底改良，在一些地方，只是給私塾掛上了一個新政辦學的招牌而已，私塾內部人員營私舞弊現象依然存在。在營口，無神廟改良私塾的王姓人員，吞沒學生已經上交的學款，被稱之為「學界之敗類也」〔註 62〕。

　　（二）初具規模的近代東北教育體系尚不完善。以普通教育的發展為例，我們看到：幼兒教育在當時的東北並未提及，只有奉天為配合普通教育的推廣，在宣統元年（1909）以後，創設了各級官立簡易識字學塾，在一定意義上具有學前班的性質，但並不是真正意義上的學前班。所派出的留學生中，因多半讀的是速成科，有的只有幾個月，時間最長的也不超過一年，這些留學生中有的人回國後，能夠投身於清政府的新政改革，但也有的人因為在國外時缺少必要的約束，沒有努力學習，往往拿回來的只是一個空文憑，學到的知識和技術有限，卻浪費了國家的經費開支。清中央和地方政府當局已經意識到這一問題，廣泛聘請日本教習來華教授各科知識，就是清政府解決這一問題的對策。近代東北教育體系存在的諸多不足還有如：高等教育發展程度相對較低，不能滿足對高級人才的需求；私塾和改良私塾大量存在，難以發揮真正新式學堂的作用，等等。這些不足的存在說明，僅一次新政改革不可能真正實現東北教育的近代化，這需要在歷史的發展中進一步深入下去。

　　綜上所述，清末東北新政的教育變革，為中國教育的近代化作出很大貢獻，但因受時代背景、社會發展水平以及階級屬性所局限，在變革時期，暴

〔註59〕張枬、王忍之編：《辛亥革命前十年間時論選集》第 1 卷，第 111 頁。
〔註60〕《言論‧論女學芻議》：《大公報》光緒三十四年三月初四日。
〔註61〕劉爽：《吉林新志》下編，益智書店康德元年版，第 150 頁。
〔註62〕《吞沒學款》，《盛京時報》光緒三十四年二月十三日。

結　語

　　清朝末年，帝國主義侵略下，中國半殖民地半封建化程度逐步加深。義和團運動、八國聯軍侵華，更是加劇了清王朝的危急。日俄戰爭後，日本和俄國兩個帝國主義國家在東北劃分各自的勢力範圍，美英等列強也不甘示弱，諸多殖民利益的爭奪，東北三省危機愈加嚴重。爲不使東三省淪爲日俄殖民地，清朝廷做了兩方面的努力，一是「開放東三省」，以英美等列強的制衡來牽制日俄兩國的侵略；二是「儘快將東三省在行政體制上和內地劃一」，從而有了封建統治者爲維護自身在東北的有效統治而推行的、一定程度上具有資產階級性質的改革。

　　東北新政在各方面推行的措施，雖然具有維持滿清王朝長久統治的主觀意識，體現了維護統治、抵制外來侵略、緩和國內階級矛盾的主動性的一面，但畢竟是歷史發展趨勢推動下，清政府爲挽救危亡統治而進行的這場自身求變的實踐，各項舉措留下來的客觀積極成果不容抹煞。

一、清末東北新政推動了東北地區近代化的發展

　　東北的新政變革，隨著清王朝的滅亡而自行完結，但東北新政所取得的成效是客觀存在的。在推行新政過程中，東北當權者能夠結合東北的地域特點，採取一系列舉措推行東北社會的變革，不同程度的促進了東北社會的進步，推動了東北三省的近代化進程。

　　東北地區的近代化是包括政治、經濟、文化等各方面的整體上的近代變革與進步。官制改革的設計與實施推動東北政治制度體系的改變，行省制度得以初步建立，東北地區的管理體制開始具有近代化迹象。這一變化，不僅

完成了「由軍府制度徹底轉化爲行省制度的過程」〔註1〕，在實際上醞釀了從封建皇權體制藩籬下的政治體制解放。同時，隨著西方近代民主思想在東北的傳播，新政時期的東北已出現司法機關從行政機關中獨立出來的趨勢，並且在現代先進政治理念指導下的憲政自治運動也被提上議事日程，從而促進了西方近代民主思想在東北的傳播，雖然在當時的社會背景下進行憲政自治還有諸多局限，但這些現象的出現至少衝擊了古老的腐朽專制體制。新式軍隊紛紛成立，不僅衛戍邊疆的實力得以增強，而且也培養了舊體制的掘墓人。新式警察體系的建立，加強了對城鄉社會治安的治理，也增強了東北地方政府對城鄉的控制能力。政治上加強管理和軍警力量的增強，一定程度上保證了清末東北地區社會的穩定，爲經濟發展提供保障。另外，經濟改革以及改革所帶來的各種影響推動了清末東北經濟近代化的進程。新政時期，引進西方先進科學知識和技術，尤其是機器生產在工業領域的應用，打破了原來純粹農業經濟社會形態下傳統手工業的生產方式，具有資本主義性質的機器生產方式在東北已經出現，商業貿易逐漸繁榮，商品銷售市場已經擴大到日本和歐美等國家，東北商業貿易已經成爲整個世界經濟的一部分。這一時期東北社會已經由簡單的商品經濟開始向複雜的工業經濟社會邁進，東北地區的城市近代化業已啓動。教育爲開通民智、改變風氣之先，新政中東北當局在發展新式教育方面做了大量的努力，授課內容引入近代法學、經濟學等西方新式理論和思想，培養了大量新政所需的新式人才，更爲難能可貴的是，已經突破傳統的「傳道授業」的教學模式，除了注重「知」的教育，還加強了「行」即實踐能力的培養。比如，農業學堂、林業學堂等創辦時，都會安排學生去農業試驗場或者種樹公所、官牧場實習，使學生在實踐中眞正掌握所學知識。各級各類學堂的創辦初步實踐著近代教育的又一個特點——大眾化。總之，東北地區在紛繁複雜的清末向近代社會邁出了堅實的步伐。

二、清末東北新政推動了東北地區城市的近代化

清末東北新政期間各項改革措施的推行，爲東北地區城市近代化的推進創造了便利條件。

清代末年，封禁政策破產，大量移民來到東北，帶動了東北地區城市人

〔註1〕 趙雲田：《清末邊疆新政研究——20世紀初的中國邊疆》，黑龍江教育出版社，2004年版，第94頁。

口的增長與人口構成。光緒二十四年（1898），遼寧有五百五十一萬八千四百三十五人，吉林有八十二萬三千零九十一人、黑龍江有一百二十六萬四千零六十二人，到宣統三年（1911），遼寧人口增長爲一千一百二十萬五千二百六十七人，吉林人口增加到五百五十三萬八千四百零五人，黑龍江人口則是一百五十四萬六千零七十九人。〔註2〕以上數字說明東北地區人口增長很快，這主要是借助於外來移民增多。移民爲農林牧副漁各業提供大量勞動力，促進了農林牧副漁各業的發展，爲城市工商業的發展和城市居民生活提供原材料和日用生活品的供應。進入城市的移民，有的作爲工人進入工礦企業進行生產，有的經營商業買賣或者開辦銀行，在一定程度上改變了城市人口的結構，客觀上推動了東北地區城市近代化的進程。

　　爲抵制列強憑藉條約口岸侵略東北，東北地方政府開始自主開放商埠，僅光緒三十一年至宣統元年（1905～1910），東北地區自主開放的商埠就已有二十五處〔註3〕。在享有充分自主權的前提下，東北地方當局以條約口岸的發展模式爲榜樣，加大對商埠地的行政管理和市政建設，如設立商埠局、交涉局、巡警局等機構，管理商埠租地招商、涉外事務以及社會治安等相關事務，同時還注意加強市內路政建設和橋梁的興修，設立專門的清道隊負責商埠地的衛生，添設路燈等等，各項措施直接促進了商埠地的市政建設，改變了商埠地的城市面貌，加快了商埠地城市近代化的進程。

　　這一時期鐵路、航運等水陸交通事業的發展使近代水陸交通運輸網日趨形成，便利了人員流動，也使貨暢其流。區域人口數量日增，區域經濟不斷發展，帶動了鐵路、河流沿線城鎮的興起。比如清末東北地方政府爲抵制帝國主義國家在中國修建鐵路、攫奪利權，開始自主籌修京奉、吉長等鐵路，其沿線就出現了一些新興城鎮，同時也惠及鐵路沿線的一些原有城市。交通運輸條件的改善，爲鐵路沿線城鎮的進一步發展創造了便利條件。以吉長鐵路爲例，沿線的各站有吉林省城、九站、孤店子、樺皮廠、趙家店、土門嶺、馬鞍山、營城子、下九臺、飲馬河、卡倫、長春、頭道溝等地，在鐵路建成

〔註2〕　趙文林、謝淑君：《中國人口史》，人民出版社，1988年版，第470～471頁。
〔註3〕　這二十五處商埠即：奉天省城、安東、大東溝、鳳凰城、遼陽、新民屯、鐵嶺、通江子（同江口）、法庫門，洮南、鄭家屯、葫蘆島。吉林省城（永吉，今吉林市）、哈爾濱、寧古塔、琿春、三姓（依蘭），延邊的局子街（延吉）、龍井、百草溝。黑龍江省的齊齊哈爾（省城）、海拉爾（呼倫貝爾）、璦琿、滿洲里。

後都相繼開始城市近代化的步伐。

新政期間,東北各省在省城及各府廳州縣增設一些城市管理機構,使城市功能進一步加強。例如:設立各省學務公所和各地勸學所督辦學務,在提法司下設立各級審判廳、檢察廳審理當地各種民刑案件,在度支司下附設稅務總(分)局和財政局管理相關財政事務。這些機構的設立,使城市管理職能更廣泛、更具體。新式警察系統創辦後,各地巡警局在履行傳統維護社會治安的職能之外,還兼管興修馬路等城市交通設施建設等相關事務,也增強了城市的控制職能。這一時期城市還設立了商會,以組織商務,商業日漸繁榮。具有近代意義的新式管理機構的出現,使近代東北城市行政管理機能得以加強,城市近代化趨向更為明顯。

東北新政在農林牧副漁各業的發展舉措,促進了農林牧副漁各業的發展,大量農副產品投入市場,農產品商品化程度得以提高,在滿足城市發展的基本生活需求的同時,隨著各類工廠的創辦、礦山的開採和商品交易額的增長以及商業銷售市場的擴大,一方面為東北地區城市重工業的起步奠定了基礎,另一方面也導致原來單一的商品經濟形態發生變化,推動了東北地區城市由簡單商品經濟社會向複雜的工業經濟社會的轉變,直接推進了東北地區城市近代化的進程。

東北城市的文化教育設施也不斷完善。各級各類普通學堂、師範學堂、專門學堂和實業學堂的興辦,為近代東北的城市建設輸送了大批新式人才。另外,各地報館設立,相繼設立《吉林日報》、《吉林白話報》、《醒時報》等報紙。通過報紙各種新式思想和信息在東北得以傳播,不但能夠啟迪民智、抵制帝國主義國家的思想滲透,而且還豐富了城市文化,推動了城市的進步,同時,圖書館、閱報社、通訊社、醫院等相關公用事業的創辦,也表明這個時期東北地區城市近代化的意義更為濃厚。

城市與農村之間有著密切的聯繫,隨著城市化進程的推進和城市近代化的發展,也帶動了東北地區農村經濟的發展。城市得以發展和進步後,糧食等生活必需品和工業生產所需原來的需求也隨之增加,要求農產品的商品化程度進一步增強,從而刺激農民擴大農經作物的種植面積,這是城市化進程的推進對農村經濟發展的輻射功能的體現,進而促進了整個東北社會經濟的發展。另外,這一時期伴隨著東北地區城市近代化和新興城市的興起,也有一部分城市因為交通路線的變化或者受政治、軍事等因素影響,導致城市發

展步伐變慢甚至衰落下去，營口作爲奉天商業中心地位爲大連所取代即是鮮明例證，但這些並不能抹煞東北新政期間東北地區城市近代化的重大意義。

三、清末東北新政帶動了近代東北社會的變遷

西風東漸帶動了社會風氣的變革。舊有的烟、賭等不良習氣爲民眾逐漸認識，政府在新政期間也積極努力的禁絕這些惡習。同時，在西方近代文明的衝擊下，包括婚俗在內的傳統習俗也發生著明顯的變化。

清末禁烟運動規模較大，而東北地區的禁烟成效在全國範圍內又較爲突出。當時東北地方當局屬行禁烟舉措，實行設立禁烟會（館、所）、派專門官員負責禁烟事宜、頒發相關禁烟章程、張貼告示、分發戒烟諭冊等措施，力主禁烟的督撫大員還從自身做起拒絕吸食鴉片，並專門設立查驗機關，隨時檢驗各地禁烟成效並監督各屬官員是否吸食。奉天禁烟查驗所設立後，「月餘以來，頗覺整肅，官場積習爲之一振。」〔註4〕吉林省設立禁烟公所後，計劃「切實推行一年之後，吉林全省當無更種罌粟者矣」〔註5〕。黑龍江省禁除鴉片態度更爲堅決，光緒三十四年（1908 年 7 月 7 日）禁烟公所總辦倪嗣冲派遣巡兵，在呼蘭府鏟除烟畝超過六百七十萬餘晌。〔註6〕在東北，賭風盛行，且已出現「兵弁、警勇及商民亦並有之」〔註7〕、外國人在華僑民參賭以及因爲賭博而引發命案等嚴重問題，東北各地方政府在新政期間紛紛發布禁賭告示，派專門人員查禁賭博現象，賭博之風得到一定的控制。在賭博之風較爲嚴重的（寬城子）長春，當地官員發布告示曉諭市民：「自示之後，爾等宜歸正業，不可依舊聚賭抽頭」，日後如在違令故犯，「一經拿獲必從重加等懲治，賭博房屋封禁入官」〔註8〕。同時，當地官員還派員查賭、拿獲賭博人犯予以嚴懲，這些嚴令禁賭措施施行後，一時之間「以賭爲業者，皆聞風喪膽，潛迹不敢稍縱」〔註9〕，百姓則拊掌稱快。尤其是各地巡警設立後，查禁賭博一

〔註4〕　《奉省設立禁烟查驗所折》，徐世昌《退耕堂政書》卷 17，沈雲龍主編：《近代中國史料叢刊》第 23 輯，文海出版社，第 911 頁。

〔註5〕　《吉省遵設禁烟公所併實行禁種禁吸情形折》，徐世昌《退耕堂政書》，沈雲龍主編：《近代中國史料叢刊》第 23 輯，文海出版社，第 1201 頁。

〔註6〕　黑龍江檔案館編：《黑龍江歷史大事記》，1900～1911，黑龍江人民出版社，1984 年版，第 128 頁。

〔註7〕　《賭風何盛》，《盛京時報》光緒三十三年三月初九日。

〔註8〕　《警局嚴禁烟賭》，《盛京時報》光緒三十四年四月初九日。

〔註9〕　《賭風清靜》，《盛京時報》光緒三十三年二月二十二日。

事成爲巡警的日常事務之一，賭博現象有所收斂。這些禁烟禁賭舉措不僅限於省城，各府廳州縣也大力推行，社會風氣有所改變。另外，東北地方政府當局還注意採取措施破除封建迷信。清代末年，東北封建迷信盛行，遇事問卜成爲常事。人們相信巫醫神術，生病時只知「謂治惟請神巫求其赴陰曹討求壽算，每年按三六九月爲會辦之期，病者無論已久愈否，值期必送各樣香供，此外另有謝金」〔註 10〕。針對此種現象，當時的吉林巡撫朱家寶飭令禁止，派員拿獲光緒三十三年（1907）九月九日正在小東門外進行辦會的趙大神等一千人等，一律交巡警總局懲辦，迷信之風一時得到較好懲治。這一時期，東北社會民俗的變遷還體現在婚姻習俗的變化上。傳統婚姻習俗中必須經過「媒妁之言」、「合婚」、「換盅（會親）」等的繁文縟節，到清代末年逐漸開始簡化。在城市，「文明結婚」成爲時尚。「兩家婚約既成，先以指環及飾物爲聘。婚期多在上午，男女兩家家長爲『主婚人』。並合親族戚友萃於一堂，延年高望重者一人，曰『證婚人』，通兩姓之好者二人，曰『介紹人』，即媒妁也。」〔註 11〕，行禮結束後，「新夫婦偕歸男家」。民俗變遷昭示了社會的進步。

東北新政已經過去一個世紀，回顧和總結一百多年前的這次改革，以之爲今人借鑒具有重要意義，本書即期爲今天東北邊疆地區的開發和建設提供些許有益的借鑒。

首先，改革要順應歷史發展潮流。雖然這是一次國內外危機四伏、社會變革思潮衝擊下、爲維護自身統治而進行的變革，具有濃厚的被動色彩。但這次改革的發起畢竟順應了變革的歷史發展潮流。新政推行的各項具體措施，也不同程度的順應了社會近代化的步伐。東北新政官制改革體現了行政、司法分權的思想，憲政自治也部分的允許民眾參政議政，另外，引進機器生產、創辦新式學校、新法操練軍隊等具體措施也充分顯現近代化趨勢對東北新政的影響。但在新政真正推行過程中，地方督撫的權力並沒有真正受到制約。相關地方自治運動的諸多政策、措施的推行，也只能是占人口少數的地主、士紳、富商成爲受益者。廣大民眾卻爲新政所需的成本買單，所以這也就不難理解爲什麼老百姓借東北乾旱而反對新政繼續推行。歷史發展趨勢決

〔註 10〕 《飭禁巫蠱之善舉》，《盛京時報》光緒三十三年九月二十日。
〔註 11〕 王樹楠等：《奉天通志》，卷 98，禮俗二，婚嫁，東北文史叢書編輯委員會，1983 年，第 2259 頁。

定封建統治終將退出歷史舞臺，只有深刻認識客觀社會現實，進行徹底的變革，主動革除自身不足，贏得廣大民眾的支持，採取適當的政策，才能眞正推動社會的進步。

其次，引進外來資金與技術。東北地區有豐富的資源和勞動力，但要推行新政尙缺乏資金、知識和技術。東北地方當局在籌辦憲政自治、發展農業、振興工礦、編練新軍和新式警察的設立等各個方面，開始參考西方先進的知識和技術，客觀上推動了當時經濟的發展。另外，財政資金的緊張一直困擾著想要改革的淸政府，使它心有餘而力不足。針對這個問題，東三省主政者（徐世昌、錫良等）除了通過各個渠道進行籌款外，還向朝廷建議舉借外債進行新政改革。宣統元年（1909 年），錫良、程德全奏報，「非借外人之款不足經營東省，尤非借外人之力無由牽制日俄」〔註12〕，關於借外債的具體詳細條款，在第二年的上奏中得到進一步明確，「擬借外債二千萬兩，以一半設實業銀行，一半移民墾殖、開礦、築路。」〔註13〕修築吉長鐵路時即曾向日本借二百一十五萬日元，就是這種借外債以興辦新政的思想的實踐。在當時淸政府財政緊張的情況，籌措外資、創造良好的社會環境、健全各方面的配套設施、爲變革創造一個較好的外在條件的舉措，在今天也是足以用來借鑒的。

〔註12〕王芸生《六十年來中國與日本》第 5 卷，第 243 頁。

〔註13〕史寶安：《宣統政紀》，沈雲龍主編：《近代中國史料叢刊三編》第 18 輯，第
　　　　676 頁。

參考文獻

一、檔案、諭折、實錄類史料

1. 〔清〕徐世昌等編纂：《東三省政略》，吉林文史出版社 1989 年版。
2. 〔清〕朱壽朋編：《光緒朝東華錄》，中華書局 1958 年版。
3. 徐曦：《東三省紀略》，商務印書館，1915 版。
4. 中國第一歷史檔案館藏：《趙爾巽檔案全宗》。
5. 中國第一歷史檔案館編：《光緒宣統兩朝上諭檔》，廣西師範大學出版社 1996 年版。
6. 《清代孤本外交檔案》，國家圖書館藏歷史檔案文獻叢刊，全國圖書館文獻縮微複製中心。
7. 中國第一歷史檔案館編：《清代檔案史料叢編》第 11 輯，中華書局 1984 年版。
8. 故宮博物院明清檔案部編：《清末籌備立憲檔案史料》，中華書局 1979 年版。
9. 吉林檔案館、吉林省社會科學院歷史所編：《清代吉林檔案史料選編·辛亥革命》，1983 年內部出版。
10. 吉林檔案館、吉林省社會科學院歷史所編：《清代吉林檔案史料選編·上諭奏摺》，1981 年內部出版。
11. 張蓉初譯：《紅檔雜誌有關中國交涉史料選譯》，生活·讀書·新知三聯書店 1957 年版。
12. 國家檔案局明清檔案館編《義和團檔案史料》，中華書局 1959 年版。
13. 《義和團檔案史料》，沈雲龍主編《近代中國史料叢刊續編》第 37 輯，文海出版社有限公司印行。
14. 佚名著：《清末實錄》，北京古籍出版社 1998 年版。

15.　《清實錄‧德宗實錄》，中華書局 1987 年影印版。

16.　史寶安等著：《宣統政紀》，沈雲龍主編：《近代中國史料叢刊三編》第 18 輯，文海出版社有限公司 1990 年印行。

17.　李景龢、曾彝進錄：《官制篇》，沈雲龍主編：《近代中國史料叢刊》第 65 輯，文海出版社 1970 年版。

18.　宜今室主人編：《皇朝經濟文新編》，沈雲龍主編《近代中國史料叢刊三編》第 29 輯，文海出版社 1988 年版。

19.　沈桐生輯：《光緒政要》，江蘇廣陵古籍刻印社 1990 年版。

20.　李林譯：《重譯滿文老檔》，清初史料叢刊第 1 種，遼大歷史系 1978 年内部本。

21.　吉林檔案館、吉林師範學院古籍研究所編：《琿春副都統衙門檔案選編》，李澍田主編：《長白叢書》第 5 集，吉林文史出版社 1991 年版。

22.　〔清〕佚名輯：《黑龍江省實業檔案》，《清代邊疆史料抄稿本叢編》，國家圖書館線裝書局。

二、奏稿類資料

1.　中國科學院歷史研究所第三所主編：《錫良遺稿‧奏稿》，《中國近代史資料叢書》，中華書局 1959 年版。

2.　徐世昌：《退耕堂政書》，沈雲龍主編：《近代中國史料叢刊》第 23 輯，文海出版社 1968 年版。

3.　周樹模撰：《周中丞（少樸）撫江奏稿》，沈雲龍主編：《近代中國史料叢刊》第 19 輯，文海出版社。

4.　天津圖書館，天津社會科學院歷史研究所編，廖一中、羅眞容整理：《袁世凱奏議》，天津古籍出版社 1987 版。

5.　《光緒朝黑龍江將軍奏稿》：《中國邊疆史地資料叢刊‧東北卷》，全國圖書館文獻縮微複製中心 1993 年版。

6.　李興盛、馬秀娟主編：《程德全守江奏稿》，《黑水叢書》，黑龍江人民出版社 1999 年版。

三、地方志

1.　王樹楠等纂：《奉天通志》，東北文史出版社 1983 年版。

2.　李桂林纂：《吉林通志》，吉林文史出版社 1986 年版。

3.　《遼海叢書》：遼瀋書社 1985 年版。

4.　郝瑤甫：《東北地方志考略》，遼寧人民出版社 1984 年版。

5.　萬福麟監修，張伯英總纂：《黑龍江志稿》，黑龍江人民出版社 1992 年版。

6.　劉爽：《吉林新志》，益智書店康德元年版。

7. 〔清〕壽鵬飛纂：《奉天新志》，清光緒三十四年稿本。

8. 〔清〕管鳳龢纂修：《新民府志》，清宣統元年鉛印本。

9. 〔清〕黃維翰纂：《呼蘭府志》，民國四年排印宣統元年修本。

10. 〔清〕雷飛鵬等修，段盛梓等纂：《西安縣志略》，宣統三年石印本。

11. 〔清〕都林布修，李巨源、徐守常纂，金正元增修，張子瀛、聞鵬齡增纂：《承德縣志書》，清光緒三十四年修，宣統二年增修。

12. 〔民國〕金梁撰：《黑龍江通志綱要》，民國十四年本。

13. 〔民國〕於英蕤編纂：《大賚縣志》，民國二年抄本。

14. 〔民國〕鄭士純修，朱衣點纂：《農安縣志》，民國十八年本。

15. 〔民國〕高文垣等修，張鼎銘等纂：《雙城縣志》，民國十五年排印本。

16. 〔民國〕崔福坤修，叢紹卿纂：《訥河縣志》，民國二十年抄本。

17. 〔民國〕常蔭廷修，胡鏡海纂：《綏化縣志》，民國九年本。

18. 〔民國〕孫蓉圖修，徐希廉等纂：《璦琿縣志》，民國九年本。

19. 〔民國〕鄭士純修，朱衣點纂：《樺川縣志》，民國十七年鉛印本。

20. 〔民國〕程廷恒修，張素纂：《復縣志略》，民國九年石印本。

21. 〔偽滿〕高芝秀修，潘鴻威纂：《安達縣志》，偽滿康德三年本。

22. 李宴春等修，孫雲章纂：《懷德縣志》，民國十八年本。

23. 劉天成等修，張拱垣等纂：《輯安縣志》，民國十九年石印本。

24. 姚祖訓修，毛祝民纂：《磐石縣志》，民國二十六年本。

25. 劉維清等修，羅寶書纂：《臨江縣志》，偽滿康德二年本。

26. 白永貞等纂修：《海龍縣志》，民國二年石印本。

27. 王翼邊等纂：《洮南縣志》，洮南教養工廠民國十九年版。

28. 張其軍纂修：《扶餘縣志》，民國十三年排印本。

29. 偽柳河縣公署編：《柳河縣志》，民國二十二年複寫本。

30. 張書翰、馬仲援修，趙述雲、金毓黼纂：《長春縣志》，民國三十年鉛印本。

31. 徐卿、魏毓蘭編輯：《龍城舊聞》，民國八年鉛印本。

32. 閭侯、楊步墀撰：《依蘭縣志》，民國十年排印本。

33. 王岱纂修：《巴彥縣志》，民國六年本。

34. 王純古、王佐才修，楊維嶓、李其憲纂：《莊河縣志》，民國二十三年鉛印本。

35. 關定保等修，於雲峰等纂：《安東縣志》，民國二十年鉛印本。

36. 章啓槐修，趙家幹等纂：《開原縣志》，民國六年鉛印本。

37. 蕭德潤修，張恩書纂，曹肇元補修，希廉等補纂：《西豐縣志》，民國二十七年鉛印本。

38. 石秀峰、辛廣瑞修，王鬱雲纂：《蓋平縣志》，民國十九年鉛印本。

39. 徐維淮修，李植嘉等纂：《遼中縣志》，民國十九年鉛印本。

40. 裴煥星、王煜斌修、白永貞等纂：《遼陽縣志》，民國十九年鉛印本。

41. 桓仁縣公署編，侯錫爵修：《桓仁縣志》，康德四年版。

42. 沈國冕、蘇顯揚修，蘇民等纂：《興京縣志》，民國十四年鉛印本。

43. 程道元修，續文金纂：《昌圖縣志》，民國五年鉛印本。

44. 陳藝修，蔣齡益、鄭沛綸纂：《鐵嶺縣志》，民國六年鉛印本。

45. 陳蔭翹、常守陳修，戚星巖纂：《海城縣志》，民國二十六年鉛印本。

46. 王寶善修，張伯惠纂：《新民縣志》，民國十五年鉛印本。

47. 張克湘修，周之楨纂：《撫順縣志》，民國二十年抄本。

48. 趙恭寅、曾有翼纂：《瀋陽縣志》，《中國方志叢書‧東北地方志》第 10 號，民國六年本成文出版社有限公司印行。

49. 石秀峰修，王鬱雲纂：《蓋平縣志》，《中國方志叢書‧東北地方》第 13 號，民國十九年本成文出版社有限公司印行。

50. 廖飛鵬督修：《呼蘭縣志》，民國十九年排印本。

51. 黃越川：《東三省水田志》，開明書店，民國八年版。

52. 桓仁縣地方志編纂委員會編：《桓仁縣志》，方志出版社，1996 年版。

53. 許敬文主編：《東溝縣志》，遼寧人民出版社，1996 年版。

54. 新民縣縣志編纂辦公室編：《新民縣志》，瀋陽出版社，1992 年發行。

55. 遼中縣人民政府地方志辦公室編：《遼中縣志》，遼寧人民出版社，1993 年版。

56. 遼寧省地方志編纂委員會辦公室主編：《遼寧省志》，遼寧科學技術出版社，1999 年版。

57. 營口市地方志編纂委員辦公室編：《營口市志》，遠方出版社，1999 年版。

58. 長春社會科學院編輯，於涇校注：《長春廳志長春縣志》，長春出版社，2002 年版。

四、編纂史料

1. 劉錦藻撰：《清朝續文獻通考》，浙江古籍出版社，2000 年版。

2. 楊家駱主編：《清光緒朝文獻彙編》，中國近代史文獻彙編，臺北：鼎文書局，1958 年版。

3. 〔清〕佚名輯：《奉天通懷礦案》，《清代邊疆史料抄稿本彙編》，國家圖書

館線裝書局。

4. 舒新城編：《中國近代教育史資料》（上、中、下），人民教育出版社，1985年版。

5. 朱有瓛、戚名琇、錢曼倩、霍益萍編：《中國近代教育史資料彙編　教育行政機構及教育團體》，上海教育出版社，1993年版。

6. 李桂休、戚名琇、錢曼倩編：《中國近代教育史資料彙編・普通教育》，上海教育出版社，1995年版。

7. 璩鑫圭、童富勇、張守智編：《中國近代教育史資料彙編・實業教育　師範教育》，上海教育出版社，1994年版。

8. 陳學恂、田正平編：《中國近代教育史資料彙編・留學教育》，上海教育出版社，1991年版。

9. 中國社會科學院近代史研究所、近代史資料編輯室編：《近代史資料》，中國社會科學出版社，1988年版。

10. 柴德賡：《辛亥革命》，中國史學會主編《中國近代史資料叢刊》，上海人民出版社，1957版。

11. 《義和團》，中國史學會主編：《中國近代史資料叢刊》，上海人民出版社，1957版。

12. 孫毓棠編：《中國近代工業史資料1840～1895》，《中國近代經濟史參考資料叢刊》第2種，科學出版社，1957版。

13. 李文治編：《中國近代農業史資料》第1輯（1840～1911），《中國近代經濟史參考資料叢刊》，生活・讀書・新知三聯書店，1957年版。

14. 彭澤益編：《中國近代手工業史資料》，中國近代經濟史參考資料叢刊（第4種），生活・讀書・新知三聯書店，1957年版。

15. （內部刊物）《營口文史資料》，1994年版。

16. 嚴中平等編：《中國近代經濟史統計資料選輯》，北京科學出版社，1955年版。

17. 鄭毅主編：《東北農業經濟史料集成》，吉林文史出版社，2005年版。

18. 吉林大學經濟系，中國科學院吉林分院經濟研究所編：《東北墾殖史資料1840～1911》（上輯）

19. 劉瑞霖編：《東三省交涉輯要》，沈雲龍主編：《近代中國史料叢刊》第17輯，文海出版社，1966年版。

20. 朱克敬輯：《邊事續鈔》，沈雲龍主編：《近代中國史料叢刊》第20輯，文海出版社，1966年版。

21. 任國緒主編：《宦海伏波大事記（外5種）》，《黑水叢書》，黑龍江人民出版社，1994年版。

22. 李澍田主編:《吉林地志雞林舊聞錄　吉林鄉土志》(初集),吉林文史出版社,1986 年版。

23. 宋抵、王秀華編著:《清代吉林鹽政　吉林官運局第一次報告書》,吉林文史出版社,1991 年版。

24. 李樹田主編:《東北農業史料》,《長白叢書》(4 集),吉林文史出版社。

25. 李澍田主編:《吉林新志吉林公署政書》,《長白叢書》(4 集),吉林文史出版社,1991 年版。

26. 李澍田主編:《清代東北參務》,《長白叢書》(5 集),吉林文史出版社,1991 年版。

27. 李澍田主編:《吉林紀略》,《長白叢書》(5 集),吉林文史出版社,1994 年版。

28. 《清史稿》(全 12 冊),中州古霞出版社出版發行,1996 年版。

29. 上海市文物保管委員會編:《康有爲與保皇會》,上海人民出版社,1982 年版。

30. 中國第一歷史檔案館滿文部等合編:《清代黑龍江歷史檔案選編》,黑龍江人民出版社,1986 年版。

五、年譜‧文集

1. 賀培新輯:《徐世昌年譜》,中國社會科學院近代史研究所、近代史資料編輯室編《近代史資料》,中國社會科學出版社,1988 年版。

2. 丁文江、趙豐田編:《梁啓超年譜長編》,上海人民出版社,1983 年版。

3. 叢佩遠、趙鳴岐編:《曹廷杰集》,中國近代人物文集叢書,中華書局,1985 年版。

4. 徐世昌:《將吏法言》,沈雲龍主編《近代中國史料叢刊續編》第 21 輯,文海出版社,1969 年版。

六、外國人研究成果

1. 費正清、劉廣京編,中國社會科學院歷史研究所編譯室譯:《劍橋中國晚清史 1800～1911》,中國社會科學出版社,1993 年版。

2. 〔蘇〕B.阿瓦林著,北京對外貿易學院俄語教研室譯:《帝國主義在滿洲》,商務印書館,1980 年版。

3. 〔日〕稻葉君山著,楊成能譯:《滿洲發達史》東亞印刷株式會社奉天支店,康德七年版。

4. 〔日〕松本敬之著,馬爲瓏譯:《富之滿洲》,政治傳輸社,光緒三十三年版。

七、建國前著述

1. 〔民國〕中國銀行總管理處編：《東三省經濟調查錄》，中國銀行總管理處 1919 年印。

2. 郭榮生編：《中國省銀行史略》，沈雲龍主編《近代中國史料叢刊》第 19 輯，文海出版社。

3. 馬韻珂：《中國礦業史料略》，上海開明書店，民國 21 年版。

4. 鹽務署編：《中國鹽政沿革史》（長盧），沈雲龍主編《近代中國史料叢刊》第 64 輯，文海出版社，1914 年版。

5. 趙珍著：《東三省經濟概況》

6. 趙珍：《東三省的經濟概觀》，《反日帝國主義叢書》之 7，上海崑崙書店，1932 年版。

7. 中國銀行總管理處編印：《東三省經濟調查錄》，1919 年版。

8. 周志驊：《東三省概論》，商務印書館，1931 版。

9. 連濬：《東三省經濟實況攬要》，民智印刷所 1931 年版。

10. 佟燦章：《東三省金融幣制論》，京華印書局，1915 年版。

11. 王慕寧編譯：《東三省之實況》，中華書局，1926 年印行。

12. 侯樹彤：《東三省金融概論》，《太平洋國際學會叢書》，太平洋國際學會 1931 年版。

13. 許階平編著：《最近之東三省》，新中國書店 1929 年版。

14. 方樂天：《東北問題》，商務印書館民國二十二年發行。

15. 萬良炯：《東北問題》，商務印書館民國二十六年發行。

16. 金士宣編：《中國東北鐵路問題彙論》，天津大公報館發行，1932 年版。

17. 袁文彰編：《東北鐵路問題》，中華書局，1932 年版。

18. 王家儉等編輯：《奉天司法紀實》，陪京印書館宣統元年本。

19. 李廷玉、傅疆等輯：《奉天邊務輯要》，中國方略叢書，臺灣成文出版社，1968 年版。

20. 東省鐵路經濟調查局：《北滿農業》，哈爾濱中國印書局，民國 17 年版。

21. 劉選民：《東三省京旗屯墾始末》，《禹貢》3～4 合期。

八、建國後著述

1. 汪朝光主編：《中國近代史卷》，《20 世紀中華學術經典文庫·歷史學》，蘭州大學出版社，2000 年版。

2. 胡禮忠、戴鞍鋼新撰：《晚清史》，二十五史新編，上海古籍出版社，1997 年版。

3. 徐珂:《清稗類鈔》,中華書局,1984 年版。

4. 王鐵崖編:《中外舊約章彙編》,三聯書店,1959 年版。

5. 陳旭麓:《近代中國社會的新陳代謝》,上海人民出版社,1992 年版。

6. 吳雁南、馮祖貽、蘇中立主編:《清末社會思潮》,福建人民出版社,1990
年版。

7. 王紹坊:《中國外交史 鴉片戰爭至辛亥革命時期 1840～1911》,河南人
民出版社,1988 年版。

8. 馬大正主編:《中國邊疆經略史》,中州古籍出版社,2003 年版。

9. 胡繩:《從鴉片戰爭到五四運動》,人民出版社,1982 年版。

10. 章伯鋒、李宗一主編:《北洋軍閥 (1912～1928)》,武漢出版社,1990
年版。

11. 孫石月:《中國近代女子留學史》,中國和平出版社,1995 年版。

12. 陳詩啟:《中國近代海關史》(晚清部分),人民出版社,1993 年版。

13. 汪敬虞主編:《中國近代經濟史 1895～1927》中冊,人民出版社,2000
年版。

14. 王芸生編著:《六十年來中國與日本》,生活·讀書·新知三聯書店,1980
年版。

15. 韋慶遠等著:《清末憲政史》,中國人民大學出版社,1993 年版。

16. 張柟、王忍之編:《辛亥革命前十年間時論選集》,生活·讀書·新知三
聯書店,1960 年版。

17. 喬志強:《辛亥革命前的十年》,山西人民出版社,1987 年版。

18. 韓延龍、蘇亦工等:《中國近代警察史》(上、下卷),社會科學文獻出版
社,2000 年版。

19. 中國科學院吉林省分院歷史研究所、吉林師範大學歷史系編著:《近代中
國人民革命運動史》,吉林人民出版社,1960 年版。

20. 佟冬主編:《中國東北史》,吉林文史出版社,1998 年版。

21. 李治亭主編:《東北通史》,中州古籍出版社,2003 年版。

22. 薛虹、李澍田主編:《中國東北通史》,吉林文史出版社,1991 年版。

23. 常城主編:《東北近現代史綱》,東北師範大學出版社,1987 年版。

24. 孔經緯:《新編中國東北地區經濟史》,吉林教育出版社,1994 年版。

25. 王鴻斌、向南、孫孝恩主編:《東北教育通史》,遼寧教育出版社,1992
年版。

26. 王魁喜等:《近代東北史》,黑龍江人民出版社,1984 年版。

27. 楊餘練等編著:《清代東北史》,遼寧教育出版社,1991 年版。

28. 李鴻文、張本政主編：《東北大事記》（上下卷），《東北史叢書》，吉林文史出版社，1987 年版。

29. 丁名楠等：《帝國主義侵華史》，人民出版社，1993 年版。

30. 蘇崇民：《滿鐵史》，中華書局，1990 年版。

31. 復旦大學歷史系《沙俄侵華史》編寫組：《沙俄侵華史》，上海人民出版社，1986 年版。

32. 中國科學院吉林省分院歷史研究所、吉林師範大學歷史系編著：《近代東北人民革命運動史》，吉林人民出版社，1960 年版。

33. 王魁喜、常城、李鴻文、朱建華：《近代東北人民革命鬥爭史》，吉林人民出版社，1984 年版。

34. 任達著，李仲賢譯，劉東主編：《新政革命與日本——中國，1898～1912》，江蘇人民出版社，1998 年版。

35. 周育民：《晚清財政與社會變遷》，上海人民出版社，2000 年版。

36. 周志初：《晚清財政經濟研究》，齊魯出版社，2002 年版。

37. 胡學源：《東北近代幣鈔考略》，吉林人民出版社，1996 年版。

38. 王長富編著：《東北近代林業經濟史》，中國林業出版社，1991 年版。

39. 中華書局編輯部編：《辛亥革命與近代中國》——紀念辛亥革命八十週年國際學術討論會文集，中華數據，1994 年版。

40. 東北三省中國經濟史學會、撫順市社會科學研究所編：《東北地區資本主義發展史研究》，黑龍江人民出版社，1987 版。

41. 烏廷玉、張雲樵、張占斌：《東北土地關係史研究》，長白叢書系列研究之二，吉林文史出版社，1990 年版。

42. 李健才、衣保中編著：《東疆研究彙覽》，李澍田主編：《長白叢書》，吉林文史出版社，1990 年版。

43. 西清：《黑龍江外記》，黑龍江人民出版社，1984 年版。

44. 方式濟：《龍江三記》，黑龍江人民出版社，1985 年版。

45. 石方：《黑龍江區域社會史研究》，黑龍江人民出版社，2002 年版。

46. 徐宗亮著：《黑龍江述略》，黑龍江人民出版社，1985 年版。

47. 黑龍江檔案館編：《黑龍江歷史大事記》1900～1911，黑龍江人民出版社，1984 年版。

48. 梁巨祥主編，軍事科學院戰略研究部選編：《中國近代軍事史論文集》，軍事科學出版社，1987 年發行。

49. 馮林主編：《重新認識百年中國　中國近代史熱點問題研究與爭鳴》，改革出版社，1998 版。

50. 梁景和：《清末國民意識與參政意識研究》，湖南教育出版社，1999 年版。

51. 《清季立憲與改制》：中華文化復興運動推行委員會主編《中國近代現代史論集》第十六編，臺北商務印書館，1986 年版。

52. 趙中孚：《近世東三省研究論文集》，成文出版社有限公司，1999 年印行。

53. 趙雲田：《清末新政研究——20 世紀初的中國邊疆》，黑龍江教育出版社，2004 年版。

54. 張連起：《清末新政史》，黑龍江人民出版社，1994 年版。

55. 焦潤明：《清末維新潮》，遼寧人民出版社，1997 年版。

56. 李喜所、劉集林等：《近代中國的留美教育》，天津古籍出版社，2000 年版。

57. 金以林：《近代中國大學研究》，中央文獻出版社，2000 年版。

58. 錢曼倩、金林祥主編：《中國近代學制比較研究》，《中國教育近代化研究叢書》，廣東教育出版社，1996 年版。

59. 方漢奇：《中國近代報刊史》，山西人民出版社，1981 年版。

60. 史和等編：《中國近代報刊名錄》，福建人民出版社，1991 年版。

61. 焦潤明等著：《近代東北社會諸問題研究》，中國社會科學出版社，2004 年版。

62. 李孝悌：《清末的下層社會啟蒙運動：1901～1911》，河北教育出版社，2001 年版。

63. 張枏、王忍之編：《辛亥革命前十年間時論選集》第 1 卷，第 111 頁。

64. 蕭功秦：《危機中的變革——清末現代化中的激進與保守》，上海三聯書店，1999 年版。

65. 林傳甲：《龍江舊聞》，黑水叢書，黑龍江人民出版社，2005 年版。

66. 李立峰：《悲涼絕唱——關於晚清改革史的歷史沉思》，南京大學出版社，2000 年版。

67. 曲曉範：《近代東北城市的歷史變遷》，東北師範大學出版社，2001 年版。

68. 馬汝珩、成崇德主編：《清代邊疆開發》，山西人民出版社出版，1998 年版。

69. 趙文林、謝淑君：《中國人口史》，人民出版社，1988 年版。

九、刊物雜誌

1. 顧氏、馮家升編輯：禹貢半月刊（八）自第六卷第一期至第六卷第四期，臺北大通書局，1972 版。

2. 顧氏、馮家升編輯：禹貢半月刊（八）自第六卷第五期至第六卷第六期，臺北大通書局，1972 版。

3. 《中外日報》（1898～1911）

4. 《新民叢報》（1902～1907）
5. 《盛京時報》（1906～1911）
6. 《大公報》（1902～1911）
7. 《東方雜誌》（1904～1911）

後　記

　　回首往昔，時光倥傯，幾多感慨。從小就對老師有著深厚親切感的我，大學畢業之際，回到家鄉自己曾經就讀的學校，如願成為一名光榮的教師。五年的中學教師生涯，收穫的是成熟與思考。但是，為圓繼續深造的夢想，做了人生中的一個重大、且後來六年多的時間內看來都是很冒險的決定：即參加碩士研究生招生考試。2001 年，我成為吉林大學文學院歷史系的一名碩士研究生，師從李書源教授，研習中國近現代史學，後又有幸成為李書源教授的博士研究生。正是在先生身邊學習的六年有餘的時光，使我受益匪淺。先生把我從一個懵懂的學生，引領進入到科學研究的殿堂。今天的教學、科研工作種種，無一不得益於當年的紮實的基礎和深厚的理論根基。另外，先生的為人操守，更是要用一生來學習和參悟的。因此說，我是幸運的，也是幸福的。

　　本書為本人同題博士論文的刊出。進入吉林大學開始碩士研究生階段的學習後，逐漸對晚清變革、社會的近代化產生濃厚興趣。三年的碩士研究生階段的學習，對此問題的興趣非但未減，反而益發濃厚，後在確定博士論文的選題時，就把研究方向確定為清末新政改革史的研究。在先生的指導下，最終確定選題為清末東北新政研究。博士研究生三年又半載的時光，對我而言，不僅指的是一篇論文的寫作過程，更是一個後學者的科研不斷成長、成熟的過程，其中感慨自不必說。

　　如果說本書是對清末東北新政史研究的一個系統梳理，也可能對日後相關研究有所裨益的話，首先得益於李書源教授的指導和幫助。博士學位論文從選題、框架、構思到最後文字的表述，均離不開先生的指導和教誨。先生

身兼行政、教學、科研數職，繁忙的工作之餘，還要爲我的論文耗費心力，導師的恩情一直銘記於心。當年在論文寫成、并參加畢業答辯之際，總想在後記中以文字的形式，表達對先生的衷心感謝！但那時總是一種千言萬語卻不知如何言表的心情，讓我把這個後記拖延至今。師恩淳厚，一個「謝」字，遠不能替代！

成書之際，我要感謝我的家人。當年，我選擇了放棄第一份在別人看來是一個很穩定的中學教師的工作，再次進入學校完全以學生的身份來學習，如果沒有父母的默默支持，眞不知道自己能否堅持走過那六年又半載的時間。另外，還要感謝我的同學、我的朋友，正是因爲有了你們，才讓我在吉林大學的生活更加豐滿。尤其是在論文的後期寫作過程中，幫忙校對稿件、翻譯摘要以及予以精神慰藉、給予莫大幫助的我的同學、師兄弟和學生們，在此無法一一列舉，特此一併申謝！

本書此次雖得出版，但尚存諸多缺陷與不足，總體來看，以縱向的內容梳理爲主，缺少橫向的對比，對東北新政的特點、地位及影響的分析不足，缺少東北新政與國內其他地區或者是與日本的明治維新等的新政變革的比較，有待日後充實資料，再行展開論述。當然，本書還有更多的的缺點和不足，期待學界同仁的批評指正。

郭艷波

2012 年 12 月於河北保定